晤談的力量

寫給助人者的經典個案逐字稿實作演示與解析

陳恆霖 博士 —— 著

目錄

第一篇　在心靈深處裡摘月
個人選擇與夢想成真

第二篇　尋找天命站對位置
職涯轉換與未來發展

推薦序　一

吳秀碧博士
／國立清華大學諮商與教育心理學系榮譽講座、台灣團體諮商與治療研究學會理事長

　　2022年春節前，突然接到恆霖邀請我為他的新書撰寫推薦序。腦海裡瞬間浮現三十年前那個活潑開朗，經常笑容滿面，對同儕熱心，對學習認真的年輕人身影。回憶恆霖在學校時的個人特質，確實很適合企業文化的環境。俗云：「歲月催人老」，是淬鍊年輕人成熟與成就大器的必經之路。當時這位年輕的研究生，現在已經是企業諮商（教練）界的著名專家了。

　　1989年我從美國回台，約有三年時間經常應「中國生產力中心」的邀請，至南投的南崗工業區訓練中心及其他企業公司，如波蜜、Nike、Giant等，為企業界的中階層主管講習，主要以提升領導與溝通能力，及壓力管理等為主題。當時台灣的經濟蓬勃發展，工商企業正興盛，很重視企業管理階層領導與溝通能力的現代化與專業化。數年之間全台企管顧問公司如雨後春筍般成長，多達二百多家，當時在報紙和路邊看板也出現黑幼龍的卡內基溝通訓練公司的廣告。後來中國生產力中心計畫至上海發展，並邀我前去講課，由於我個人的興趣在學術研究，而且企業諮商與諮詢亦非個人鑽研的主要領域，因此婉拒。1997年亞洲發生金融風

暴，台灣的企管顧問公司幾乎全都倒閉，黑幼龍的卡內基溝通訓練公司的廣告也消失了。直到2006年遠雄電信公司率先引進美式「員工協助方案」（Employee Assistance Program，EAP），整合對員工健康、工作與生活的關懷成為福利制度的一部分，提供員工不分職級，每年6次、每次一小時的免費諮商。至此企業界開始認識「有健康的員工，才有健康的企業」的嶄新理念，這是台灣企業管理邁向現代化的另一個嶄新階段，重點從過去只提升管理階層的領導與溝通，轉變為關懷公司所有員工的健康。美式EAP於焉在台灣開始流行，各大學諮商學系或心理學系也紛紛設立工商組，教授EAP相關課程。

在我的學生當中，恆霖可能是極少數幾位最早投入企業諮商領域，也是唯一發展成就卓著者，令為人師者特別感到與有榮焉。恆霖在1992年從彰化師範大輔導研究所碩士畢業後，幾乎很少有機會某面。直到有一天他贈送我一本2012年出版的著作《Coach領導學》，方知他早在2000年左右，EAP才開始在台灣萌芽之際，便已開始轉向致力於EAP的相關工作，而且不斷的在這個新領域進修學習，同時也至高雄師範大學輔導研究所進修博士，努力將諮商專業知能與企業諮商融合，以提升企業員工協助的效能。他就是一位非常上進，努力不懈的人。

他在之前的著作皆使用「Coach」一詞，而不使用「訓練」這兩個字，令人看了拍案叫絕。顯示他對於受訓者溝通能力與技巧的養成，確實掌握到精髓。我在美國就讀碩士、博士的團體諮商

實務課程時，先後兩位老師James Trotzer教授和David Welch教授，一再強調團體領導者在團體初期的過程，需要重視Coach團體成員的溝通技巧，以準備他們在團體工作階段，可以善用有效的溝通技巧與其他夥伴溝通，並解決問題。使用「Coach」一詞，有協助一個人或一個團隊在某些特殊運動技巧變得更好的意思，過程包括對人的了解與陪伴，提供教學、建議、指引、促進或提升等等，不是只簡單的要求一個人不斷的重複練習一項技術而已。

向來認真的恆霖，出版新書《晤談的力量》，僅僅書名便簡單明瞭且有力的宣告讀者：「晤談語言」在協助一個人是很有力量或影響力的媒介。詳細閱讀內容後，對於他靈巧的善用諮商專業知能，融入企業諮商實務中，更感到讚嘆。本書內容共有四篇九則實例。在四篇中，總共涵蓋七種企業員工常見的個人困擾和憂慮的問題，包括：趨避衝突和雙趨衝突（如第1則「蹺蹺板的兩端」和第2則「魚與熊掌如何兼得」），轉業抉擇（如第3則「沿著老路走，還是另闢蹊徑」和第4則「轉換人生跑道」），期待落空（如第5則「煮熟的鴨子飛了」），組織中作為領導者的角色與定位（如第6則「青春不言悔」），個人未竟事宜（如第9則「穿越時光隧道」），以及個人自我探索與統整（如第7則「生命的挑戰與整合」與第8則「自我形塑與蛻變」）等。

此外在九則實例當中，都很詳細的根據諮商理論來剖析核心問題，並選擇適當的諮商方法與技術，及以有條理的步驟來協助求助者。諮商方法和技術的應用，廣泛的包括：傾聽溝通技巧，

完形治療的空椅對話技術，心理劇的角色扮演與角色互換技術，焦點解決方法，以及現實治療的WDEP模式。具體詳細的解說處理重點與技術的應用，同時還列舉諮商師與當事人對話的文字稿作為示範。

　　整體觀之，本書內容深入淺出，具體而微，書寫的體例甚具創意，是一本對於正在或未來想從事企業諮商實務工作者，絕對很有幫助的實用書籍。本書的出版也是各大學諮商或心理學系設有工商組，學生在學習企業員工協助的諮商課程時，很具實用的參考書籍。故特此推薦。

推薦序　二

楊瑞珠博士
／美國伊利諾州立大學退休教授、北美阿德勒心理學代言人、台灣
阿德勒心理學創會理事長

「一縷陽光就足以驅散陰影。」（A single sunbeam is enough to
drive away many shadows.）──方濟各（Francis of Assisi）

　　我是恆霖獲得博士學位研究所的創所所長，和恆霖初次見面
是他到美國伊利諾州立大學諮商心理研究所進修時，迄今已二十
年。讀了本書數次，用不同的角度仔細端詳之後，「相見恨晚」
應該最能表達自己的感動，但願我生涯早期就有這樣一本兼顧晤
談者和晤談對象內外在經驗的好書。

　　「晤談」一詞的應用很廣泛，常見的有面試、專家或新聞採
訪。我在台美三十餘年的諮商經驗，晤談在助人專業中常用在助
人基本技巧、人際溝通技術、教練、諮詢、心理治療或督導過程
的對話，通常有工作坊、專業認證課程、或學位課程為訓練目的
和脈絡。坊間有關助人技巧的書籍相當多，在研究所的訓練通常
是由教授選用一本教科書，運用相關教學影片，以準諮商或心理
師角色，扮演技術演練或實習過程和個案晤談的影音錄製，逐字
稿撰寫則做為教授督導的實材。本書讀者從每案例的晤談主題、

理論、技術、逐字稿、晤談歷程和當事人回饋，一定可以看到專業深度。從阿德勒心理學看人和社會互動視角，相信讀者不難把晤談應用在涵蓋各項生命任務的自助及助人關係中（如：家庭、伴侶、生涯等）。

「晤談」顧名思義和「言語」在對談過程的使用很有關係，什麼樣的晤談可以超越詞句口才的運用？什麼樣的言語可以成為智慧和謀略的引導？作者的四個篇名和九個受助案例的訴求重點，交織成你我都可借鏡的生命故事。我們每一個體都有獨一無二的整體性，走在生命不同階段道路上的人，不同的際遇和挑戰會有不同的反應。晤談中如何傾聽與同理文化傳統和社會變遷對受助者的影響？晤談者如何引導受助者遇見他／她自己，察覺自己的主觀及社會生活隸屬和生命意義之需求？是什麼樣晤談的「力量」能協助受助者提起勇氣面對及克服人生困境，失落和創傷？

英文「inter-view」中的字首inter實則意味著「之間」、「當中」或「互相」；字尾「view」則指看見或視界。晤談可以因接納、尊重、不論斷的陪伴，從「有形」（physical）到形上（metaphysical）的心靈層次。

「無論在那裡，有兩三個人奉我的名聚會、那裏就有我在他們中間。」──馬太福音18:20

「在愛裡，愛人者和被愛者並非二人。」── 一行禪師講金剛經，p.218

　　本書的字裡行間可以感受到恆霖關注的不只是晤談的語言和方法，而是言語所表達的智慧和精神上愛的力量。藉由不同的生命故事，對話中的傾聽和內容解析，關鍵時刻人物和轉折的把握，示範晤談的「力量」如何引導我們從低意識能量的憤怒、害怕，到生命高意識能量的 容、原諒和愛。這個力量在晤談歷程中與時並進，「自我」的蛻變於是產生，同時和生命再產生連結，以「互即互入」（inter-being）和整體觀取代多元對立的見解和衝突，讓陽光得以從我們生命暗室的破口進入，顯現愛（compassion）、希望和平安。

　　敬佩恆霖以細膩和真誠完成大作，也恭喜讀者有路徑可循，在處境困難的社會和時代中把陽光帶給有需要的人。

推薦序　三

蕭文博士
／國立暨南大學諮商心理與人力資源發展學系榮譽教授

　　這是一本很有趣的書！

　　閱讀完這本書我闔上了眼睛，腦海不斷的湧出書中的各種情節，在本書九段逐字稿的對話中，我看到了我熟悉的各種諮商理論與技術在字裡行間輕巧的出現，很自然、沒有說教、卻是恰到好處。九段晤談對話時間都不長，但助人者（本書作者）似乎有如來佛祖的智慧，能夠在很短的時間「直指本心」，很自然的進入晤談對象糾葛已久的困擾或關注的事件，從拆解問題到再聚焦，彷彿在彈指間收拾了晤談對象的困擾，多麼神奇的經驗啊！

　　說這本書有趣，其實更應該說的是本書作者這個人很有趣。恆霖原是修習藝術，可是在藝術領域的修煉中他看到了「人」，於是他轉念改讀心理諮商，恆霖不是一個只會背誦和記憶的人，他用他的心去感受為什麼諮商會對來求助的人產生這麼大的幫助。在本書中的各段對話中，恆霖最大的法寶是「5K傾聽法」，雖然傾聽是成為一個有效諮商人員的必要條件，但恆霖卻能從過往藝術學習中建構了他對人的細膩與觀察。在本書的每一段逐字稿的說明中，對恆霖在如此極短的時間內，從專注傾聽中看到了

來晤談者的需求，這樣的能力我覺得與恆霖早年學習藝術有關。

　　我在彰化師大任教時與恆霖有段愉快的交集，恆霖是一個自信也信任他人的人，這種人格特質會讓人或個案很願意與他互動，後來恆霖去大學任教又在高師大進修博士，當我再遇見恆霖時他已在教練領域裡有了相當的聲譽了。

　　恆霖邀約我能為他的著作寫篇序文，我很輕鬆的答應，但在打開這本書後卻感覺一點也不輕鬆。我過去也會眉批實習心理師與個案的對話，但從未想到以自己與個案的對話逐字稿做為文本，並眉批其中晤談進行的原理與看見，尤其我發現恆霖能針對不同需求背景的晤談中，以多元變異的理論與風格融入其中，這種客製化的操作顯現恆霖不是一個拘泥不化的實務工作者。看完每一段對話與眉批，我都有一種恍然大悟的感覺，這種感覺好比是當年張三丰太極的「忘記了」，卻有招招是太極。只有一句話：棒極了！

　　這本書無論是教師、諮商師、醫師、社工……，只要是助人工作者，不論哪一章的對話在閱讀後，都會有一種原來可以這樣助人的恍然大悟。我喜歡這種感覺，也希望很多人可以從中提升自己的專業水準。

　　我認真的，開心的推薦這本有趣的書。

更多各界書評讚譽

●—— 教練學界 ——●

季力康博士
／國立台灣師範大學運動與休閒學院院長

　　1974年出版的《比賽，從心開始》（The Inner Game of Tennis），可說是談論「運動心理學」的先河之作。作者提摩西・高威（Timothy Gallwey）認為比賽分為兩個部分：一個是外在的比賽（outer game），一個是內心的比賽（inner game）。一般教練將焦點放在技能暨競爭對手身上，忽略了選手內在的因素，例如，無法專注、緊張、自我懷疑、患得患失等。因此提倡教練藉由引導並拋棄評判之心，將焦點放在球員內心的修煉：觀察內心、練習專注、建立自信，進而做到「放鬆狀態下的專注」（relaxed concentration）。「內心遊戲」的概念從競技場帶到企業界，發展出「教練式領導」（coaching leadership）。

　　我擔任多年國家隊資深運動心理諮詢的經驗，在閱讀陳恆霖博士《晤談的力量》後，發現透過晤談技術來建立選手的心理素質與韌性，是非常重要的方法。本書是一本提升助人者專業能力的好書，不但能協助從事心理諮商專業人士提升專業能力，更能幫助一些志工或有助人性質的行業醫師、護理人員、指導員、企業教練或顧問及運動教練，提升專注、傾聽、同理和提問等能力。

本書共有四篇，每一篇都非常精彩，並且搭配九個案例，以深入淺出的文字，寫出四個重要的面向：個人發展、職涯議題、企業管理及生命整合。相信在閱讀完本書，必能讓自己及他人受益，擁有更健康、成功、幸福的人生。

紀淑漪博士
／前加州管理學院執行長、資深教練與顧問

時隔10年我很榮幸再度受邀推薦陳博士新鉅作，誠摯推薦給有心想要改變自己命運的人來閱讀，了解coaching專業如何幫助當事人轉換思維，以「逆隨心轉」的力量來提升自我改變，進而轉換人生的動力、能量和命運。

陳博士和我都認同教練是「生命影響生命的過程」，傾聽與晤談的能力是教練的核心技能。初識陳博士時，感受到他是一位溫文儒雅的學者，深入交談後，發現他內心有著把助人當志業的熱忱，同時有專業的素養、豐富的實務經驗、與正直無私的人格特質。

人在面對命運的難題時難免陷入兩難抉擇，此時此刻有人會尋求協助，但不一定得到有效的結果。有人可能會被負面的情緒干擾，耗費許多生命能量。若能遇到具有專業且能信任的助人者，人生的命運可能因此改觀。

對沒有助人專業背景或具助人性質行業的人，學習專注、傾聽與提問非常重要，透過助人技巧了解對方的需求，有助於人際互動及在職場中發揮更大的影響力，對社會帶來正面的能量。

對助人專業者而言，閱讀本書會帶來更多的省思。書中九個案例有理論觀點的說明、逐字稿對話、技術應用與解析、晤談摘要與歷程圖示、晤談後當事人的回饋等，完整呈現晤談歷程，是很有價值和意義的學習，也感受得到陳博士的勇氣，及耗費心力完成本書的用心。

晤談當下會觸摸到當事人的心，在瞬間的moment，要思考與反應採用什麼理論觀點，來掌握並聚焦當事人議題背後真正的困擾，使晤談過程一氣呵成。閱讀本書感受到陳博士的晤談效能，是來自於誠摯的心、厚實的理論技術、與豐富的生命底蘊，能將沉重的議題引發的失衡，輕巧如槓桿般在生命天平中歸正。

陳朝益
╱ 前ICF國際教練聯盟台灣總會理事長

一場生命成長的夢幻旅程！

這是一部大師級的作品，是為「助人者」預備的。

我閉上雙眼，彷彿看見一位鋼琴大師在琴鍵上指導他的門徒，他關注到每一個音符的細節，務求完美；我也欣賞了九場的微電影，看見陳導演親自對著「逐字稿」點出每個對話的精義，並為每一個「卡點」點亮一盞燈，同時也幫助作為讀者的你我快速進入情境，共同經歷和體驗成為一個學習者。書裡面沒有絢麗的辭藻，只有出自內心的真誠對話，在幾十分鐘的對話中，總能幫助被幫助者看見自己的天空，並勇敢追夢。

我們每個人都有一顆助人的心志，但不一定都有能力提供

有價值的幫助，這是一個專業領域，我們需要成為「專業的助人者」（Skilled helper），特別在心靈範疇更是如此，善意的動機還不夠，還需要能力上的裝備。陳博士這本書正是提供其中最重要的資源，作為一個博士教授，心理諮商師和教練，他個人的歷練和理念在書中完整的呈現。身為專業助人者的陳博士，在書中展示了生命中不同階段發展的歷程，由「定位」到「就位」直到「到位」，幫助人在生命的卡點時能看見光，活出內心的自在與喜悅，讓夢想成真。

企業界

王漢欽
／漢翔公司發動機事業處前處長、現任董事長特助

　　五年前有機緣認識陳教授，當時聊起人才培育議題，如何提升管理幹部素質與溝通能力，陳教授使用教練（COACH）手法，本人實際體驗了如何運用教練技巧，讓受教練者釐清內在更清晰的思維，深深感觸此技巧的功能。因此邀請陳教授親自為漢翔岡山廠區主管傳授教練領導力訓練。就如教授在本書晤談的力量所提，領導是一種具有創意的任務，它的目標就是喚醒員工的創造力，主管的任務是從平日的工作向外探索，促進員工不斷地對於工作感受到新的意義，實際參與實現自己的願景。

　　這本《晤談的力量》以個人夢想、職涯發展、企業團隊發展、最後以內在整合與生命蛻變作為尾聲，透過每個案例更能感

受到一位管理者，須時時處在當下，願意傾聽及與員工連結，更能符合帶人帶心，建立員工向心力，相信對企業是一個永續發展的重要基石。

本人擔任管理者這些年來對於人才培育，深深感到每個主管的首要任務就是發掘人才、適才適所，相信透過教練的晤談力，是主管帶領員工前進最好的技能及工具。本書更能感受到晤談及提問，如何以當事人為主，做了很好的示範及可學習之處，很值得推薦本書成為每位管理者或個人的指導用書。

林峯澤（Jalen Lin）
／台灣艾斯摩爾（ASML）客戶支援部資深總監

恆霖教練和我是2007年認識的，當時我剛被公司拔擢為經理，負責掌管整個台南辦公室和客戶支援業務，那年公司在台灣首度導入「外部企業教練」，為我們這群菜鳥經理培訓，那是我第一次接觸企業教練。坦白說，當時連自己都不看好這個計畫，心理總覺得外部教練又不懂公司和客戶的屬性及運作模式，如何能輔導我們這些coachees成長？事後證明當時與恆霖老師持續一年半的一對一教練，令我對教練這個角色和內容有了更深刻的體悟，也產生了濃厚的興趣。每隔幾周一對一的晤談，成為我在當時高張力的工作壓力，和頭痛的人事問題下最充實且快樂的時光。

這本《晤談的力量》匯集恆霖教練歷年來在教練和心理諮商的真實案例，和工作坊中的實際演練，寫成晤談逐字稿。我印象最深刻的是，晤談議題後都附上當事人的回饋與追蹤後續的發

展，這能幫助讀者交叉驗證晤談的力量與對當事人產生的影響，進而提升讀者在身為教練或助人者的專業能力。

　　如果您聽過或憧憬想在職場上使用教練的技巧，以發展您的同事或下屬的能力，我會推薦您拜讀恆霖老師的第一部大作《COACH領導學》，他利用淺顯易懂的詞彙和實例，帶領讀者進入教練領域。如果您想把教練理論和技巧運用在工作以外的家庭生活，推薦您拜讀老師第二部大作《COACH父母學》。而這本新作《晤談的力量》，可做為您在實際工作或生活上，面對類似案例的晤談工具書，進階體會助人者對晤談當事人帶來的影響和成長，當然最重要的是身為助人者所帶來的成就感。希望大家閱讀後收穫滿滿，成為一個更成功的領導人和助人者！

曾國棟（K D Tseng）
／大聯大控股公司永續長、MISA智享會理事長

　　一般人對教練的認知是在體育領域比較多，其實教練在很多領域都很需要，歐美國家很多企業的高階主管，甚至CEO都需要教練幫助他們釐清盲點，建立信心找到最佳的解方。過去我對教練的操作沒接觸過，近幾年在MISA智享會輔導一些企業，接觸到一些教練，看到他們輔導學員的方法，確實可以幫助學員找回信心及動力。

　　教練是門精深的學問，要有理論及執行步驟，懂得心理學／邏輯歸納和引導，激勵並建立學員信心，讓學員找到自己，真是一門藝術學問，陳恆霖博士正是教練行內的專家，堪稱是教練的

教練。

陳博士《晤談的力量》一書，運用九個案例逐字稿的對話方式，對每一階段作詳細解析，將教練的理論與執行方法作結合，包括5K傾聽法，3I提問法，GROW成長模式，WDEP現實治療模式……。讓讀者對照學習，真的是強大引導力量，已經超越了工具書的範圍，是我看過編排最好的工具書之一，佩服陳博士的功力及無私分享精神。

我覺得企業主管與HR都需要具備教練領導力的能力，我在處理同仁的疑難雜症時，也很像扮演心理醫生的角色，透過晤談及適當引導，讓同仁自己頓悟，打開心裡的癥結，找到自己的方向目標及執行方法。閱讀並利用本書認真學習，一定可以達到作者期許的「領導不費力，管理有效率，溝通有能力」之境界，我從內容中獲益良多，是寫序的額外收穫，相信對讀者會有重大啟發，是一本值得推薦的好書。

曾崇凱
/康寧顯示玻璃（中國）總裁暨總經理

公司因為人才成長的需要，曾邀請本書作者陳恆霖教授前來協助公司擔任高階主管一對一與團隊教練（Coach）的輔導講師，因此而結識陳教授。

企業為了要培育員工，常常需要指派主管擔任教練（Coach）或導師（Mentor）的角色，好的教練或導師會帶你突破現況，實現自我；反之，不僅讓員工績效原地打轉，更浪費公司資源與佈

局。容易上手的方法論與技巧，讓整個陪伴過程言之有物、進而引人入勝的門檻。在陳教授擔任講師期間，確實為公司培養堅實的教練團隊，為公司成長的人才需求奠定穩健的基礎。

非常樂見陳教授在本本好書後，再次推出新書！陳教授透過我們身邊常見的九個案例，用逐字稿的方式娓娓道來，帶我們身歷其境；並將方法論與技巧用註解的方式穿插其中，再加上系統圖的輔佐，相信這本書將成為讀者可充分上手應用的好幫手！

我特別喜歡陳教授在書中以「助人」（Helper）的角色來定位並描述故事。我常勉勵同仁，或許我們不會記得哪一年創下多傲人的績效，但我們總會記得身邊的人在關鍵時刻，對我們說過感動激勵的話，進而改變了我們。這就是我們一點一滴所建立的「溫度競爭力」！相信陳老師的助人哲學，與上手的方法論，將為各位讀者的工作、生活注入不同的溫度，也為晤談領域帶進另一個境界！

醫學界

周恬弘博士
／嘉義基督教醫院副院長

有幸先拜讀陳恆霖教授的新著《晤談的力量》，非常期待更多主管讀到這本書。陳教授在書中以九個實例生動且有系統地告訴我們：只要出發點和方法用對，光是好好與同仁晤談，就能夠幫助同事從內在發現改變的方向與盼望，產生往前的力量。《聖

經》也不斷提到，話語有極大的力量，上帝就是用話語創造天地，同樣主管也可以用話語帶給團隊同仁力量。學習這套方法之後，我們將蛻變為「助人」，而非「管人」的主管。

唐子俊博士
∕ 唐子俊診所院長、精神科醫師、資深心理治療督導、台灣心理治療學會理事

加速理想和現實的平衡：需要珍貴的教練引導。很榮幸為這本用心和寶貴的書寫推薦序。我在醫學中心約20年後，變成診所的院長。從長期臨床和心理治療的督導，轉換成診所和心理所管理者，進入多重角色。

我以讀者角度提出如何快速抓住本書重點的建議：

一、從書中跨領域理論和晤談過程的呈現中用心閱讀：在實務界的經驗，即使理論精彩卻無法達到效果，就不能協助當事人解決問題，本書實用有效是精髓所在。

二、善用流程和表格：助人者最重要的是自我覺察和修正，及尋找適當的督導。作者將複雜的晤談過程，細心的進行歷程分析，有條不紊的整理成會談架構，能快速且深入的抓住歷程的重點和脈絡。

三、接受適當引導：從最基層的員工到高階的企業主管，適當的被引導，回歸本心和現實當中，快速取得平衡，是相當美好和寶貴的事情。

作者加了許多諮商、企業和生涯輔導的名句，融合藝術的浪

漫，讓人在閱讀的文句更能被深深觸動。這本珍貴的手稿及精闢的分析，兼顧實用以及美學的設計，看到案例呈現的內在衝突，有種被觸動的感覺，值得極力推薦。

陳信昭
／精神科醫師、自然就好心理諮商所創辦人

認識恆霖博士已二十多年，他在累積多年心理教練、諮商實務及教學經驗之後，出版了第三本著作，有幸在出版前搶先試閱，特此恭賀並推薦。值得推薦之處包括：

一、融合多種心理諮商理論將之運用於心理教練與諮商實務，可以一窺不同取向如何運用在不同困境；

二、書中納入詳細的晤談過程逐字稿，非常有助於學習者理解心理晤談的實際歷程，同時強化學習的效果；

三、書中的方法可以廣泛應用於個人心理、企業經營、組織氛圍，有助於創造正面積極的改變。

此書絕對是從事心理教練、諮商實務及組織經營工作者書架上必備的書籍。

──●── 宗教界 ──●──

溫永生博士
／客家宣教神學院院長

這是獻給助人者「精微技術」的提升大作！

2020年，經時兆研究社社長戴文峻博士引薦，獲知陳教授在

諮商輔導與教練領導學上有豐富的學養與經歷後，就很渴望能將教練領導學引進基督教會的高階門徒訓練與領導技能上。2021年八月底邀請他到客家神學院的教牧博士班，教導「教練模式的教牧領導」課程，選修的學員都大開眼界深受啟發。

本書從「逐字稿解析」、「晤談歷程摘要」、和「晤談後當事人回饋」，並秀出諮商現場書寫白板的相片，加上流程圖來解說，讓讀者更有臨場感，並在其中學習到精巧的助人技巧。

有句俗語說：「魔鬼藏在細節裡！」這話若是正面表述可以是：「不可忽略細節，訣竅往往在細節裏！」本書正展現此特色，讓讀者在實況中學習5K傾聽法、3I提問法⋯等助人技巧，正如陳教授在自序中所言：「將理論觀念轉化為實務能力，是透過「精微技術」（micro skills）有效地幫助當事人。」功夫的高低就在細微處表現出來！本書真是難得的經典之作！

戴文峻博士（ABGTS Th. D.）
／神學院教授、時兆研究社創辦人

在當前諮商助人領域中，多的是理論或學派分析、源流介紹之作，能像陳教授《晤談的力量》一書綜合各家諮商原理（當事人中心、完形、短期焦點解決⋯等），並融合高管教練惠特莫（John Whitemore）爵士的「GROW」、格拉塞（William Glasser）r的「WDEP模式」、「3I提問」，加上自創的「5K傾聽法」，其解決問題之效益不但與麥肯錫（McKinsey & Company）解決問題七大步驟有異曲同工之妙，亦展現陳教授多年來在教練（Coach）領

域中的深厚功力。在台灣講求人才發展品質管理系統（TTQS）建立的當代，本書對於培育兼具助人智能與技巧的人才，是一本理論與實務並重的鉅作。

─── 司法界 ───

李錦松
╱ 南投地方法院主任調查保護官

面對觸法少年，我們可以是積極正向和優勢觀點的教練角色！

當恆霖請我為《晤談的力量》一書撰寫推薦序時，思緒漫向時光的長廊，當年他是那個年輕熱情的大學生，就像鄰居親切的大哥哥，經常到法院來陪伴觸法的孩子們。再過了二年，他已是研究生，幫我帶一個「少年社會技巧訓練團體」，專業形象稍具雛形，時光荏苒，倏忽三十年過了，他以諮商師之姿進入教練領域已成專家。

看恆霖的書是個享受，詞藻優美洗鍊，加上諮商專業嫻熟，在助人領域中運用各種現代與後現代諮商理論技術，優遊其間絲毫沒有半點違和之感。在少年觀護場域，調保官經常被期待有監督管控的功能，恆霖提供了另一個視角，讓我們不必只是監督管理者，也可以是孩子們積極正向優勢觀點的教練角色。

謝謝恆霖讓我對工作有新的覺察和體悟，如果有更多的少年觀護工作者都能認識它，將對服務的少年有更大的貢獻。在本書付梓之際，樂於為之推薦。

岳瑞霞
／苗栗地方檢察署主任觀護人

　　兩年前參加文官學院兩天的「教練式（coaching）部屬培育研習」，由於時間緊促，當時如墮迷霧一知半解。年初接到恆霖老師的《晤談的力量》初稿及餽贈另外兩本大作《COACH領導學》與《COACH父母學》，先睹為快後終於一掃謎團。

　　個人從事成人觀護工作，最大的困境是個案人數眾多，深入會談總受限於時間短促。本書中恆霖老師反覆運用其所發展的「五K傾聽法」及「漏斗式提問」、「GROW模式」等技術，讓會談的場域架構，具體明確有效率。恆霖老師所揭露的會談實錄中，很羨慕他總能用很短時間，對問題就有提綱契領、鞭辟入裡的洞悉，加上他嫻熟運用各種諮商方法，切中輔導核心，能讓人耳目一新。學習教練真好，讓我工作更有效率，助人更有能力。

作者序

　　這本書是個人的第三部著作，也許你已經認識我，也或者尚不熟悉我及我所從事的專業為何，但不論你是誰，當你正在翻閱這本書，我相信是我們彼此心中的良善，如天線般連接上了。

　　在一開始，請容我用以下一些篇幅介紹自己及這本書將開展的內容。

▌這是一本「提升助人者專業能力」的書

　　我的工作有幾種稱謂，較常聽聞的是「大學教授」、「諮商心理師」或「企業教練」；職稱雖有不同，相同的是大部分的工作需要從「與人對話」中展開。

　　與我對話的許多當事人可能正受到生活事件困擾、生命議題的磨難，或正受到不公不義的人性險惡對待，他們糾葛的心情隱藏著人性的軟弱、恐懼、孤單與無助。這種時刻可能暫時遮蔽了他們自身具備的勇氣、力量與無窮的潛力。

　　某方面來說，也許我更喜歡我的角色叫做「助人者」，每當我來到一場晤談的情境，會引領當事人面對與跨越問題，在這過

程中不只有文字語言的對應，更有很多細微的人性美善交流。

▌跨領域又殊途同歸的技能

時常有人問我：「為什麼從心理諮商走到企業教練？」、「心理諮商與企業教練在實務應用上有什麼不同？」

首先，好比當年很多人問我：「為什麼會從主修藝術雕塑的人，轉念心理諮商？」藝術是我的興趣，然而我覺得自己沒有成為藝術家的能力與天賦。轉念心理諮商後，我才知道有藝術治療這門實務，雖是跨領域但有相通之處。接著從心理諮商進入企業教練，仍然是跨領域的概念，我從藝術唸到諮商是轉進，而從心理諮商到企業教練是專業的延伸。

30餘年前，我在彰化師範大學輔導與諮商研究所碩士班進修時，就對企業諮商很有興趣。當時跟著所長蕭文教授，到幾間國營事業單位進行員工志工訓練。之後，又隨著指導教授吳秀碧進入私人企業，進行員工參加潛能訓練後的評估，並規劃企業員工輔導訓練。經由兩位教授的引導，除了專業知識的學習，也歷練了實務經驗，奠下日後企業諮商與員工輔導的基礎。為此，我一直心存感謝。碩士班與博士班修業期間，修習「企業員工輔導」、「組織心理與諮商研究」及相關課程。另外，長期有系統的閱讀企業管理名作、相關專業書籍、或參加培訓，是我跨領域學習的重要管道。

2001年新竹市生命線成立「員工協助服務中心」（Employee

Assistance Programs Service Center，簡稱EAPC），為企業單位提供員工協助方案及危機處理、勞工諮商輔導等相關業務之服務，首開企業員工服務之先河。那段時間我受邀進入台南科學園區為高科技公司，進行企業諮商和員工協助方案（Employee Assistance Programs, EAPs）數年之久。

當時我發現一個有趣的現象，員工或主管的諮商議題，多數和企業內部的領導管理有關聯。他們常會說，應該請我的主管或老闆來諮商或接受訓練。反之，主管跟老闆都認為是員工有問題，要員工去培訓或諮商。角色與立場不同，認知思維落差很大。

企業員工經過諮商或EAP訓練結束後，相同的議題不久之後又反覆出現，我意識到組織內部領導與管理如果沒有改變，主管和員工的問題依舊存在。然而，有權力進行改變的是高階主管，高階管理團隊每天和績效及時間賽跑，在競爭激烈的市場面臨存亡競爭的壓力，自是無暇顧及部屬的需求與心理狀態。因此，帶領人與管理人的問題一直存在。如何帶「人」帶「心」，成為企業高管極待突破的瓶頸和挑戰。

2008年我在取得美國加州政府核發的「組織教練」官方認證（Certification in Organizational Psychology with a focus on Organizational Coaching）培訓期間，我注意到教練的基礎概念與技術源自於心理諮商與治療，關注「人」並以之為核心。企業教練的對象如果是高階主管，當高階管理團隊具備助人的基本技術和能力，可以有效提升內部的領導管理，建立正向積極的職場

氣氛，激勵員工與提升績效。這種由上而下的變革力量最大，無形中也能消弭高管與部屬和員工的對立與衝突，這就是「領導不費力，管理有效率，溝通有能力」的教練領導力。從此我專注將心理諮商應用在企業教練這個領域。

其次，在實務應用上，心理諮商重視人的改變和成長，除了認知和行為層面，也處理深度情感和情緒層面，以「人」為導向，深入內心為核心。而因應企業講求效率與績效，重視 KPI 與目標的達成，企業教練以「問題解決」為優先考慮，以「人才」的發展與激勵為導向，促進組織發展和市場競爭的生存為核心。

不論是教練或諮商，回到我所說的「助人者」角色，總是聚焦處理「人」的議題，「人」與「事」是一體兩面，缺一不可，同等重要，只是諮商與教練聚焦在議題處理的層次和深度上略有不同。

至今，我在大學任教已屆滿三十年，利用課餘時間以諮商心理師的角色橫跨到企業教練，投入企業進行高階主管與團隊主管的教練領導力培訓，原因是一對一的諮商可以影響一個人和周邊的人際關係及重要議題，而企業教練影響一位執行長或高階主管，能透過教練領導力影響公司的轉型與變革、管理氛圍、人才發展策略，從而建立企業教練文化，帶出更大的影響力。

▌助人工作是生涯志業

我認為助人者是關注生命的工程師和藝術家。助人不僅是

一份職業與工作，更是「深淵與深淵相呼應，生命影響生命」的志業。助人者不僅是與當事人去設定目標，完成某些理想，更促發一個人在生活上的改變，及生命的成長。晤談不只是效率和效能，更關注在能否觸發當事人，從內在產生力量來自我突破與成長。

對一位專業的心理師而言，在微觀的助人領域，有諮商理論與技術的基礎能力，對於人的心理狀態與渴望、個人的議題與發展、協助人的改變與成長，有得天獨厚的優勢條件。跨入企業組織則是心理師值得去拓展的場域，這需要具備宏觀視野，例如：全球政經局勢的發展與演變，企業特性與產業發展趨勢、領導與管理的觀念和實務，團隊合作與創造績效等等。總之，企業著重在有效解決問題，如何融入人才發展的策略與實務，極具有挑戰性，助人者也要有心理上和實務上的準備，及長期經營。

美國《今日心理學》（Psychology Today）期刊曾有一篇有關教練（Coaching）的文獻提到[1]：「心理教練（Psychological coaching）就像正向心理諮商一樣，強調人生的積極面；它不關注生命中的消極面、非理性或病態的種種經驗。教練（coaching）是精準且是目標導向的，它就如同體育訓練一般，使個人或團體能以嶄新而不同的方式，運用他們本身的優勢和能力，來提升績效表現，使他們對自我更有信心、應對挑戰、實現目標、過更成功的人生，以及改善每個人於公於私的整體人生品質。」

心理諮商的「後現代焦點解決」（Solution-focused brief

therapy，SFBT）創始人之一的茵素‧金‧柏格（Insoo Kim Berg）和瑞士最大教練學校創辦人暨校長彼得‧薩柏（Peter Szabo）合著出版的《OFFICE心靈教練：企業的焦點解決短期諮商》（Brief Coaching for Lasting Solutions）一書中，就以焦點解決來進行企業教練。教練是心理諮商應用的領域之一。

對於一些沒有心理諮商與治療背景的企業教練而言，有些人取得認證資格後，常受困於知道但不易做到，實務上無法落實的窘境，有時又將顧問、教練、與諮商的角色與功能混淆。有些企業教練也問我，做教練會不會變成作諮商？其實沒有心理諮商的底子是不太可能做到諮商層次，更遑論做心理治療，反而是教練晤談碰到情緒議題時，可能會難以面對與處理。反之，做諮商是可以做教練，只要精準拿捏好分寸和深入淺出的層次，就能有效地處理當事人的議題。在企業工作，同時對助人有興趣，又取得教練認證的人，對企業特性與運作方式有一定程度的了解，且懂得企業的語言，是很好的利基。能聚焦問題並快速有效的解決，有時比心理師更有效率。只是他們若在心理學、諮商與治療理論、助人技術上缺乏深厚的基礎，會使他們的能力發揮與效果受到侷限，這是亟待突破的點。身為教練，如果能精進心理諮商方面的理論與技術，相信更能擴充自己助人的領域與效能。綜合來看，心理師與教練有各自的優勢和限制，兩者卻是可以融合並相輔相成的。

▍誰適合閱讀本書？

我深信每個人的心中都有具有仁慈、慈悲、友善與助人的心。如同《論語·顏淵》：「上天有好生之德，大地有載物之厚，君子有成人之美。」《孟子·告子章句上》：「惻隱之心，人皆有之。」或許你沒有助人的理論基礎與專業能力，閱讀本書可能是一種挑戰，卻能一窺助人實務的堂奧。

從心理測驗的觀點而言，約翰·何倫（John Holland）的類型論（typology theory）中，SEA或SAE類型者（S：社會型、E：企業型、A：藝術型），是具有對人和善、細心關心人群、耐心注重和諧、在乎他人感受等特質的人。依莎貝爾·麥爾斯（Isabel Myers）和凱瑟琳·布里格斯（Catherine Briggs）兩人共同發展的性格類型指標（Myers-Brigg Type Indicator，MBTI）分類中，具溝通與合作的貢獻類型—教育家或教導者（ENFJ）、具解釋與執行的願景類型—諮商師或博愛者（INFJ）、具創新與主動的探索類型—倡導者或激發者（ENFP）、具關心與連結的關顧類型—治療師或哲學家（INFP）。這些類別特質的人閱讀本書，相信能獲得啟發，並能在生活中應用。

此外，在一些助人機構接受非正規專業訓練的志工，例如：生命線、張老師基金會等，或另一些專業領域但有助人性質的行業，例如：醫療人員或關懷師、宗教或神職人員、教師與指導員、體育教練、企業教練或顧問、組織管理者等，這群具備診斷

和醫療、教導和關顧、指導和訓練、輔導和建議、教練領導和績效面談等專業人士，若具備專注、傾聽、同理和提問等能力，無形中也能幫助或影響當事人，及服務與帶領的對象。如果你屬於這群人士，閱讀本書，讓你能提升助人專業知能，在工作場合裡發揮更大的力量。

2010年有位體壇國手上完我的課後回饋說，如果運動教練也能用「教練」（coaching）的方式來訓練選手的話，競賽成績一定會更突出。

德國臨床心理學家暨諮商師丹尼斯・穆藍納（Denis Mourlane）博士指出[2]，早在1970年美國心理學家艾密・薇爾娜（Emmy Werner）就提出「心理韌性」（Psychological resilience，德語 Resilienz）的概念，她在長達40年的追蹤研究，發現心理韌性不同於智力，可以透過後天的訓練而獲得成長。美國的「適性化學習系統諮商中心」（Adaptive Learning Systems）則是一家心理韌性訓練與教練式輔導的先驅，該中心曾編製一份「心理韌性要素量表」，可以測得心理韌性七大要素：1.調整情緒，2.控制衝動，3.分析原因，4.持有同理心，5.保持務實的樂觀精神，6.設定明確的目標，7.相信自我效能。經過特殊訓練與練習，持續有效地提升心理抗逆能力。這套系統也逐漸被應用到企業心理健康管理，進而影響企業的領導文化。

甚至，每個接受過正規專業訓練的各領域的專家，例如：心理學家、心理師與輔導員、社工師和社會工作者、運動心理諮

詢師、身心科醫師、教牧諮商人員、教化機構的教誨師、法院觀護人等。這群接受專業訓練的人，雖然在各自的領域中工作，具備對人的高敏銳度和好奇心，喜好深入和有意義的人際互動，利他並重視人際和諧等人際特性，能在專業上發揮助人的功能。閱讀本書能互相交流專業經驗，增進專業成熟度，建立個人專業風格，發揮更大的影響力。

　　以上這群人不管你的專業是什麼，只要有助人的特質、意願或是職業，可以廣義的統稱為「助人者」（Helper）。我在本書中會同時交替使用心理師或教練者、諮商或教練等詞，都是助人者的同義詞。

▋為什麼有這本書？

　　過去三十年的接案經驗，我深刻體驗到不論當事人帶著什麼議題來，似乎在晤談中感受到被聽懂、被尊重、被理解、被接納，就有一股內在的力量會蹦現出來，說穿了，「愛與關懷」是讓當事人改變的契機。回頭再看人本心理學大師卡爾‧羅傑斯（Carl Rogers）所言即可驗證：「有時候我們需要的不是什麼建議，而是一種『被懂』。如果有人能苦你的苦、痛你的痛、在乎你的在乎、了解那些對你來說糾結又矛盾的情緒，那種被接住的感覺就像是墜落到棉花上，一種欣慰就會油然而生。」

　　歷年來我在培訓或工作坊中，會透過現場示範和演練講解，讓參加者體驗微妙的助人晤談和歷程。有時他們很訝異，如何能

聽懂當事人內在深層的聲音，有時又吃驚為何在短時間的晤談能有效解決問題，有時又讚嘆何以能說出感動又激勵當事人的話，或看見當事人在眼淚中欣喜收場。

專業知識的學習和理論講解，也許容易學習和吸收，但轉換成實務應用，有時如同霧裡探花，不易理解。我在教學上，理論與實務並進，在示範演練中，我總是很專注在當事人身上，在傾聽與靜默之間，常有靈光乍現的話語出現或技術的使用。有許多人不約而同地建議我，能否出版一本以逐字稿解析為主的書，以便幫助他們日後學習。不少學員對我說：「老師，我要把你的用字遣詞整理成金句背下來使用。」（還真有人這麼做）我笑著說：「我可以感受到你的認真和用心，不過這不是套路千萬別背，聽懂就能說出合宜的話，聽懂才能引導當事人。」學習武林秘笈需要以扎實的基本功為前提，我認為與人同在、與心連結，比專業知識和技能更為重要。

▌如何閱讀這本書？

本書不是為了示範某一個理論學派或技術而特意撰寫，是一本實務應用的專書。我挑選了九篇歷年來在工作坊、培訓或教練認證課程中的現場晤談與示範講解（事先徵得當事人同意後錄影），事後謄寫成逐字稿，再進行理論觀點與技術應用的解析，或以逐字稿方式來進行督導（即在助人專業養成過程中，藉由資深專業者的經驗，提供學習者建立穩固的專業能力發展基礎，並

保障當事人的權益與福祉,確保晤談歷程的效益與品質。督導者扮演多重的角色,包括:教師、教練、諮商師及諮詢者)。

現場晤談是當事人主動上台,我在事前全然不知當事人的議題是什麼,談的都是當事人正面臨的真正問題與困擾。進行過程根據我對當事人的感受或直覺,過往的接案經驗,對議題的敏銳與覺察,自然而然的考慮晤談策略和技術使用。由於具教學性質,經常在晤談的同時,也在白板書寫晤談重點,除了讓當事人理解議題的整體脈絡或擬定行動計畫,也幫助旁觀的學員有更清晰的架構來學習。

案例中有涉及當事人隱私部分,逐字稿的內容都加以隱匿或修飾。由於口語表達與文字閱讀之間的差異,因此將口語贅詞、口頭禪、無關議題的重複字眼、口語干擾(嗯……啊……這個……那個)等等,加以潤飾或刪除,在不失原意下讓閱讀更加順暢。文字呈現自是無法完全顯示助人者的非語言訊息(例如:眼神、臉部表情、肢體動作、姿勢與姿態等等),這是閱讀上小小的限制,與觀看錄影帶或是親臨現場是截然不同的感受和體驗,所以在閱讀時可以在腦海中模擬或加上一些想像力,彷彿身歷其境。

這本書從教練、諮商、治療的不同層次與深度,分為四大篇九個案例:

一、在心靈深處裡摘月:個人選擇與夢想成真(兩個案例),

二、尋找天命站對位置:職涯轉換與未來發展(兩個案例),

三、組織變革火線領導：企業發展與團隊合作（兩個案例），

四、浴火重生天蠶再變：內在整合與生命蛻變（三個案例）。

　　閱讀本書有三種選擇：一是依本書的編排順序來閱讀，它的好處是從第一個案例到最後一個案例，大體上由認知理性的層面與行為改變，逐漸轉換到深入內在情感（緒）層面的生命改變。二是依四大篇的分類主題，選擇你有興趣的案例來閱讀，例如：個人發展、職涯議題、企業管理、或生命整合。三是依目錄中的每個案例名稱後面，註記使用的理論觀點和技術，據此選擇你想進深學習的部分。

　　若是你沒有助人專業訓練的基礎，但有助人特質和傾向的，建議依第一種方式來閱讀。如果你或周圍的人正巧碰到與案例相似的議題，則可選擇第二種方式閱讀，想從事企業諮商或企業教練的人，也適合這種方式。若你是專業助人者，可先從最後一篇諮商與治療的三個案例來閱讀，再來選讀其它三篇。不管你選擇何種方式閱讀，相信對你提升專業能力都有助益。

　　本書所呈現的晤談內容或歷程，應用的理論觀點與技術，都不是範例更不是標準，只是呈現我個人偏好的理論取向與技術，僅僅是個人的專業風格。同一位當事人與不同的助人者晤談，會因理論取向與技術偏好、助人者的價值信念、專業能力和成熟度的不同，而有不同的晤談歷程和結果。本書僅是野人獻曝和一個可引發助人工作者討論與分享專業的楔子，尚祈先進們不吝指正。

　　我個人的專業風格，是以情感（affective，feeling）為基底的個人中心治療（person-centered therapy）、完形治療（gestalt therapy）、心理劇（psychodrama）等取向為主。輔以認知行為治療（cognitive behavior therapy）、現實治療（reality therapy）、及後現代焦點解決（Solution-focused brief therapy）取向。就是跨越學派理論之藩籬，從不同理論學派中的共同因素（common factor），如：同盟關係、情緒宣洩、正向認知、積極行為等加以運用。又以當事人的狀況和議題，來選擇技術的應用。簡言之，以技術折衷（technical eclecticism）的方式，達成晤談目標，有效解決當事人的問題。這是目前大多數心理專家或心理師所採行的整合心理治療（psychotherapy integration）觀點。

　　人是活的，技術是硬的，如何根據當事人的狀況和議題，彈性地應用技術來引導當事人至關重要，如果為了施展技術而做技術，就無法貼近當事人的心。晤談方向和目標要由點、線、面來形成整體架構和脈絡，進行適切的引導。套用李安導演鉅作〈臥虎藏龍〉的經典對白：「劍要人用才能活，所謂劍法即人法。你還要修煉，修武德，才能體會靜中之動的境界，才配得上用這把青冥劍。」、「當你緊握雙手，裡面什麼也沒有。當你打開雙手，世界都在你手中。」助人者的技術應用與習武者一樣都是「心法大於技法」、「態度重於技術」。技術是一種當下「應用」，不是「硬用」，惟有頭腦放鬆，把心專注於當下及眼前的當事人，才有機會人劍合一。

▍語言表達透露出字字珠璣的涵義

晤談歷程中，助人者與當事人雙方，透過語言與肢體語言，在瞬間來回輪流或交錯的陳述，助人者要留心聽當事人陳述了什麼？哪些內容和重點要仔細聆聽，哪些訊息可以忽略或捨去？如何聽懂當事人所說弦外之音呢？我常說全世界有三條路最遠，一是從「知道」到「做到」，二是由「聽到」到「聽懂」，三是前面兩條都做不到的話，「心與心」的距離最遠。助人者要思考的是，如何縮短晤談雙方的距離：「聽懂」是重要的關鍵！

語言是符號的一種。瑞士語言學家，現代語言學之父斐迪南・德・索緒爾（Ferdinand de Saussure，1857~1913）在結構主義符號學（structuralist semiotics）指出：「單一符號（Sign）分成『能指』（Signifier）和『所指』（Signified）兩部分。能指，是符號的語音形象（一段聲音、一個手勢、一個字符、或是一切所見所聞之事物）；所指，是符號的意義概念部份。」易言之，能指是生理與心理上的專注技術；所指是傾聽與同理技術。這兩部份組成的一個整體稱為符號，就是口述語言和隱含信息。專注、傾聽與同理是最基本的技術與態度，使晤談過程達到語言與訊息的交流。廣義上，能指和所指的對應關係，可能會因為社會和文化差異，而有不同的隱含意義。

語言若從法國符號學家羅蘭・巴特（Roland Barthes，1915~1980）結構符號理論而言，有「外延意義」（denotation）

和「內涵意義」（connotation）。外延意義，是指語言表述的明顯意義與重點；內涵意義，是融入了社會文化的意義與價值信念等。丹麥語言學家路易‧葉爾姆斯列夫（Louis Trolle Hjelmslev，1899~1965）在語言結構論中，則將符號分為「表述」（express）和「內容」（content）。表述與表達清楚有關，把它看成屋子外觀與樣子，內容是陳述的要義，可視為屋內的裝飾與擺設。屋裡屋外都要仔細看清楚。

從符號學觀點，助人者不只是聽到語言的表述，更要聽懂語意的內涵！我總是專注著用眼睛和耳朵，從外在去觀察當事人的肢體語言，聆聽當事人敘說的語言所隱含的深層含義。同時我又用內在的心靈眼睛，深入到當事人的靈魂深處，傾聽隱而未現的內在聲音，細細咀嚼話語在呼吸轉換之間的細緻處，說是細細咀嚼，有時候真的很慢，說話語速緩慢、聲音也細小；有時候又很快，說話有力量，姿勢與姿態是開放著的，這是當下同在的表現。助人者謹慎的回應當事人，如同智慧之書〈箴言〉所云：「智慧人的舌頭卻為醫人的良藥。良言如同蜂房，使心覺甘甜，使骨得醫治。」（12：18，16：24）這段話正是我從事助人工作的座右銘。

心靈的相遇往往有著奇妙的交融，舞台上的探照燈，主角不只是當事人「你」，也不只是助人者「我」，而是「我們」，每一個當下都是那麼獨特與珍貴。這樣的聆聽總是帶著對「人」的尊重與理解，在晤談流動中貼近當事人的外在與內裡。如同法國著

名的攝影家，被譽為 20 世紀最偉大的攝影家之一亨利・卡提耶－布列松（Henri Cartier-Bresson，1908~2004）所言：「在拍攝的時候，我總是閉著一隻眼睛，我用這隻眼睛觀察自己的心靈；我又總是睜著一隻眼睛，我用這隻眼睛觀察整個世界。」

　　助人者在晤談歷程中，彷彿搭乘飛機從高空中看地面的景象，在寬闊的視野與全景下，可以全盤地綜覽地物景貌和阡陌交錯的道路。哪怕當事人轉個彎或換一條路或可能偏離預定路線，助人者也能適時的加以引導，回到原來的晤談方向，不會跟著當事人迷失在路途中。

■「逐字稿解析」的功能與作用是什麼？

　　從助人者的角度，將理論觀念轉化為實務能力，是透過「精微技術」（micro skills）有效地幫助當事人。我在學生時代的學習過程中，一直不明白為什麼助人技巧稱為精微技術呢？早在 1940~1942 年 Rogers 即已完成百卷錄影帶和逐字稿，進行實務應用、分析研究、和培訓督導，首創逐字稿解析之先驅。我從符號學的觀點學習和體悟，加上近十年來，我大量地使用逐字稿來做培訓和督導，才逐漸明白其中的道理，因此發展出一套批閱逐字稿的解析方法，從中體會到精微技術的精神與妙用，原來我所做的，只是跟著先賢的腳蹤前行。

　　學習者謄寫晤談練習的逐字稿過程，及督導在批閱逐字稿、註記、解析和回饋，同樣是耗費心力又折騰人的苦差事。但透過

逐字稿的督導，是專業養成過程中重要的一環，其目的在提升晤談的專業能力，增加對議題的敏銳度，能清晰地呈現晤談歷程與所使用的語言。再打個比喻，逐字稿裡一句一句的內容，彷彿是卡通影片裡一頁一頁的手稿，透過快速轉動呈現動態情節。看逐字稿如同看繪製卡通影片的「停格」畫面，仔細檢視繪製的每一頁手稿，會看見每個人物、動作或景象的細微差異，如同細細品味晤談過程裡的話語、情緒、氛圍的流動。如果靜止觀看每一頁的繪製卡通手稿，似乎沒有太大差異，播放時就能看出流暢的動畫。這種「停格」的方式，讓我體會到晤談技術為何被稱為精微技術。

　　逐字稿的解析，意在幫助學習者了解當事人是如何表達心裡的想法或感受？如何用字遣詞？聲音語調的抑揚頓挫意味著什麼？當下語氣的背後有哪些深藏的意義？不僅僅是了解當事人透露出來的訊息，也能反映助人者的語言表達習慣，看見理論觀點與個人風格，可以仔細逐一地檢視與學習。

　　如果仔細閱讀逐字稿，彷彿能在話語的流動細微處，嗅到並感受到「人與人」（person to person）對話的內涵與生命故事的精神。能清楚看見語言的枝微末節，助人者及當事人的思路及脈絡，引導的方式及技術的運用。在督導實務經驗中，我逐漸明白逐字稿能有效地協助學習者，並帶來三個不同層次的反思與覺察：

　　首先，謄寫逐字稿時，反覆聆聽晤談錄音內容，邊聽邊謄寫

的當下，學習者可能會覺得：「當時我怎麼會這樣說？」、「如果我換成另一種說法，會不會更好呢？」、「我怎麼好像沒有聽懂對方說話的意涵？」、「好像還是急著要給對方建議！」。學習者會發現自己表達的慣性，可能是停留在社交性談話（social talk or conversation）而非專業性晤談（professional interview）、或光顧著自己說很多話、發現自己的口頭禪等等。有這些反應是正常的，這是第一層次的省思！

其次，把逐字稿交到督導手上，透過督導的批閱、修改和內容解析，能提升學習者傾聽議題的敏銳度，與晤談的表達能力，學習者可能覺得：「喔，就是這樣，看到督導的回饋，才發現自己當時怎麼沒想到可以這樣回應呢？」、「原來我情緒同理得不夠貼切，所以當事人還一直反覆在說故事！」、「當事人在情緒中暫時無法理性思考，我卻一直提問！」、「原來可以像督導這樣切入核心議題，引導當事人反思問題！」、「我和當事人一起陷入過去事件失去主軸。」、「原來我沒有緊抓問題重點，所以沒有達到晤談目標。」這過程學習者能反思晤談中，能否精準地掌握晤談方向、釐清重點與議題、技術使用的精準度、或缺乏引導框架、錯失切入議題的時機點等等。有這些反應是正常的，這是第二層次的省思！

第三，督導後學習者於下次晤談時，可能聯想到前兩個層次的反思，在晤談當下進行調整並提醒自己：「慢點，沉住氣，先同理！」、「我不能太快給建議！」、「記得觀察同理的指標：對

啊，是啊！」、「專注傾聽，聚焦當下」、「要設定好晤談目標，聚焦議題。」這表示學習者能逐漸進入晤談中的同在與陪伴，專注與聆聽，探索及釐清，引導當事人達成目標。這是第三層次的省思！

本書中的晤談現場，台前的主角是當事人，旁觀的其他成員也都一一參與其中。主角的故事或議題被梳理的過程，經常在現場是鴉雀無聲屏息以待的，旁觀者更是聚精會神地陪伴，同時連結與觸動自身的經驗，而產生各自不同的體驗。由外在事件進入內在世界，勇敢的去碰觸、探索複雜或隱晦的情感，有時候不僅台前的主角流淚，我和旁觀者也默默地流下自己的眼淚，只是可能有不同的故事在各自的心裡上演，內心的療癒也在其中不知不覺地進行著。

當你閱讀本書時，如果能在字裡行間，品味晤談的流動，透視對話與故事背後的涵義，感受到「人的味道」與「人的溫度」，必然能聞到馨香之氣領略助人的核心精神。

接下來，我鼓勵並期待各位讀者，安頓好心思來閱讀，悠遊在逐字稿的字裡行間，手邊沖一杯精品咖啡或茗茶，細細品味文字的語意，彷彿聞到咖啡與茶香；專心聆聽那些需要被幫助的人性心靈底層的聲音；在文字段落之間與自我來回呼應，彷彿人與咖啡或茗茶，在舌尖與口腔中融合一體的美妙滋味。

第一篇

在心靈深處裡摘月

個人選擇與夢想成真

選擇是此時此地的現象。我們能控制的只有我們自己，所以你只能說你願意做什麼。

——威廉・葛拉瑟（William Glasser），現實諮商學派創始人

◆◆◆◆◆

現實是此岸，理想是彼岸。中間隔著湍急的河流，行動則是架在川上的橋樑。

——伊凡・安德烈耶維奇・克雷洛夫（Ivan Andreyevich Krylov），俄國寓言作家

1 蹺蹺板的兩端

經濟現實與興趣理想的兩難抉擇

5K傾聽法與3I提問

晤談背景	
當 事 人	中年女性，在企管顧問公司待過十餘年，目前熱衷於心靈的成長，有跨領域學習的態度和精神。
晤談議題	面臨經濟現實與興趣理想之間的兩難抉擇。
晤談時間	17分鐘

▌引言

　　《歧路燈・第二三回》：「有時，看這東西不難；沒有時，便一文錢逼死英雄漢。」財務是現實的問題，常聽到：「興趣能當飯吃嗎？」、「理想能讓你活下去嗎？」難怪有人開玩笑說理想很豐滿，現實很骨感，到底理想與現實如何取得平衡呢？美國詩人托馬斯・斯特恩斯・艾略特（Thomas Stearns Eliot1，888~1965）：「理想與現實之間，動機與行為之間，總有一道陰影。」人的某些煩憂就在此陰影下逐漸顯現。解憂的鑰匙，或許就在如何平衡兩者之間的關係。

　　多數人都曾經歷理想與現實之間的矛盾，並在其間面臨兩難

的抉擇。有時顧慮現實狀況，不得不犧牲自己的理想；有時為了追求理想，必須放棄現實的條件或限制。有時先選擇屈就現實，再來追求人生的夢想；有時會不顧一切追尋夢想，等待夢想成真之後，再回到現實層面。有的人不兼得，也可以活得很自在。若理想與現實能合而為一，必是興奮雀躍，感到人生無限美好。

　　人生中有不少兩難的情境，例如：有些人工作多年，存夠足夠資金再去創業，有些人輟學在自家車庫創業，終而功成名就，像是微軟創辦人比爾‧蓋茲（Bill Gates）、蘋果創辦人史蒂夫‧保羅‧賈伯斯（Steven Paul Jobs）、臉書創辦人人馬克‧艾略特‧祖克柏（Mark Elliot Zuckerberg）等人皆是如此。有人選擇先在大公司工作，歷練累積經驗再跳回理想的工作，有些人則先在小公司累積經驗，成為跳板再到大公司謀職。有人謀職的地點希望離家近好照顧家人，有人則選擇離家愈遠愈好，有自己的自主權和空間。人生少有最完美的選擇，選擇也沒有好與壞的問題。兩難的選擇也許是短暫陷入迷霧中看不清楚狀況，一旦釐清後，任何選擇都可能是當下最美好與適切的決定。

　　這位當事人正面臨現實（買房的經濟需求）與理想（興趣）之間的權衡，如何在短短不到20分鐘的晤談，幫助當事人在急迫的期限內，釐清各種影響因素，找到出路和優先順序。當事人曾有十餘年豐富的企業顧問經驗，目前追求生命成長與靈性生活，具有高度的反思與覺察力。晤談後當事人找到了在最短期限內解決現實狀況的方法。

　　我們一起透過逐字稿對話的內容與解析（助人者Helper，以H標示；當事人Client，以C標示），再從架構與歷程來深入了解。其中，某些場景可能與我們的經驗類似，會觸動過往的經驗，反芻經驗中的點點滴滴，或許又產生一些反思，來省思各自的人生。這是難得的經驗交流時刻！

▍理論觀點與技術應用

　　本次逐字稿解析應用我發展出來的「5K傾聽法」，另外加上「漏斗式提問」、「3I提問」及「GROW模式」（下一案例解說）。從晤談中建構晤談框架，聚焦議題和脈絡，有效幫助當事人釐清問題，在反思中自行找到解決問題的方法。

　　5K的傾聽法[1]：真正的傾聽是專注在當事人表達的訊息，助人者不需要完整聽完當事人所陳述的細節，而是要傾聽5K：關鍵字（Key Words，KW）、關鍵事件（Key Events，KE）、關鍵人物（Key Person，KP）、關鍵時刻（Key Moment，KM）、關鍵轉折點（Key Turning Point，KTP）。口語溝通時表達出來的內容，助人者要能在交談的瞬間，立刻辨識出當事人口語內容是來自認知、情感（緒）或行為層面。如同電影《爸爸的小提琴》裡的對白：「每個人都是旋律，你只需要知道如何聆聽。」

　　關鍵字指的是：1.抽象概念、模糊概念。2.情緒字眼、重複字眼。3.欲言又止、出爾反爾。4.口角溜言、又加否認。5.音調異常、音量改變。

　　關鍵事件指的是：1.就學生而言：學科被當、成績低落、沒考上理想學校、因各種原因轉學、中途輟學、逃學或逃家、被施暴或受虐、受到霸凌與欺壓等。2.就社會人士而言：工作輪調、外派工作、職場轉職、在職進修、生涯轉換、中年失業、因工作搬遷或暫時分居、職場人際衝突等。3.就人生議題而言：被倒債或債台高築、離婚或喪偶、安養與照護、時間管理、自尊與自我價值、生涯發展等。

　　關鍵人物指的是：1.受到關鍵人物的影響。2.改變人生的重要他人。3.改變生涯的特定人士。4.人生觀受到影響的人。5.受人幫助而改變態度或習慣的人。6.協助建立人生價值觀的人。

　　關鍵時刻指的是：1.迅速做了重要的決定。2.臨時改變既定的行程。3.突然茅塞頓開或想不開。4.原本很親密的親朋好友，突然之間翻臉成仇。5.突然做出放棄高薪的工作。6.抗拒外派卻突然改變心意。

　　關鍵轉折點指的是：1.業績由好變差（或相反）。2.從積極轉變為消極（或相反）。3.很活潑轉變為退縮（或相反）。4.很悲觀轉變為樂觀（或相反）。5.很多話轉變為沉默（或相反）。6.很大方轉變為計較（或相反）。7.很懶惰轉變為勤奮（或相反）。

　　如何善用「漏斗式提問法」[2]？這是結合聚合性問題（Convergent Questions，CQ）與發散性問題（Divergent Questions，DQ）兩種方式。問問題可以在晤談一開始時，也可以在晤談歷程中的任一時刻，也可以在結束晤談時。提問的重點

不在找到一個答案，更重要的是幫助受教練者整理思緒、發現問題、產生覺察、帶出行動力、達成目標。助人者提問時，不在思考該用什麼樣的問題，而是根據當事人當下的談話內容來提出問題，幫助他進行反思，並獲致覺察。「聽懂」就能問出好問題。

　　另外，也結合組織教練探詢的三大領域（3"I"），使用正向思維的提問方式：現狀─資訊提問（Information ／ Info.-Where are we now？）、願景─意圖提問（Intention ／ Int.-Where I want to be？）、及方法／途徑─計畫提問（Ideas-How do I get from here to where I want to be？）。

　　編按：本書之後的各章逐字稿閱讀，可使用本書封面後摺口的「專有名詞中英文對照檢索」，以利參照。

▌逐字稿解析

H1：○○，我們只有短短的幾十分鐘⋯⋯。

C1：幾十分鐘？⋯⋯好（音調聽得出來有點詫異晤談的時間很短，似乎有點失落感）。

H2：因為已經快五點半了，我們有效利用時間。我想妳剛剛從座位上坐到這裡來短短的幾秒鐘，你心裡有一個什麼樣的想法或什麼想談的？ `CQ` `Info.`

C2：因為我聽到職涯，剛好我現在走在要找工作，還是要堅持做自己興趣的事情 `KE1-1`，原因是因為我想要買房子要付房貸 `KE2-1`，付房貸要有工作證明或能力，就是要證明能夠付得起房貸。我目前的收入是沒有辦法付房貸的 `KE2-2`，所以我考量找工作，可是我很⋯⋯我很猶豫的就是市面上很難找到我真正有興趣願意投入 `KE1-2`，比如說，像教練和諮商師的工作。讀書會引導人或直播，那個叫興趣是義工。我現在收入只能維持我餬口 `KE2-3`，如果要付房貸就要去找一個正式的工作，可是正式的工作又不一定是我理想要的 `KE1-3`，剛好就是諮商師，又因為我沒有諮商師的背景，那個執照，然後教練現在還在學程當中，雖然我覺得我其實很有⋯⋯。

H3：你現在是卡在現實跟理想之間兩個的困境。

C3：喔！是。

H4：房子是必須要去付房貸的。

C4：是。

H5：所以有一種可能，就是你需要先暫時委屈自己的興趣，屈就現實經濟上的考量？ `Info.`

C5：就現在自己的興趣上面去考量現實，或者是去就現實的可能性去尋找嗎？

H6：也就是説付房貸是一個現實上的考量，有經濟負擔跟需要經濟上的支持（支持意指足夠的收入）。

C6：是。

H7：現在你的興趣沒辦法可以找到一個工作，又足以去付房貸的工作。

C7：對！

H8：這麼短的時間，你想要解決的議題是在這兩難當中去做抉擇，還是在考慮現實的狀況之下的因應之道是什麼？也就是説可以暫時先不管興趣，只要有經濟來源能夠付房貸？ `Int.`

C8：謝謝老師幫我釐清。在現有的狀況底下，怎麼樣可以付房貸 `KE`。

H9：好，那我們先從現實的層面來考量。（助人者在白板上寫下關鍵字，並以手勢來引導當事人）這個是你現實上要買房，另一個就是你的未來理想，未來當然是以你的興趣為考量。

H1~C8：

讓當事人了解晤談時間有限，同時釐清與聚焦當次晤談的議題與方向。H5排除興趣與理想，暫時屈就現實狀況。H8提問再釐清與聚焦晤談議題。C8這句回應就是考慮現實上需要有經濟能力付房貸，這是前提。同時，現有的狀況還不清楚，在後面的晤談需要進一步檢核現況來釐清與確認。

C9：是。

H10：現在以經濟為考量，現實的狀況一個月要付多少房貸？ R

C10：二萬五左右。

H11：所以，你需要找到一個什麼樣的工作，讓你可以糊口又足夠付房貸？ Info.

C11：我想要一個月薪大概四萬塊以上的工作或收入 KE1-4 。 G

H12：換句話講，付房貸後還要有一點生活費，更多當然更好。

C12：對，那比較像是理想狀態。

H13：這是理想，另一個是現實。我們聚焦在現實狀況，以你現在的考量的確是非常重要的，如果你暫不考慮興趣而考慮現實，有哪些工作是你可能可以考慮，又可以結合你的專業？ DQ R

C13：我的專業是培訓，所以有可能回去再做培訓經理的工作 KE1-5 。但是，我曾經有找過好像他們現在都比較喜歡三、四十歲的妹妹，我都已經被歸在姊姊級了，所以很難被錄取。我曾經去面試過三、四個工作，其實都比較難進去。 R

H14：OK，除了培訓經理以外，還有沒有哪些？ DQ

C14：這工作應該不只是正式的工作，也有可能是兼差或是其他的收入來源嗎？ DQ

H15：你談到的是正職跟兼職。

H9~H14：

了解當事人在現實狀況下的需求及探索可能的工作。
H9~C12當事人最低經濟收入的需求至少為四萬元。C11月
薪四萬以上是最低薪資目標，H11緊扣C2和C8。

C15：是，我現在也兼職監考，一個月大概四千到一萬，那是不固定。R

H16：嗯。

C16：然後，我有在接教練個案，也是不固定，大概兩千到三千左右。R

H17：現實考慮就是有個正職，可以滿足你的收入是最快的方法。

C17：是。

H18：如果是兼職，可能是一個、兩個、三個、四個，加起來也有同樣的收入，這個會不會也是一種考量。…以現況來講，你覺得哪一種可能是可以考慮的方向？CQ Info.

C18：如果是要一個正常收入還是正職的可能性比較大KE1-6。

H19：如果我們優先從正職來講，培訓經理雖然剛剛有提到說你是歸姐姐級的，我的感覺是從年齡和經驗去做考量。如果你的經驗跟能力是可以超越年齡的話，是可能有回去的機會。

C19：非常有可能。

H20：如果是這樣，你可以做些什麼？CQ Ideas. 讓人家知道你的能力和經驗是超越年齡。

C20：可能把我之前所做的一些企劃書KE3-1 O1，服務過的客戶資料KE3-2，做一個證明。

C14~C18：

引導評估正職和兼職的可行性與優先選項。C18在經濟需求考量下，以正職有穩定的工作為優先考慮，回扣C11想要月薪至少四萬以上。同時得要面對年齡和脫離原有職場時間太久的限制。

H21：你還會提供什麼找正職工作的資料？`DQ` `Info.` 因為履歷上的資料是顯示在經驗上面，如果加上能力，讓人家可以眼睛為之一亮。

C21：證照嗎？還是？……（思索中）

H22：都可以啊，證照或者是？

C22：我有十多張證照 `KE3-3` `O2`。喔！……有兩成是在培訓，有八成是在健康產業。`R`

H23：又多一個健康產業（寫在白板上）。我們先回到正職，讓人家可以看見你能力，除了證照以外還有哪些？`DQ` `Info.`

C23：就是實際的績效。`KE3-4` `O3`

H24：有哪些東西可以展現你的績效？`DQ` `Info.`

C24：比如說，我得過第一名的論文獎 `KE3-5`，也曾幫助一個協會通過TTQS `KE3-6`，一家公司差一點，還有培訓公司的……。

H25：客戶名單。

C25：對對對，上百家客戶名單。`KE3-7`

H26：客戶名單，現在突然多了好多的東西了。

C26：對，我東西是滿雜的。（意思是有很多的實績可用，也看見各種尋找正職工作的可能的做法）

H19~C26：

探討不受年齡限制，引導思考能展現專業的各種可能性。H19助人者回饋並探索不受現實條件限制的可能性，擴大當事人的視角與考慮面向。H20關鍵性的提問，幫助當事人跳出問題，擴大思考各種可能性。H21繼續緊扣H19經驗和能力是可以超越年齡，例如：企劃書、服務過的客戶、十多張證照、第一名論文獎、幫助一個協會通過TTQS、及上百家客戶名單等，都可以突破現實狀況的限制，增加找到正職工作的機率，有穩定的工作和收入，以支付房貸。助人者協助當事人不跳進問題和卡點裡，是超越問題與視野的做法。

H27：你的東西很多，把它整理起來包裝做點自我行銷，讓它可以超越你年齡的限制。

C27：喔！我知道了，我是很不會做行銷的。 KE4-1

H28：如果你知道怎麼樣去行銷自我還是有機會的，沒有想像中那麼困難。

C28：嗯，可是我覺得不曉得為什麼……。我覺得想要做自我推薦或自我行銷，是有一點……。

H29：卡點。

C29：有一點卡卡的。

H30：你覺得卡在哪裡？ CQ Info.

C30：害怕吧！害怕不符合現在現有行業的需要，…應該是陌生，因為我已經離開培訓業十年。 KE1-7

H31：對該產業的熟悉度……

C31：對，對於健康，我現在做的是健康產業。 KE1-8

H32：已經在這個產業裡。

C32：對，我強調的是心靈健康。 KE1-9

H33：所以，我們現在是講這件事情。

C33：是啊。

H27~C33：

引導當事人反思自我行銷的弱項。H27持續緊扣C13和H19，可以看出一個議題的脈絡。H29在卡點上，聽到了隱藏的問題，接著H30以提問釐清並具體化內容。C30感受到因離開培訓行業已久，產業的變動性很大，因此對產業的熟悉度減低，如果重回舊業，有新人輩出和年齡限制的考慮，心中不免有所擔心和害怕，返職是否能銜接得上。

對助人者而言，在晤談過程中隨著議題的探索與釐清，要在腦中逐步形成架構，掌握議題的脈絡，才不會隨著當事人的表達，陷入故事的情節和細節而離開核心議題，無法精準而有效掌握晤談的進行。以下將C1~C33歷程以階層圖來呈現，可見只要掌握好清晰的晤談架構（圖1-1），不管當事人如何談，都能順著脈絡解決當事人的問題，達成晤談目標。

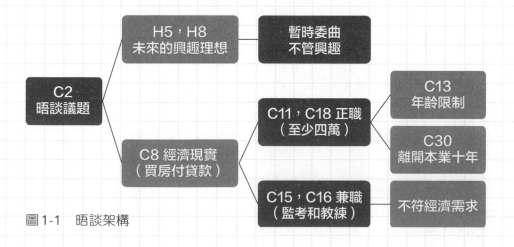

圖 1-1　晤談架構

H34：你會給自己一個目標，希望什麼時候能夠找到一份正職的工作？ Info. W

C34：六月的時候。

H35：六月底，還是六月初？

C35：六月初。 KE1-10

H36：六月初，哇！時間非常緊迫。

C36：剩十多天。

H37：哇！剩十多天。（助人者聽到時有點意外，時間真的很緊迫）

C37：還有一個可能性啦，就是我把付房貸的日期往後延。

H38：延到什麼時候？

C38：七月。

H39：七月初或…？。

C39：七月初。

H40：換句話講，你還有四十多天對不對？原來只有十五天，現在會有四十五天。

C40：對。

H41：OK，這樣剩下一個月左右…。

C41：是。

H34~C41：

在時間的急迫性壓力下，協助當事人設定找到正職工作的
期限。C34期望的日期說得不明確，H35進行聚焦確認，因
為一個月在月初或月尾，兩者之間的天數差距很大。C37當
事人自行找到緩衝方案。

H42：剛談到你在正職有點擔心，也害怕對產業不熟悉。如果你需要一個彈性的做法，在期限後或在期限內，怎麼樣有效率的去熟悉，是不是害怕與陌生會不見了，能夠讓你更進入狀況。

C42：可能會，可以去跟我之前培訓的老闆和同事聊一聊 `KE3-8`。

H43：找前老闆和前同事，就是你的人脈。

C43：是。

H44：如果你104求職管道和自我行銷準備好了，又有人脈的話，你覺得你的機會會增加多少？ `Info.`

C44：會比較有信心一點。

H45：可能會比較……。

C45：做行銷就比較有著力點。

H46：換句話講，也不是沒有機會的。

C46：對，有機會，只是機會的高跟低。

H47：是，所以再來是你如何做好準備，我們談到不怕沒機會就怕沒準備，只要有準備就會有機會。如果是這樣的話，我們從剛剛一直談談到這邊，你還有哪些的做法，可以幫助你做行銷自我？ `DQ` `Info.`

C47：除了利用機會找前同事和前老闆，去感受他們的回應，然後我要怎麼做修正。另外試著去104或是類似的管道去投履歷。`KE4-2` `O4`

H48：你周邊還有沒有哪些資源是同時可以讓你著力的，不管是人或其他資源，還是什麼有助於自我行銷？ `DQ` `Info.`

C48：可能就是找講師或顧問來問一下目前培訓業的狀況，及對自我行銷或履歷表的建議。 `KE4-3` `O5`

H49：你周圍會有什麼樣的人是懂得這塊。 `CQ` `Info.`

C49：有幾位講師。

H50：有沒有人可以借助他們的……。

C50：可以。

H51：所以，那些講師是你可以處理的。

C51：是。

H52：OK，談到這邊，你覺得還有問題嗎？

C52：沒問題，就是去做而已。

H53：假設還有十五天，當然越早越快找到工作是最好，若付房貸時間往延後，也有緩衝的做法。

C53：是。

H54：當然這十五天是有急迫性，這個四十五天是有緩衝，各自有利弊。

C54：是。

H42~C51：

聚焦在自我行銷及相關資源的連結。釐清並找到相關資源後，提升就業機會，當事人的內在力量與信心增強了。C42透過引導找到方法：找以前的同事和老闆聊一聊。H44由當事人評估運用各種資源提升就業機率。C45力量與信心冒出來了。H47再探索有無其他的可能性，再回扣到C27。C47探索後出現行動的方案和其他選項。H48窮盡各種的可能方法和資源，探詢其他的選擇方案。H49緊扣H48探索並尋找人脈資源。

H55：所以，如果一是十五天的選擇，二是四十五天的選擇，你會考慮？ `CQ`

C55：我會考慮一的選擇。

H56：所以，只剩下短短的兩個禮拜，你要如何整合所有的東西，牽涉到你這兩個禮拜的時間安排，這十五天你需要有步驟、有次序的去做一些安排，才能夠想辦法創造機會。

C56：是。

H57：所以看起來如果是這樣的話，你要用多少時間去做行銷自我的準備，然後運用這些人脈去創造機會？ `Int.` `W`

C57：我要如何做，我可能會給自己兩、三天去準備履歷表、自傳和實績的paper資料 `KE4-4`，然後給自己兩、三天去做拜訪聆聽他們的意見和想法 `KE4-5`，畢竟拜訪也是要約時間，並不是每個人都在stand by去拜訪他們。

H58：OK，所以後面接著是？

C58：後面就開始去把履歷上傳到各個求職的網站 `KE4-6`，看看有什麼可能性。

H59：我覺得如果你按部就班，是一定有機會，你還會那麼害怕嗎？

C59：應該是不會擔心啦，是不會。（情緒放下了）

H60：談到現在短短幾分鐘時間，你覺得對你的幫助是什麼？ `CQ` `Info.`

H52～C58：

進入行動計畫，詳細討論執行內容和細節。H52助人者說話的同時，在白板上寫下 "Just do it."，代表當事人有能力面對和處理，力量展現出來了。H55釐清選擇方案（天數）的優先順序，C55選擇第一種在十五天內完成。C57在充分的事前準備後，擬定時間計劃和拜訪行程。

晤談目標以找到正職工作且最低薪資四萬元為重點，緊接著引導當事人突破年齡限制和離開本業太久的情況下，如何進行自我行銷的準備，和尋找各種行銷管道，以找到正職工作。以下階層圖來呈現前段對話H34～C58，可見清晰的晤談引導脈絡（圖1-2），只要掌握好架構和脈絡，就能解決當事人的問題，達成晤談目標。

圖1-2　晤談引導脈絡

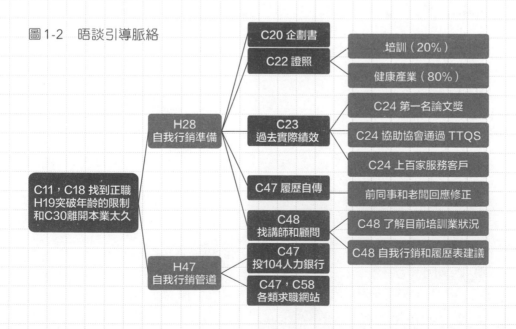

C60：我覺得老師的第一個關鍵問題就把我釐清楚，就是在現有的資源下我真的需要找正職還是兼差。因為我一直卡在我想要做理想的事情，可是又礙於現實的狀況，雖然很心不甘情不願的。說實話，我覺得我該要去面對，還是要去面對，如果我有一個更大的目標在那裡的話，我想要一個房子的話，那我就很必要去做一些妥協。

H61：所以能夠解決現實的問題，讓你有一個安身立命的地方，再來就是與未來興趣上的發展並不違背，正職工作只是一個過渡。

C61：是。

H62：你覺得我們要再談下去嗎？現在感受是什麼？

C62：舒服一點，沒那麼卡，尤其是行銷面的部分。（點頭微笑）

H63：OK，那我們就暫時談到這邊。

C63：謝謝老師。

H59~C63：

準備結束晤談，了解當事人當下的感受和晤談的收穫，同時摘要晤談結果。C60感受到當事人的勇氣和力量展現出來，釐清與反思後接受現實面，延後理想面的興趣。H61回扣C28~30與H42的害怕與陌生，同時給予「安身立命」的回饋，讓心可以安歇。H62檢核當下狀況，再度確認與檢核負面情緒從晤談到此刻的變化。C62自我行銷正是找到工作的關鍵。

▍晤談歷程摘要

　　從逐字稿的解析中，明顯看到晤談的主題，集中5K的關鍵事件（KE）—有工作收入和買房付房貸，兩者像是銅板的兩面。另外，當事人要找到工作，就必須要有充足的準備，以便重返職場。然而，重返職場的最大的關鍵，是如何透過自我行銷找到工作。有了正職工作後，買房子付房貸和日常生活所需就沒有問題了。以下透過晤談歷程摘要，從5K傾聽法、提問方式（標示在每個提問後面）、和GROW模式，來檢視整個晤談的內容。

模式	當事人	助人者解析
關鍵事件1	與「工作」有關説了10次： C2：KE1-1找工作還是堅持自己做想做的事情，KE1-2很難找我有真正興趣願意投入的工作，KE1-3工作又不一定是我理想要的。 C11：KE1-4想要四萬以上的工作或收入。 C13：KE1-5可能回去再做培訓經理的工作。 C18：KE1-6正常收入還是要有正職的可能性比較大。 C30：KE1-7害怕和陌生，因為我已經離開培訓業十年。 C31：KE1-8現在做的是健康產業。 C32：KE1-9我強調的是心靈健康。 C35：KE1-10六月初找到正職工作。	從當事人的敘述中，雖然面對現實需要與理想興趣之間在猶疑，理想興趣先暫時委曲，以找到正職且收入至少四萬元為優先考慮。因買房的急迫性，限定在最短期間內找到工作。

模式	當事人	助人者解析
關鍵事件 2	與「買房」有關說了3次： C2：KE2-1想要買房付房貸。 　　　KE2-2目前收入是無法付房貸。 　　　KE2-3收入只能維持我餬口。	當事人現階段有買房需求與急迫性，卻苦於入不敷出的狀況。更顯得找到正職工作的強烈需求。
關鍵事件 3	與「準備資料」有關說了8次： C20：KE3-1企劃書。 　　　KE3-2服務過的客戶資料。 C22：KE3-3十多張證照。 C23：KE3-4實際的績效。 C24：KE3-5第一名的論文獎， 　　　KE3-6協助一個協會通過TTQS。 C25：KE3-7客戶名單 C42：KE3-8跟我之前培訓的老闆和同事聊一聊。	助人者透過提問方式，協助當事人整理出可以去應徵工作的六項準備事項： 1.企劃書， 2.證照， 3.服務過的客戶名單， 4.實質績效第一名論文獎， 5.實際績效協助協會通過TTQS， 6.和前老闆和同事聊一聊。 當事人表示，若是做好各項的準備，更有信心找到正職工作，且機會大大的增加。

模式	當事人	助人者解析
關鍵事件4	與「自我行銷」有關說了6次： C27：KE4-1 我是很不會做行銷。 C47：KE4-2 去104或是類似的管道去投履歷。 C48：KE4-3 找講師或顧問問一下目前培訓業的狀況，及對自我行銷或履歷表的建議。 C57：KE4-4 給自己二、三天去準備履歷表、自傳和實績的paper的資料。 KE4-5 二、三天去做拜訪聆聽他們的意見和想法。 C58：KE4-6 把履歷上傳到各個求職的網站。	晤談後半段已經進入如何做自我行銷的準備，以突破找工作的困難，並列出具體的行動和時間表。顯然當事人已經胸有成竹了。

H1~C8：讓當事人了解晤談時間有限，同時釐清與聚焦當次晤談的議題與方向。H5排除興趣與理想，暫時屈就現實狀況。C8這句回應就是考慮現實上需要有經濟能力付房貸，這是前提。同時，現有的狀況還不清楚，在後面的晤談需要進一步檢核現況來釐清與確認。

模式	當事人	助人者解析
釐清晤談目標 G	C2：……我……要找工作，還是要堅持做自己興趣的事情……原因……我想要買房子要付房貸，……有工作證明或能力…我目前的收入是沒有辦法付房貸的，我考量找工作，……很猶豫…很難找到我真正有興趣願意投入，……現在收入…只能維持我糊口，……要付房貸……要去找一個正式的工作，……正式的工作又不一定是我理想要的，……。 C3：喔！是。 C5：就現在自己的興趣上面去考量現實，或者是去就現實的可能性去尋找…… C7：對！ C8：謝謝老師幫我釐清，在現有的狀況底下，怎麼樣可以付房貸。	H2：……妳剛剛從座位上坐到這裡來短短的幾秒鐘，你心裡有一個什麼樣的想法或什麼想談的？ H3：你現在是卡在現實跟理想之間兩個的困境。 H5：所以有一種可能，就是你需要先暫時委屈自己的興趣，屈就現實經濟上的考量？ H7：你的興趣沒辦法可以找到一個工作，足以去付房貸的工作。 H8：……你想要解決的議題是……兩難當中去做抉擇，還是……考慮現實的狀況之下的因應之道是什麼？

H9~H14了解當事人在現實狀況下的需求及探索可能的工作。H9~C12當事人最低經濟收入的需求至少為四萬元。C11月薪四萬以上是最低薪資目標，H11緊扣C2和C8。

模式	當事人	助人者解析
檢核現況 R	C10：二萬五左右。 C11：……我想要一個月薪大概四萬塊以上的工作或者是收入。 C13：回去再做培訓經理的工作。	H10：……以經濟為考量，……現實的狀況……一個月要付多少房貸？ H11：你需要找到一個什麼樣的工作，……可以糊口又足夠可以付房貸？ H13：……如果你……考慮現實，有哪些工作……可以結合你的專業？

C14~C18：引導評估正職和兼職的可行性與優先選項。C18在經濟需求考量下，以正職有穩定的工作為優先考慮，回扣C11想要月薪至少四萬以上。同時得要面對年齡和脫離原有職場時間太久的限制。

模式	當事人	助人者解析
檢核現況 R	C14：這工作應該不只是正式的工作，也有可能是兼差或是其他的收入來源嗎？ C15：我現在也兼職監考，一個月大概四千到一萬，那是不固定。 C16：然後，我有在接教練個案，也是不固定，大概兩千到三千左右。 C18：……要一個正常收入……，還是正職的可能性比較大。	H14：……除了培訓經理以外，還有沒有哪些？ H15：你談到的是正職跟兼職。 H17：現實考慮就是有個正職，可以滿足你的收入是最快的方法。 H18：……以現況來講，你覺得哪一種可能是可以考慮的方向？

模式	當事人	助人者解析
	H19~C26探討不受年齡限制，引導思考能展現專業的各種可能性。H19助人者回饋並探索不受現實條件限制的可能性，擴大當事人的視角與考慮面向。H20關鍵性的提問，幫助當事人跳出問題，擴大思考各種可能性。H21繼續緊扣H19經驗和能力是可以超越年齡，例如：企劃書、服務過的客戶、十多張證照、第一名論文獎、幫助一個協會通過TTQS、及上百家客戶名單等，都可以突破現實狀況的限制，增加找到正職工作的機率，有穩定的工作和收入，以支付房貸。助人者協助當事人不跳進問題和卡點裡，是超越問題與視野的做法。	
檢核現況R	C19：非常有可能。	H19：我們優先從正職來講，培訓經理……如果你的經驗跟能力是可以超越年齡的話，是可能有回去的機會。
	C20：把我之前所做的一些企劃書……服務過的客戶資料，做一個證明。	H20：……你可以做些什麼？讓人家知道你的能力和經驗是超越年齡。
	C22：我有十多張證照……有兩成是在培訓，有八成是在健康產業。	H21：你還會提供什麼找正職工作的資料？
	C23：就實際的績效。	H23：……除了證照以外，還有哪些？
	C24：我得過第一名的論文獎，……也曾經幫助兩個協會通過TTQS，……還有……上百家的培訓公司……。	H24：有哪些東西可以展現你的績效？
	C25：對對對，上百家客戶名單。	H25：客戶名單。

模式	當事人	助人者解析
	H27~C33：引導當事人反思自我行銷是弱項也是困難點。H27持續緊扣C13和H19，可以看出一個議題的脈絡。H29在卡點上聽到了隱藏的問題，釐清並具體化內容。C30感受到因離開培訓行業已久，產業的變動性很大，因此對產業的熟悉度減低，如果重回舊業，有新人輩出和年齡限制的考慮，心中不免有所擔心和害怕，返職是否能銜接得上。	
檢核現況R	C27：喔！我知道了，我其實是很不大會做行銷的。 C28：我覺得想要讓我做自我推薦或自我行銷，我是有一點…… C29：有一點卡卡的。 C30：害怕吧！害怕不符合現在現有行業的需要，……應該是陌生，因為我已經離開培訓業十年。	H28：如果你知道怎麼樣去行銷自我還是有機會的，沒有想像中那麼困難。 H30：你覺得你卡在那裡？
	H34~C41：在時間的急迫性壓力下，協助當事人設定找到正職工作的期限。C34期望的日期說得不明確，H35進行聚焦確認，因為一個月在月初或月尾，兩者之間的天數差距很大。C37當事人自行找到緩衝方案。	

模式	當事人	助人者解析
設定期限目標 G	C34：六月的時候。 C35：六月初。 C36：剩十多天。 C37：還有一個可能性啦，就是我把付房貸的日期往後延。 C38：七月。 C39：七月初。 C40：對。	H34：……給自己一個目標是什麼時候，希望能夠找到一份正職的工作？ H35：六月底還是六月初？ H36：六月初……時間非常緊迫。 H37：哇！剩十多天。 H38：延到什麼時候？ H39：七月初或……？ H40：……原來只有十五天，現在會有四十五天。

H42~C51：聚焦在自我行銷及相關資源的連結。釐清並找到相關資源後，提升就業機會，當事人的內在力量與信心增強了。C42透過引導找到方法：找以前的同事和老闆聊一聊。H44由當事人評估運用各種資源提升就業機率。C45力量與信心冒出來了。H47再探索有無其他的可能性，再回扣到C27。C47探索後出現行動的方案和其他選項。H48窮盡各種的可能方法和資源，探詢其他的選擇方案。H49緊扣H48探索並尋找人脈資源。

模式	當事人	助人者解析
選擇方案O	C42：……跟我之前培訓的老闆和同事聊一聊。	H42：需要一個彈性的做法，……在這期限後或期限內怎麼樣有效率地去熟悉，是不是害怕與陌生會不見了……。
	C44：會比較有信心一點。 C45：做行銷的部份就比較有著力點。	H44：如果你104求職管道和自我行銷準備好了，又有人脈的話，你的機會會增加多少？
	C46：有機會，只是機會高跟低。	H46：換句話講，也不是沒有機會的。
	C47：除了利用機會找前同事和前老闆，去感受他們的回應，然後我要怎麼做修正。另外試著去104或是類似的管道去投履歷。	H47：……我們從剛剛一直談談到這邊，你還有哪些的做法，可以幫助你做行銷自我？
	C48：……找講師或顧問問一下目前培訓業的狀況，以及對自我行銷或者履歷表的一些建議。	H48：……周邊還有沒有哪些資源是同時可以讓你著力的，不管是人或是其他的資源……。
	C49：有幾位講師。	H49：你周圍會有什麼樣的人是懂得這塊。

模式	當事人	助人者解析
	H52~C58進入行動計畫，詳細討論執行內容和細節。H52助人者説話的同時，在白板上寫下"Just do it."，代表當事人有能力面對和處理，力量展現出來了。H55釐清選擇方案（天數）的優先順序，C55選擇第一種在十五天內完成。C57在充分的事前準備後，擬定時間計劃和拜訪行程。	
行動計畫W	C52：沒問題，就是去做而已。 C54：是。 C55：我會考慮一的選擇。 C57：……給自己兩、三天去準備履歷表、自傳和實績的paper資料，…兩、三天去做拜訪聆聽他們的意見和想法……。 C58：……把這些履歷上傳到各個求職的網站，看看有什麼可能性。	H52：OK，談到這邊，你覺得這個沒問題？ H54：當然這十五天是有急迫性，這個四十五天是有緩衝，各自有利弊。 H55：所以，如果一是十五天的選擇，二是四十五天的選擇，你會考慮？ H57：所以看起來如果是這樣的話，你要用多少時間去做行銷自我的準備，然後運用這些人脈去創造機會？ H58：OK，所以後面接著是？

模式	當事人	助人者解析
	H59~C63：準備結束晤談，了解當事人當下的感受和晤談的收穫，同時摘要晤談結果。H61回扣C28~30與H42的害怕與陌生：檢核當下狀況，再度確認與檢核負面情緒是否降低。C60感受到當事人的勇氣和力量展現出來，釐清與反思後接受現實面，延後理想面的興趣。C62自我行銷正是找到工作的關鍵。	

模式	當事人	助人者解析
摘要與結束	C59：應該是不會擔心啦，是不會。	H59：我覺得如果你按部就班，是一定有機會，你還會那麼害怕嗎？
		H60：談到現在短短幾分鐘時間，你覺得對你的幫助是什麼？
	C60：……老師的第一個關鍵問題就把我釐清楚，……需要找正職還是兼差。因為我一直卡在我想要做理想的事情，可是又礙於現實的狀況，雖然很心不甘情不願的。說實話，我覺得我該要去面對，還是要去面對，如果我有一個更大的目標在那裡的話，我想要一個房子的話，那我就很必要去做一些妥協。	
		H61：所以能夠解決現實的問題，讓你有一個安身立命的地方，再來就是與未來興趣上的發展並不違背，正職工作只是一個過渡。
	C61：是。	
		H62：你覺得我們要再談下去嗎？現在感受是什麼？
	C62：舒服一點，沒那麼卡，尤其是行銷面的部分。	

▌晤談後當事人回饋

「一、晤談當時的心情和歷程

　　我在四年完形治療師的訓練中，不斷體驗自我內在的探索是我學習與成長最迅速的方式，但這需要勇氣。當我從座位上走向當事人的位置時，心中相當忐忑不安，能做的就是與自己感覺同在，深深吸一口氣來面對微笑的老師。

　　老師的表情和語氣是相當令人放心把自己交出去的，一開始就提醒我要『活在當下』，有什麼就直覺反應吧。前面的兩個認知同理，讓我知道老師是理解我的，並一開始就抓到內心最深的渴望是要買房子付房貸，而衍生出找工作的需求，這是關鍵問題（H8）。釐清方向，後面的目標（月收入四萬）和行動方案（找正職工作的管道與進程）就在持續深問下自然而然的出現答案。

　　第一個卡點，當然是理想（興趣）與現實（正職）的取捨，老師的關鍵提問（H13和H18），讓我認清現實和現有資源後，說實話，我心中是相當不捨的，但為了更大的目標，只好心甘情願的去做選擇，願意暫時捨下理想，選擇有力量的方向前進。

　　第二個卡點，就是擔心自我推薦的不夠資格，在老師的提問（H19）立馬將擔心的方向，從年齡轉向經驗和能力，並在接下來的提問中收集資源來包裝證明；另一個是產業的熟悉度，提問（H42）可以有效率的去理解產業現況，而非讓我在害怕被拒絕的

感覺中裹足不前，當『心』被安定了，行動的時間和計畫也就產出了。

當老師說『安身立命』這句話時（H61），帶給我很大的安定感，這是我心中最深處的渴望。整個會談就在短短的十七分鐘結束，我懷著信心帶著行動方案回到座位上，等著回家衝衝衝。

感謝老師讓我體驗這行雲流水般的助人歷程，一開始宛如在迷霧森林中迷路，然後在不斷的提問和摸索中，漸漸釐清一條可以邁向夢想的道路，這嚮導真是功力深厚，彷彿可以看到我買房的夢更加清晰與踏實。

感謝自己願意踏出這一步體驗當事人的歷程，不但在身為當事人的位置有所收穫，也在學習教練的位置上，深信：走入自己內在有多深，日後走進當事人的內心就有多深，內化成為我經驗的一部分。

二、晤談後的追蹤：檢核目標達成度狀況

這是五月中的會談，我在八月就搬進我夢想中的房子，天呀！我自己都很驚訝怎麼這麼迅速，其實在這之前房子已經看了快半年，一直沒找到理想的窩。說實話，我回家後真的認真準備包裝我的資歷，開始要收集資料，這也是會談後執行力的展現。

接下來幾天，除了整理履歷資料外，我也自我教練，詢問自己還有沒有其他的可能性？這期間跑去聽了一場房地產講座、詢問三家銀行的房貸專員，我開始對申請優惠的房貸條件有更多

的概念。原來,除了工作可以證明還款能力外,我還邀請親朋好友的協助借款,以及自己的財力證明,便著手申請娘家的投資借貸,優惠貸款一下來,夢想的房子居然就奇蹟出現,透過房仲買到、過戶、搬家就只有短短二個月。

　　現在事後回想,那次的教練會談就是一個起始點,讓我本來陷在現實和理想的工作兩難中迷路,買房無從著力,經過會談後堅定的踏上正職的路上準備行走時,回來反而發現多了摩托車可以快速抵達目的地。**這真的是問對問題,答案就不遠了。**我的目標是買房的房貸申請,以為正職收入是唯一途徑,沒想到回來跳脫框框思考,發現轉個大彎,騎上摩托車一樣可以到達目的地。當然,工作還是要找的,現實的還款還是要面對,會談時的計畫還是派得上用場,只是時間延後而已。

　　《牧羊少年奇幻之旅》中有句話說:『當你真心渴望某件事物,整個宇宙都會聯合起來幫助你完成。』不管你相不相信,我認為助人工作是宇宙力量的展現方式之一,**溫柔的陪伴與支持當事者,釐清盲點發現更多可能性時,任務完成,回到現實生活,當事者自己會長出力量走出自己堅定的路,歡呼抵達目的地**,我由衷地感謝這一切的發生。」

▌結語

　　走在人生的道路上,彷彿從地圖上看見許多大大小小的路,有時遇見岔路,有時不確定前進的方向,有些路走不通,有些路

需要轉彎，有些路則要迴轉。不管處在何種情境下，我們都得面對選擇和決定。不知道如何選擇和決定時，人總會猶豫和徬徨，好像在濃霧中迷失了方向，一旦霧散了，下一步就很容易走了。當事人很勇敢的面對自己心中的理想渴望和經濟現實之間的掙扎，猶如在下一個路口前，需要決定該如何前進。

　　當事人的回饋，讓我很感動也很受激勵，當目標確定後，選擇方案出現時，內在的力量就出來了，最後能有效地執行並且完成夢想。在當下的路上只是先拐了一個彎，先選擇面對現實，但在未來的道路上，只要繼續儲備能力，積蓄力量，還是可以再拐個彎，回到原來的理想。儘管暫時委屈自己的理想，不代表未來沒有機會完成夢想，現實與理想未必是衝突的，也許只是順位的選擇罷了。 20世紀法國著名作家，1915年諾貝爾文學獎得主羅曼・羅蘭（Romain Rolland，1866－1944）：「缺乏理想的現實主義是毫無意義的，脫離現實的理想主義是沒有生命的。暫時的是現實，永生的是理想。」德國文學史著名詩人「狂飆突進運動」的代表人物，約翰・克里斯多福・弗里德里希・馮・席勒（德語：Johann Christoph Friedrich von Schiller，1759－1805）：「憂慮像一把搖椅，它可以使你有事做，卻不能使你前進一步。」在現實與理想的交鋒中，有些人持續觀望，患得患失，有些人在兩難中擺盪，難以抉擇，也舉步維艱，終究在掙扎中憂慮度日，甚至一事無成而悔恨終生。現實與理想難以兩全時，唯有取捨，取捨時，不要猶豫。透過助人者的引導，能在徬徨的路口，帶著勇

氣面對與看清，然後帶著力量選擇與行動，每個人都有機會品嘗人生的甜美果實。

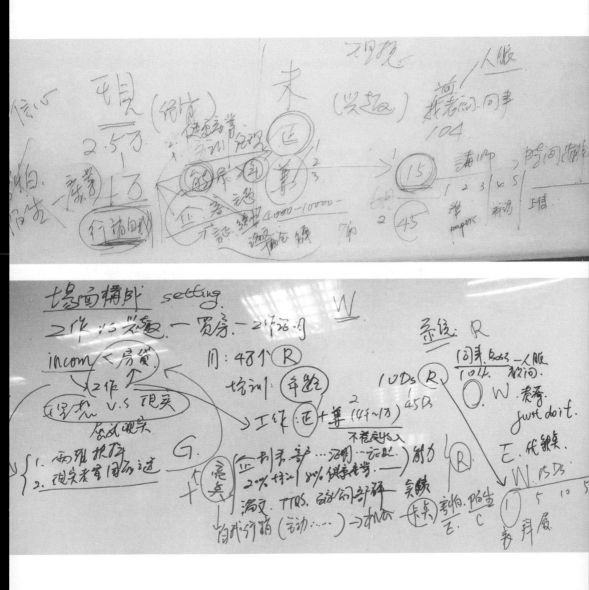

人生就是一連串的選擇，無論我們的存在是什麼，都是一種選擇，甚至不選擇也是一種選擇，即你選擇了不選擇。因此人願意自己是什麼，他就能成為什麼，懦夫是自己變成的懦夫，英雄是自己變成的英雄。

——尚-保羅‧沙特（Jean Paul Sartre），存在主義哲學大師

◆◆◆◆◆

要有勇氣去追隨你的心和聽從直覺，它們在某種程度上知道，你真正想要成為什麼樣子。

——史蒂夫‧賈伯斯（Steve Jobs），蘋果公司創辦人

2 魚與熊掌如何兼得

財務預備與進修夢想

双趨衝突與尋找專家

晤談背景	
當 事 人	一位滿懷理想的青年才俊，在工作之餘，想要再進修。因為在教育現場深感心理專業之不足，期待透過諮商心理研究所的進修提升心理諮商的專業職能。
晤談議題	如何在穩定的工作收入與未來進修兩方面兼顧。
晤談時間	20分鐘

▌引言

《孟子·告子上》：「魚我所欲也，熊掌亦我所欲也；二者不可得兼，舍魚而取熊掌者也。」比喻俱所欲，難於取捨之物。換言之，指不相同的兩件事不容易同時做到，或兩個不相同的目的不可能同時達到，在兩者中只能選擇其一的窘境。

心理學家庫爾特·勒溫（Kurt Lewin）認為[1]，人類主要的衝突有幾種型式：

1.「雙趨衝突」（Approach-Approach Conflict）

2.「雙避衝突」（Avoidance-Avoidance Conflict）

3.「趨避衝突」（Approach-Avoidance Conflict）

4.「多重趨避衝突」（Double approach-avoidance）

「雙趨衝突」意指同時有兩個或兩個以上的動機或目標，或兩種具有同等吸引力的選擇，期望同時兼顧，但受限於現況或情勢，而無法兼得時，所形成的心理困擾狀況。

生活中有實際的例子，來說明「雙趨衝突」的現象。例如：大學生考大學選填志願，成績達到了喜歡的不同科系標準，卻難以選擇要選哪一個科系？在蛋糕櫃面前，看到琳瑯滿目的甜點，看起來都很可口好想吃，總是很難挑選。有兩個或三個不同的工作機會，各方面的條件都不相上下，只是難以取捨。許多業績亮麗又成長性好的公司，每年配發股利股息都大方，投資人很想買這些公司的股票，只是有限的資金不知道如何取捨才好。

本案例的當事人，一邊在補習班工作，想要維持穩定的工作收入；一邊又想要在職進修圓自己的夢想，準備研究所考試，身心都感到吃力。尤其面對工時長、薪資不符合預期的情況下，不只身體略顯疲憊，經濟壓力也很大。加上未來讀研究所會讀多久，或需多少費用的不確定感，心境與行動都感到莫名的壓力與阻礙。兩者都同等重要，然而如何取捨或平衡呢？

▌理論觀念與技術應用

任何的選擇端視個人的心理需求、現實狀況、時間期限、他

人期望、及未來理想而定,在各種不同的因素考慮下,如何達到一個平衡點。平衡點的拿捏,有時候並不容易,因為不同目標之間,各有其優勢與劣勢條件,沒有絕對好的選擇,也沒有絕對不好的選擇。礙於時間壓力、財務需求、能力高低、生涯發展等因素的考量,必須在有限時間內做出最後的決定,這種內在的心理衝突,在當下總難以權衡和抉擇。最困難的不是決定本身,而是決定前的心理掙扎與考量。

　　勒溫認為行為是個人與所處情境交互作用的函數〔Behavior is function Person and Situation,B = f(P*S)〕。簡言之,交互作用等於 人與環境的互動關係。行為取決於人的場域(person field)而不是過去或未來。場域是生活空間,包含人及其心理(或行為)環境。心理環境是人感知和理解的環境,與他的需求和心理準備有關。許多與他目前無關的事物只存在於心理的背景中。

　　尼爾‧麥克諾頓(Neil Mcnaughton,2010)[2]以米勒(Miller,1944)[3]對趨避衝突的分析圖形和欣德(Hinde,1966)[4]的行為學觀點,說明在趨避衝突中如何找到平衡點(圖2-1)。先把這圖形想像為一個座標,左下角座標為(0,0)。避坡度虛線顯示,離目標愈近,逃避性愈強烈(1,9),離目標愈遠,逃避性就愈弱(9,1)。反之,趨坡度實線顯示,離目標愈近,趨向性愈強(1,7),離目標愈遠趨向性降低(9,4)。左上角虛線與實線的夾角,表示逃避性大於趨向性;右下角虛線與實線的夾角,表示趨向性大於逃避性。

　　趨向性可能有一些利條件、因素、或是助力；逃避性可能有一些不利條件、因素、或是阻力。趨向與逃避之間可能來回權衡和拉扯，趨向中有逃避，逃避中有趨向，重點是如何找到一個平衡點呢？每一個趨避衝突的平衡點，未必是在正中央（5,5），雙趨衝突或雙避衝突也是如此，簡言之，在不平衡中找到平衡點。只有當事人最清楚知道自己的真實與現實狀況，平衡點的取捨，透過助人者的引導、探索和釐清，當事人會浮現出心中的選擇與答案。

　　本案例除了應用基本的助人技巧外，我將Glasser於1965提出的現實治療模式的WDEP模式（探索需要Want，方向／實行Direction ／ Doing，評估Evaluate，計畫／行動Planning ／ Action）和約翰・惠特默爵士（Sir John Whitmore，1937－2017）於1992提出的「成長模式」GROW Model（設定目標Goal，檢核現況Reality，選擇方案Options，計畫承諾Will），兩者融合使用。

　　同時基於後現代的觀點，當事人就是解決自己問題的專家，應用「尋找專家」的方式，讓當事人離開原來的座位，站到對面的位置，來扮演自己的理財專家（H20），拉開與問題的距離來架高視野。這位專家同時是一年半後已完成目標的自己。助人者引導站著的理財專家與空椅上的當事人對話，以具有空椅的形式來進行換位思考，幫助當事人根據現實狀況來考量，評估經濟上開源與節流的方法，設定無後顧之憂的最低財務需求，可以一邊工作一邊進修，同時評估達成的可能性及完成目標的預計時程。

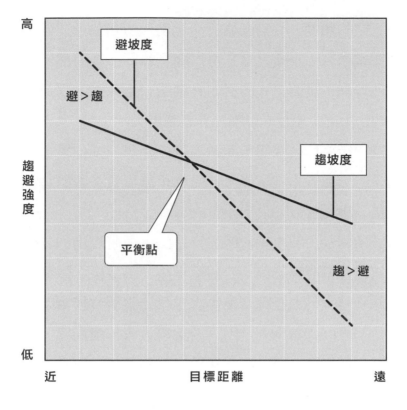

圖2-1　Miller（1944）趨避衝突平衡點

從助人者的引導與當事人的敘述中，一起來看看如何在雙趨衝突中，協助當事人找到一個合乎自己需求的平衡點。

　　這是一個教練工作坊，晤談的前半段由學員（Learner，以L標示）先扮演模擬的助人者與當事人晤談，我暫時坐在學員後面觀察，必要時以學員的替身（以H來標示）來回應當事人（在學員L不知如何回應，或我有更好的回應時），同時請當事人把學員和替身視為同一個助人者，聽聽兩種不同的回應內容，在內心裡

有什麼不同的觸動。替身和學員都是助人者角色，只是用不同的方式回應當事人，學員在當下可以聽到我的回應與他自己的回應方式有何差異。這個方式的目的是讓扮演助人者的學員，有機會在晤談的當下同步學習，以提升其專業能力。

晤談的後半段，我與扮演助人者的學員交換位置，由我接手擔任助人者，完成本次晤談。其用意是讓學員在我的背後，專心聆聽和觀摩助人者如何進行晤談。

晤談演練前，我事先說明進行方式，並將現場的其他參加者分成三組擔任觀察員，第一組觀察當事人的敘說，以旁觀者角度試著聆聽當事人的內在聲音與需求。第二組觀察模擬助人者的學員，他是怎麼回應當事人，回應後當事人有什麼反應，或者對接下的晤談有何影響。第三組觀察我扮演的替身，對當事人的回應與學員的回應有什麼差別，及對後續晤談的引導帶出什麼不一樣的對話，同時也分享觀察後半段的晤談有何學習。

結束演練後，先邀請旁觀的三組成員分享觀察所得，接著由當事人分享其聽到學員和替身的回應時有何不同感受。最後，請學員分享扮演模擬助人者的感受與心情，即席聽到替身回應內容的當下，有哪些發現和學習。我在分享過程中，隨時回應參加者的提問並解惑。

▌逐字稿解析

C1：你好。

L1：今天來找我是什麼事要分享或要做釐清？

C2：我想要討論生涯牽扯到事業的轉換。我自己的方向很清楚，可是有時候就是做不下去，想得多做得少，這是我最困擾的。

L2：嗯哼。你自己已經很清楚你的方向和想要做的嗎？

C3：整個結構知道，我是補教老師，想累積我最後一塊教育的拼圖，下一步我想要去讀研究所，再考心理師，然後去機構服務。

L3：聽起來好棒，你很有理想性，對自己充滿期待，我跟你再進一步的確認，你說自己有一些擔心，你的擔心是什麼？

C4：嗯，我很希望理想跟現實可以平衡，可是每次談到理想就很害怕，因為很多人覺得這很不實際。所以我很努力要做實際的事情，證明給人家看，我並沒有不實際。

L4：過去你有努力、有成功的經驗，你自己怎麼去借力使力，把成功的經驗用在這一次？

C5：還沒有捏，因為會想到很多的困難。

L5：例如呢？

C6：我有個女朋友，當我告訴她，我要讀研究所，她就離開了。

H1：我打個岔。從知道到做到有一些距離和困難，讓我知道你現在
卡在哪裡？

C7：卡在哪裡？（低頭思考3秒……）想考研究所的時候，又想到我
是要工作為主，還是研究所為輔呢？然後，好像進去念的同學
都讀的要死不活的，自己很擔心能不能兼顧，有這個壓力。

L6：請問這兩種角色，又要工作又要讀研究所，你的同學他們卡住
的部分是什麼？那個狀況對照你自己，也是你的問題嗎？

H2：你現在卡住的地方，聽起來是未來真的去念研究所會有兩難，
就是怎麼去兼顧念書跟工作，又好像是在時間管理的有效分
配，是這樣的問題嗎？

C8：嗯！時間、經濟、能量。其實，就是會有點遲疑，因為我上面
的老闆也會給我一點壓力，他期待我全心全意在工作上，未來
研究所的教授也期待研究生綁在他那裡。

H3：時間、經濟、能量，請簡要幾句話說明這三點，你想從這三個
點中哪一個談起？ `CQ`

C9：嗯（低頭思考3秒……），我覺得這三點在腦海出現時會把我卡
住，對！會造成我沒有辦法行動。比如說經濟上，如果老闆真
的不高興的話，可能會把我fire。能量的部分，如果教授他要我
寫研究，可是我沒有辦法事先完全配合的話，我也會拿不到學
位。其實，我很希望能夠兼顧。 `G1`

L7：聽起來你的擔心都非常具體，我們一起想想有什麼解套的方法。你先講一個，或是一起來處理這些問題，比較容易達成的。比方説，是工作上的時間管理，或是寫論文的部分，還是説工作上怎樣去突破？

H4：我再釐清和確認一下，你是指這三個問題同時談就會卡住，還是説各個面向的問題都容易讓你卡住？ CQ

C10：這個我還沒有很清楚耶！因為想到這個就會有壓力（停了5秒……）。你剛剛提到先做點什麼？嗯，我剛剛是有想到，我已經先把老闆部分穩住，至少基本盤要有，就是我的經濟能力能過關 G2-1，我再去談其他的。

L8：嗯！我個人也有面臨這樣的處境和經驗。我覺得你很棒，你很清楚看到自己卡住的問題。那，如果經濟面穩定也穩住了，再去讀研究所，你會很困擾嗎？

C11：就會比較好一些。

L9：所以，接下來是朝著讀研究所去作準備？去試試看嗎？

C12：對，我心裡是這樣打算的，只是沒有討論的時候，真的有時候會一頭亂。

L10：你有試著去討論過，還是今天是第一次正式的提出來？

H5：我似乎嗅到了在這三個問題中，聽起來經濟基礎是非常重要的，不管你有沒有在這個職位或者有沒有這個工作。那麼，你

C1~L11：

這段會談聚焦在釐清當事人目前的議題。從當事人的談話中，可以了解他在工作之餘想要進修的念頭，只是想得多做得少，既顧慮現實的經濟條件，又擔心研究所的學習應付不來。留意L6的提問，很容易從當事人身上，轉移到第三者而失焦。C8表示時間、經濟、和能量三者之間，如何在現實與理想取得平衡。C10，C13擁有基本經濟基礎，無後顧之憂是到研究所進修的重要前提。

H3~H5這三句提問就是沙漏式資料蒐集法的引導，意在釐清並聚焦當事人的核心問題，才能漸次地形成晤談脈絡。若無法聚焦，可能隨著當事人不同考慮點，意圖收集更多資料來思考晤談策略。正因如此，若無法聚焦，可能陷入過多的資訊，無法掌握與判斷，反而造成助人者晤談的困境。

C9：「我很希望能夠兼顧。」助人者一定要把握住這句非常關鍵的訊息，這極為可能是來談的目標 G1。接著C10：「經濟能力能過關。」透露出在晤談目標下的期望（G2-1），意味著能無後顧之憂的去進修，也可以讓老闆放心的支持。助人者要能提升聆聽的敏銳度，才能根據目標聚焦議題。

覺得要有多少的經濟基礎，才能夠放心的離開，或者繼續待下來工作？ DQ Info. R

C13：我覺得就是能夠支撐自己的家裡跟住的地方，只要有這兩塊就沒有問題了。（停了3秒……）不過目前還沒有辦法。

L11：如果目前沒有辦法的話，有想過大概可以做些什麼事情，然後在多短的時間去實踐你讀研究所的夢想？

H6：你剛剛談的是很實際的問題，除了你以外，所有人都會碰到的。在你心目中，有沒有一個數字是可以足夠支撐你，甚至老闆看你去念書，也不會把你fire掉。讓你不必擔心的數字大概是多少？ Info. R

C14：大概12到13萬吧！

H7：一年嗎？

C15：一個月。

H8：一個月要有12到13萬（對）。所以你去念研究所大概需要多久時間？ Int.

C16：研究所可能要三到四年，嗯。

L12：如果一個月要12萬，那一年就要100多萬（嗯），你研究所假設全職的學生，都要準備三、四百萬來當一個幸福快樂的研究生。這個數字你覺得是高，還是說可以不用那麼多？

C17：你說以四年來看嗎？（對）四年來看我覺得還好。

H6~C19：

助人者直接切入現實面的經濟需求，引導當事人評估最低的經濟需求是多少，才能無後顧之憂去進修。這部分的引導至為重要，經過仔細精算與評估，再繼續引導當事人往下晤談。

L13提問的前半句話是正向觀點，後半句變成是問題導向，前後有點矛盾。要留意不要陷入問題中，要從積極正向觀點，轉變工作能力成為未來進修的助力。因為L13岔開了L12的脈絡，所以H9再切入延續L12，進行財務的安全評估，尋求各種可能性。

C18顯示一邊工作一邊進修是首要考慮，呼應C4現實與理想可以平衡，和C9能夠兼顧。

L13：嗯哼！聽起來其實你的工作很有能力，我在想這樣的能力如果也用在你去讀研究所挑戰這件事情，會有很大的阻力或者擔心嗎？

H9：我剛剛聽你在回答那個數字的時候，我有想到幾種可能性，Maybe你都想過了，一是你真的把工作辭掉了，你每個月有12到13萬，假設這樣算起來的話，一年你需要的是150萬左右，四年你需要有600萬。聽起來是龐大的數字。也有另外一種可能，如果你有一個安心的經濟準備，不一定到600萬，是多少錢你也願意冒險？

C18：我覺得一半吧！（300萬）嗯。因為我並沒有考慮要當全職的學生，出社會之後就是以工作為主，還有需要照顧家人。

L14：聽起來你真的是很務實，300萬就可以去圓夢。如果像我們這樣的分享或對談，你還會有像先前有那麼大的惶恐嗎？

C19：有比較減輕。

上面這段晤談，是由學員扮演模擬助人者，體驗到此暫停。緊接者我由學員後面移動到座位前面，學員移動位置坐到我的後面，其用意是讓學員在我的背後靜默觀察，聆聽和觀摩助人者如何進行晤談。

從C1~C19的晤談，助人者要在腦中形成一個架構圖（圖2-2），C4談到理想跟現實的可以平衡和C9希望能夠兼顧，即為當事人雙趨衝突的關鍵點，在穩定工作與在職進修。關鍵性引導在H1~H2兩句提問，引導及釐清卡住的點。C10透露出「經濟能力能過關」與C13「支撐自己的家裡跟住的地方」，這是現實的狀況，也是要繼續引導的關鍵。H9引導出安心就讀研究所而無後顧之憂，經濟需求的安全準備為300萬元。

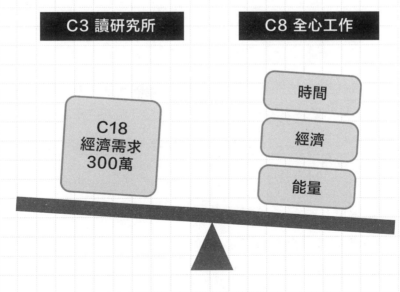

圖2-2　雙趨衝突

H10：依你實際的狀況，300萬意味著原來是要有12萬，現在你有6萬塊就願意去作這個冒險（嗯）。以你現在的工作狀況可以嗎？ R

C20：現在的工作狀況……還差一步。

H11：那你期待從什麼時候你可以開始真的行動，現在有兩種可能性，一個是等你存夠了錢的安全門檻，另外一個就是你設定的時間期限有多長，之後你就可以再進行下一步，哪一個是你會優先考慮的？ CQ

C21：我自己會期待是（想了2秒……）時間上我是希望六月就開始行動。

H12：你的意思是説今年就考試了嗎？（是）明年的九月十月就要入學了。那麼，現在到明年入學，你還有將近一年半的時間來做預備（嗯）。如果把你剛剛攤開的數字300萬，那一個月有6萬塊，你覺得在一年半中，你可以做哪些財務與經濟上的準備？這段時間你怎麼準備安全的存糧，甚至準備更多才可以兼顧。我們先Focus在這個部分。

C22：我覺得就是經濟上目前只能先存錢，有多少存多少這樣 G2-2 。然後時間上會有些空檔，目前都是用在教學上，還沒有把空檔轉換出來。

H13：好像你現在可以做的，Maybe從兩個方向考慮，「開源」跟「節流」（點頭，嗯哼！）要回歸到你實際的面上來考慮，如果真的想要明年去進修，你至少每個月要存多少錢？ R

C23：其實（……低頭思考5秒），如果我自己可以有學生助學貸款，當然是隨時可以進去的，我也希望能夠一畢業就可以把它還掉。所以的確現在要先規劃。

H14：我想你可以考慮任何所有的狀況，包括支出、收入。你綜合評估一下，大概你每個月需要存多少錢？ E

C24：（低頭思考5秒……）大概也要存個1~2萬。

H15：要1萬還是2萬，這個差很多喔！

C25：我覺得那是衡量說如果不再做工作嗎？

H16：都可以，有工作跟沒工作的情況下。

C26：因為有工作就比較不擔心啦。

H17：所以你有工作的時候會存多少？

C27：有工作就是存1萬就可以了，沒有工作就要存2萬以上。

H18：你實際目前的狀況是存多少？ R

C28：實際上大概5,000。

H19：如果以一萬來講，你還需要double的存款？（對），現實生活中你可以再多擠出5,000嗎？（等待3秒讓當事人思考…）或者是1萬塊呢？

C29：現實生活（……低頭沈思5秒）還要再創造 O ，因為自己也蠻省的。

H10~C28：

從當事人現況需求中，了解行動期望。H13從開源與節流兩個方面，擴大思考解決問題的方向，進一步評估現實生活中，實際上能夠節流的狀況（H14），C28回應目前可以月存5,000元。

C22：「經濟上只能先存錢，有多少存多少這樣。」此句回扣到C10：「經濟能力能過關。」（G2-1）可知由此延續下來的晤談C22成為（G2-2），這兩句是緊密關聯的。助人者要在腦中聚焦形成議題的脈絡，才能沿著正確的方向前進。

H20：你做到了節流，因為你說你很省（嗯），所以還有**開源**（嗯）。現在你能做的是**節流**，開源Maybe未來有可能性。我們現在來設想一個情節，我請你先站起來一下，請你到這裡來（當事人起身走到對面，與助人者站在一起）。假設現在我們站的位置是一年半後，你現在看到他一個月存5,000塊。你是理財專家，根據他的狀況，你覺得他怎樣可以多擠出5,000到1萬？

C30：怎麼多擠出5千到1萬？（……靦腆笑著說）每天吃包子吧。（旁觀學員們跟著笑出來了）

H21：哈哈！我們現在所思考的事，都是你真的具體可行可作，你需要因為這樣，就把自己餓得很扁嗎？你要兼顧生活品質，還要兼顧未來的發展（嗯），這裡有很多的考慮，我想你也是很清楚的。

C31：所以，怎麼樣去再多創造5,000元嗎？（思考5秒……）目前的狀況有點困難。

H22：困難在哪裡？ `Info.`

C32：困難在……，嗯，……困難在家裡經濟壓力的點上。

H23：你的負擔很大（嗯）。你剛剛談到**節流**，未來有沒有可能**開源**？ `O`

C33：開源有可能，比如說如果去家教或者是兼課的話，那薪水一定會有。

H24：（手指向當事人原來坐著的位置）你認為他做得到嗎？

C34：做得到。（語氣堅定）

H25：每個禮拜要抽出多少時間來？🅴

C35：大概6個小時。

H26：一個禮拜6個小時可以增加多少收入？

C36：（思考5秒……）6個小時至少3,000。

H27：所以一個月你可以增加1萬2（嗯）。如果你真的可以這樣做，你要撥多少出來存？Int.

C37：1萬2至少撥一半出來。

H28：6,000（嗯）。聽起來6,000已經比你剛剛5,000還要多存1,000了（嗯）。（舉手指向原來當事人坐的方向）如果真的他從現在開始這樣做，你覺得可以達到那個目標嗎？

C38：嗯，應該可以。

H29：那你覺得他什麼時候可以開始行動？🆆

C39：嗯，有學生的時候。

H30：你認為他要主動的出擊，還是被動的？

C40：要主動的。

H19~C38：

從「開源」的角度，去思考與評估可行的做法，H20和H23是關鍵性提問。H20在設想情節中，助人者邀請當事人起身移動到座椅對面，面對當事人原來坐著的位置。應用「尋找專家」技術，基於當事人是專家，最了解自己的情況，藉著換位思考，來評估當事人的狀況，或者藉由專家給當事人提供可行的方法或建議。經過評估後，每週可額外撥出6小時兼課，可能額外增加1~2萬的收入，至少月存金額高過於自己的預期。這過程提升當事人的希望感，感覺離目標更近了，也激發更大的行動力來實現目標。

H31：以你對他的了解，你認為他可以做什麼？ Ida.

C41：去（⋯⋯停頓思考3秒）透過原有的家長網路去找學生。

H32：有多少家長有這樣的可能？

C42：3~4個吧。

H33：我們先不求多。你剛剛的理想是一個月擠出1萬2，那這3~4個夠不夠？

C43：夠。

H34：好。有沒有這樣的可能性哪些家長會來？

C44：就是要跟他們討論，可能性是有。

H35：你能給他一點建議，什麼樣的時間點和場合，可以開始行動，有沒有一個目標時程，什麼時候開始，來證明你所說的？ Ida./W

C45：其實，週末的時候是可以的。

H36：週末擠出6小時。（嗯）他可以犧牲嗎？（指向原來當事人坐的方向）

C46：可以啊！你看他今天都來了。（笑）

H37：所以你認為他有行動力？（是）如果他真的這樣做下去喔，你覺得能夠達成那個功效？ E

C47：（沒有猶豫地說）初步的門檻可以。

H29~H39：

引導當事人對行動計劃的討論與做法。經過探討與評估後，當事人認為方法可行，也能達成預期的目標。原來的困難已經不是困難。如果助人者進入問題的分析，有可能和當事人一直在問題中打轉。跳出問題，從探討可能性出發，擴大思維來尋求開源的方式，以補足節流的不足。H30是釐清內在動機也是激勵當事人採取主動作為，最後當事人覺得可以達成初步的目標。

H38：對他來講會不會很困難？

C48：不會。（語氣堅定平穩）

H39：是喔！

C49：會有一點疑惑，那個疑惑就是說，要一直做家教下去嗎？

H40：這是另外一個問題了。你覺得我們需要再牽涉到其他的問題嗎？

C50：嗯，如果是就經濟來解決，的確這是一個方法，但是意義也蠻重要的。

H41：你剛剛有談到說，他有那樣的夢想，但是卡住了。如果現在有一個實際可行的方法，意味著可以開始行動（嗯），你給他什麼建議，什麼時候是他最適當的時間？ Ida. W

C51：我覺得他隨時可以開始。

H42：所以，你的意思是說下個禮拜也可以開始囉！（嗯）。你覺得他可以做得到嗎？

C52：（果斷地說）可以。

H43：好。你先對他說一句祝福跟恭賀的話。

C53：（自信的說）Just do it！（觀眾熱烈鼓掌，歡呼聲四起～）

H44：（引導C回到座位）剛剛一年半後的你，對現在的你，跟你一起討論，說了一些祝福的話。回到實際上的你，你覺得可以嗎？

C49~C50：

可以了解當事人不是以賺錢為目的，有更多收入來源，可以做更有價值和意義的事情。助人者要敏銳覺察當事人內在的價值信念。如果時間允許的話，可以在晤談告一段落後，就這部分繼續探索。因現場示範演練受限於時間，沒有再繼續深談下去。

H41~C53：

進行專家的建議與祝福，用意是激勵當事人，並展開行動。「尋找專家」技術的應用到此結束，助人者與當事人一起回到原來的座位上。

C54：嗯，我覺得是做得到的，……只是那個意義上的部分，有時候還是會覺得說，生命不是一直花在賺錢上而已，我希望做的事情可以有貢獻。

H45：我也跟你一樣，我也期待我的「330550計畫」能夠成就，然後我每個月有多少錢撥出來做公益，我可以奉獻多少。如果要達到那個目標，可能需要有階段性的作法，不代表不能兼顧。所以，你目前先賺錢，有足夠的錢，將來更有能力的時候，可以做更有意義的事情（嗯）。其實這兩個有衝突嗎？

C55：沒有。

H46：沒有！沒有的話就～

C56：（神情輕鬆的說）Just do it！（觀眾歡呼鼓掌…）

H47：你剛開始談的時候帶著疑惑，現在呢？

C57：現在好像有一些東西塵埃落定了。

H48：你覺得可做了喔（嗯）。所以下禮拜可以開始（可以）。那我先祝福你，我期待明年在榜單上看到你的名字，而且存到足夠的錢。

C58：好（笑）。

H49：謝謝，我們先談到這裡。

H44~H49：

在晤談結束前，談談當下的感受，並為晤談下個總結，當事人已經找到方法和答案了，助人者送上預先的祝福。C54 當事人仍然惦記著服務與貢獻是有價值和意義的事情，真的是難得的人才。C56 Just do it！就是行動力的起點。

▋晤談歷程摘要

　　以下將晤談歷程以兩個圖示來顯示議題與脈絡，就有清晰的框架可依循。

　　首先，H1~H4先釐清來談議題，在檢核現況（R）中了解當事人的卡點（圖2-3），受限於C8時間、經濟、與能量三個因素，以致動彈不得，無法展開行動，往C4理想（在職進修）與現實（經濟條件）能兼顧與平衡的目標C9前進（G1）。C10：「經濟能力能過關。」（G2-1）和C22：「經濟上……只能先存錢，有多少存多少這樣。」（G2-2）聚焦形成議題脈絡，隨後C32：「家裡經濟壓力」是實際的需求，都是晤談的核心重點。

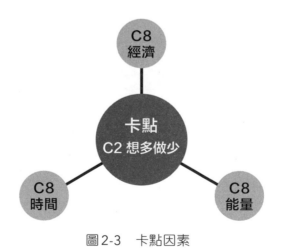

圖2-3　卡點因素

　　接著，H5的回饋與提問，找到平衡的關鍵點在經濟條件，接續的晤談就以經濟準備為重點。檢核經濟的現況與需求，了解當

事人已經有存錢的預備。透過H13和H20回饋當事人從節流與開源著手，經過引導後，原先認為約存在多5,000元有困難，實際評估後可月存6,000元，比原先預估的多1,000元。因此，當事人月存10,000元的目標可行，也會超過達到11,000元。經過一年半後可以達到安全存量300萬元，就可以安心去在職進修。（圖2-4）

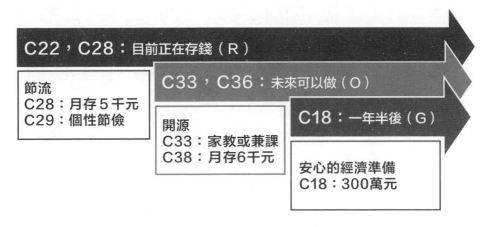

圖2-4　開源節流作法

▌晤談後當事人的回饋

　　以下是當事人參加兩次工作坊之後的分享，第一次是上台擔任當事人，第二次是以學員身分參加：

　　「2013年4月我參加教練式領導力體驗工作坊後，心中對主辦單位選擇以全實務為課程主軸非常佩服，也對陳恆霖博士慷慨無私分享關鍵Know-How由衷的感激與讚嘆。

　　其中對於令人膽顫心驚的衝突場合，如何以感同身受的同理

心與對方同在，又在很短的時間讓對方情緒有所抒發、並理解彼此的為難處，我覺得這需要高度的智慧、深厚的人生歷練才能展現出如此的技巧，而且也可以說已經不是可以模仿的技巧，**而是一種生命態度**，沒有這種態度是無法將教練精髓發揮到這種韻味的。

與許多線上的教練一起上過許多教練課程，很少有這麼緊湊、紮實又實際的內容，在台下會覺得自己一直在尋找的就是像陳博士這樣，能跳脫理論的空洞、解決企業積重難返議題的到位實務，很高興我今天終於找到了！

課後我就趕快實際操作，感受到自己腦海可以喚起陳博士現場教練引導的精神，在與幾位成人針對尖銳議題的互動上大有長進，同時回頭參照老師的《Coach領導學》一書，希望讓自己的教練能力提升到另一層次，對遇到的每一個人能貢獻自己的心意。感謝陳博士，感謝每一位成就這美意的夥伴，下一場我們再見！

三個月後第二場課程後，我變得沉默，每天都在反省；因為不論諮商、護理、社工、教練都有人性，只要是人就會是有條件的愛、有限的耐心、有界線的互動，假如超過忍受值，那麼就……抱歉，謝謝再聯絡。這是我看到普遍的助人者立場。

但我也當過求助者，有些時候我真的說不清楚、動彈不得、孤立無援，甚至會有荒腔走板、笨拙窘迫的情況發生，不符合社會期待、超出專業服務範圍，此時我體會到被排擠、不被認同、被懲罰、愛莫能助的狀態。

　　課程訓練完第二週，我正好又遇到不被了解、無法被傾聽接納的情況，當天課程的情景又一次的在腦中被喚醒，我好震撼！我突然不知道怎麼寫下我的心得，我只覺得我想突破自己在耐心與專業上的有限性，成為一位對社會真能帶來貢獻的教練！

　　在陳博士和我晤談之後沒多久，我就獲得1小時1,200元的家教機會，工作兼家教一年後，我也順利考上諮商心理研究所，並完成實習，取得諮商心理師的資格。

　　回頭思索這次晤談經驗帶給我的體會，包括**短時間蒐集多元議題面向**，轉而能**快速聚焦在自己最在意的議題上**，實現一次Coach就能切中案主的**80/20法則中核心的議題**。**借助案主既有的內在資源**，包括早已具足的能力，內在自信的部分，迎向社會獲取資源的契機，催化臨門一腳的行動。

　　與心理諮商不同的地方是，諮商常常會慢慢貼近、陪伴案主，不以解決問題為導向，有時能走得很深，但曠日廢時，較不符合企業對效率的期待；**Coach是直面當下最在意的議題，直接將議題刨根，並且透過具體的行動步驟探索，讓議題在當下被解決且迅速實踐。**

　　當我成為諮商心理師後，就更能因應案主的需求，在溫暖的同理支持與快速聚焦解決問題這兩種狀態之間切換，不再受限於任何諮商學派的單一框架中。」

▌結語

機會留給有準備的人，目標是留給有夢想的人！理想的目標是基於現實的狀況，心中的渴望奠基於需求評估，從現況到目標的完成，是對自己與生活的挑戰，夢想實踐的途徑，唯有自己的努力與付出才能達成。心理學有個「自我應驗的預言」效應（Self-fulfilling prophecy effect），又稱為「比馬龍」效應（Pygmalion's effect），可以呼應當事人的自我實現。

傳說賽普魯斯的開國軍王，請人把心中的美女形象雕刻成大理石像，因朝思暮想愛戀上石雕美女，愛情感動了天神，天神將石雕美女變成有血有肉的真人，國王與美女成為天作之合。英國戲劇家喬治・蕭伯納（George Bernard Shaw，1856~1950）將這個傳說寫成「比馬龍」劇本，演出非常成功。爾後心理學常將比馬龍效應比喻為，預期或期望的高低將影響結局的一種效應。

我高中畢業後，考上藝術學校主修雕塑。無意間我的恩師張林海崙＊，發現了我對心理學的興趣與潛力，在她的協助下，我規劃一個十年的生涯目標，從修讀雕塑到獲得心理諮商碩士學位。這十年期間，去服兵役兩年及工作一年後，如願以償的考上大學直到念完碩士，十年夢想成真。隨即我到大學任教，任教九年後再到博士班進修，五年後取得博士學位。直到目前我和恩師仍然保

＊ 張林海崙是我就讀國立藝專（現為台灣藝術大學）時的學生輔導中心主任。基督教宇宙光輔導中心成立後，她於1990年加入成為第一位全職專任主任。 她是影響我進入心理諮商專業之門的啟蒙老師，有她才有今日的我。

持聯繫，亦師亦友，我非常感念她的再造之恩！

　　朝向十年目標前進的過程中幾度想要放棄，眼見周圍的同學和朋友，已有工作和經濟基礎，有的結婚生子，我孤單的一人往自己的目標邁進。當我拿到碩士學位兩年後，班上舉辦同學會，同學們很驚訝的說，他們不敢相信我說到又能做到。其實我沒有他們的才華洋溢和聰明才智，我有的是一顆堅持的心！

　　與本案例當事人晤談後第七年，無意間在臉書上看到當事人分享他去進修，達成夢想的喜悅。隨即我在臉書恭賀他，並與他分享與交流。當他再一次回顧夢想實現的機緣，就是來自於我們的晤談。夢想如果沒有行動，就是紙上談兵流於空談。夢想加上行動，就是最有力量的實踐。我為當事人開心和喝采，也很高興看到經由一次性的晤談，當事人日後果然夢想成真，他的心情我懂得。這就是助人的意義和價值所在！

　　已故蘋果創辦人賈伯斯：「人這輩子沒辦法做太多事情，所以每一件事情都要做到精采絕倫。循著你的內心，讓它引領你，只要熱愛自己所做的一切，人生永遠不會迷失。走錯了，釋放自己，從頭來過。」簡言之，就是事在人為，堅持前行！

生涯：事業轉...

掘心 ⑨ 理想...

2018
05/18

紀青：（現況＋家人）
3-4年談研

H 尋求...
現在（...

1. 辭工作：（600万 ⟶ 安全...

⑨3 2. 工作1, 談研2 ⟶ ...

⑨4

× 家教車連：每100元

1. 何時開始：週末.下周開...
2. 主動選擇：擴網路.
3. 人報：3-4位.

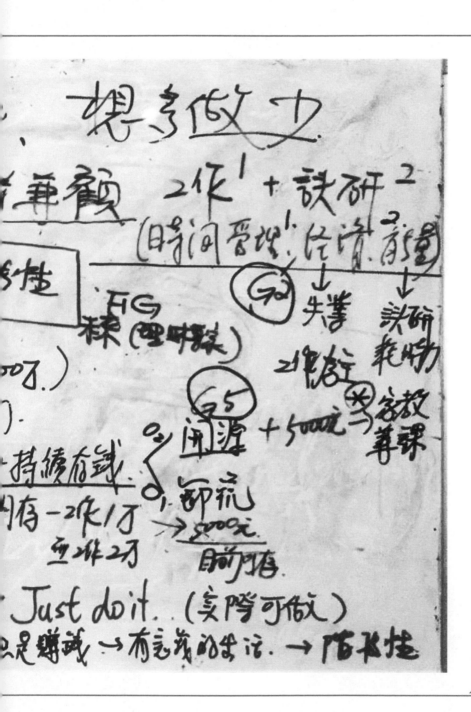

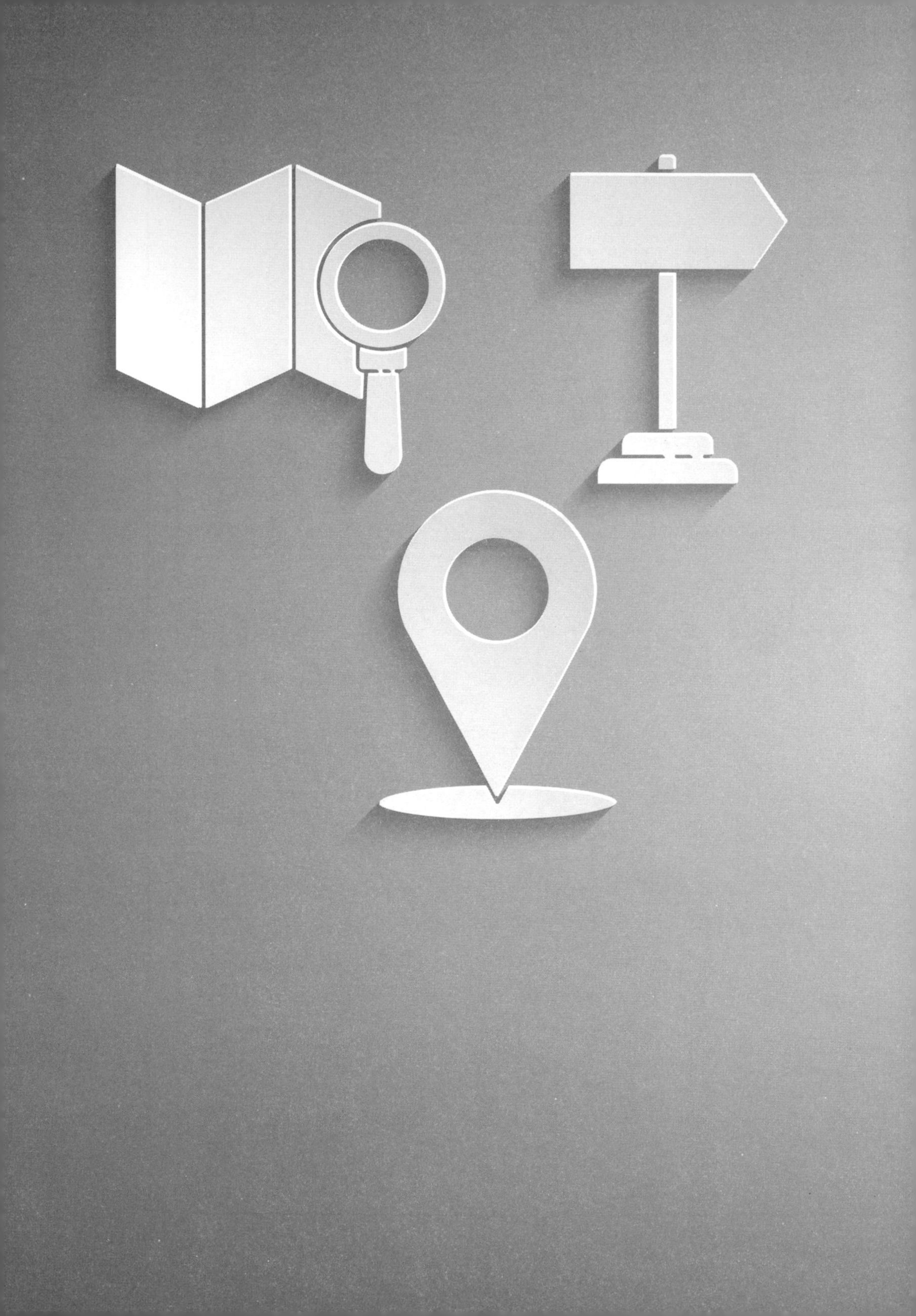

第二篇

尋找天命站對位置

職涯轉換與未來發展

我們選擇所有我們做的，必定會為選擇負責。

——威廉‧葛拉瑟（William Glasser），現實諮商學
派創始人

◆◆◆◆◆

每個人是自己的科學家。人們依據其獨特的建構系統
來建構他們的世界，並預測其所面臨的世界。我們的
生活根本完全對著事件的預期而去，個人是一直前
行，把世界塑造成愈來愈可預測，而不是愈來愈退縮
到可預期的世界。

——喬治‧凱利（Jeorge Kelly），個人建構理論創
始人

3 沿著老路走，還是另闢蹊徑

職涯發展新方向

GROW模式與WDEP模式

晤談背景	
當　事　人	在企業工作十餘年的男性，理性思維及邏輯分析力強，同時擁有溫暖、謙和的特質，積極向上的學習態度，深獲上司的器重。
晤談議題	老闆值不值得我追隨。
晤談時間	18分鐘

▎引言

　　職場上人們都期望遇見一位好老闆、好主管，很多人要的是一個舞台，能夠學以致用，或一展長才。年輕人則希望在職場上有更多學習與歷練的機會，以提升自己的能力，為自己未來的職涯打下很好的基礎。進入職場之前，公司領導者到底如何，經過打聽來的消息可能只是道聽塗說或空口無憑。經常是憑著運氣和機緣，冒著風險進入工作領域，才會知道自己的選擇是否能如己意。著有《小王子》的法國作家安托萬・德・聖－修伯里（Antoine de Saint-Exupéry）說：「如果你想造一艘船，不要鼓吹人

們收集木材,也不要只分配工作任務,而是要教他們嚮往浩瀚無垠的大海。」這句話道出,船員願不願意跟著飄向海洋的指標,就像領導者的任務,是創造清晰的使命與願景,讓部屬們一起朝向共同目標往前衝。

　　當事人是一位有才幹、主動負責、勇於任事的人。公司很倚重這位後起之秀,賦予他重要的職位與任務,讓他能承擔更多服務與貢獻。老闆很有企圖心,短短幾年間,公司的業務快速拓展,績效激升好幾倍,組織編制也隨之擴大。然而,公司的發展方向,和個人未來的生涯選擇,逐漸浮現不同的方向。他正思索未來的職涯方向,慎重考慮繼續留在公司呢?或者,接下來往哪裡去呢?如何走下一步?相信職涯中的這些問題也是多數人曾經思考和經驗過的。

　　我們一起藉由逐字稿的對話與解析,看看助人者如何在短時間釐清當事人心中的疑惑,釐清自己渴望的是什麼?未來可能的方向與選擇又是什麼?晤談過程中助人者如何協助當事人從迷霧中,看清楚未來的發展,做好預備和擬定初步計畫。

　　職涯選擇與轉換涉及許多因素和個別的需求,有人聚焦職場未來的升遷與發展,有人重視有舞台可發揮專長,有人留意收入高低能否滿自己的生活需求,有人看重團隊合作與人際和諧,不一而足。職場轉換,有人愈換愈符合自己的期待與渴望,就能心滿意足地工作。有人是不斷地跳槽,像無頭蒼蠅般飛來飛去,不清楚自己到底想要什麼。也有人動也不動,哪怕不滿意現職,也

不敢輕易跨出舒適圈。不管是哪一種，最後都要回到自己，問問自己真正想要的是什麼？

▌理論觀點與技術應用

本案例融合Glasser的WDEP模式和Whitmore的GROW模式，並以此為重點進行逐字稿解析。

WDEP模式的四個步驟[1]：

1.探索需要（Want）：探索各種需求、期盼與知覺。這些都與五大基本需求（生存、愛與歸屬、權力、自由、樂趣）有關。

2.方向／實行（Direction／Doing）：著重目前的行為及對當事人行為有影響的過去事件，詢問正在採取的行為的整體方向。

3.評估（Evaluate）：包括行為方向、特定行動、期盼、知覺、新方向與計畫之檢核。

4.計畫／行動（Planning／Action）：確認具體的方式與執行內容，計畫是可變通和修改的。

現實治療法的基本精神是，我們要為自己選擇去做的事負責，了解過去行為事件的影響，問題的發生都呈現在當下，也要往未來的方向發展。它是一種強調「行動」的治療方法（Doing Therapy）。

GROW模式以四個不同階段來提升個人績效的架構方法。

1. 設定目標（Goal）：設定達成的理想目標（短程及長程）。

2. 檢核現況（Reality）：探索並客觀檢視現況與目標狀態之間的落差。

3. 選擇方案（Options for improvement）：考慮不同選擇的策略或行動的可行性。

4. 計畫承諾（When will they commit to do）：討論並確定行動的時程，決定什麼（What）該做，何時（When）行動，由誰（Who）來做，意願（Will）如何。[2]

這兩個模式的概念融合如下：

外在目標設定（G）與探索內在需要（W）→檢核現況（R）與了解整體方向（D）→擬定選擇方案（O）與評估（E）→確定期程（W）和行動計畫（P）。

特別強調的是，這不是固定不變的方向或先後順序，要依晤談當下的狀況，來決定在哪個點上作停留或深入探索，它是可以來來回回的彈性應用，千萬不要陷入框架中自我束縛，否則晤談效果將大打折扣。

從本案例的晤談過程，基於議題內容與當事人特質，你將發現對話以理性的認知層面居多，有別於一般的會談，是以「解決問題」為導向，不去處理內在情感層面。同時，我將在逐字稿中分析5K傾聽法，同時呈現融合WDEP和GROW的助人模式。請

謹記，所有的技術和模式都是參考架構，需視當事人的狀況及晤談歷程，來決定如何彈性應用。

▋逐字稿解析

H1：OO，因為時間有限，可能只有十五分~二十分鐘，最長半個小時。你想要談的議題是什麼？

C1：我剛才自己有想了一下，我不知道我們公司這個老闆值不值得我追隨 `KP1-1` 。 `G1-1`

H2：好，值不值得追隨可以進一步具體的定義是？ `Info.`

C2：我沒有辦法對他有強大的信任度 `KP1-2` ，或者是我會有一種不認為他有能力可以把我們的公司帶向我想要去的一個面向。但是，我們老闆有強大的信念 `KP1-3` ，就是他覺得任何事情，或者他設定的目標，只有「沒有做不到，只有看怎麼做」。所以他這個信念一直深入他的靈魂裡頭。

H3：似乎是「使命必達」。

C3：對。

H4：因為你的Boss目前不在這裡，我會從你的觀點和角度，去了解實際的狀況。似乎聽起來你在考慮，有沒有可能繼續留在這個公司。

C4：對，這件事情在我一年前就想過 `KTP1-1` 。

C1~C4：

了解當事人的晤談需求。C1可能是當次晤談的目標（G1-1）。H2「值不值得追隨」是關鍵事件，需要先釐清具體內容，以便接續引導晤談。留意C2前半句話隱含在工作關係中對老闆的質疑和缺乏信任感。H4聚焦在從當事人的角度去了解狀況。要留意的是，生手或經驗不足的助人者，很容易就把晤談焦點放在老闆，一直詢問老闆如何又如何，一不小心就將晤談焦點轉移到助人者和當事人之外（或晤談現場之外）的第三者。

H5：所以你現在要談的重點是在決定離不離開，還是前面說的缺少往下走的能力，這個過程，有你需要談的問題或考慮的重點嗎？ CQ

C5：嗯！後者。

H6：後者，你是說使命必達嗎？……還是？

C6：第一個就是到底有沒有能力帶領公司去到他想去的地方 KP1-4 ，或者是我真正想去的地方 KE1-1 。

H7：從你的角度來看，似乎是說你要看他的能力到哪裡，來決定你的去留。 CE

C7：對。

H8：就是說，如果他能力夠，你繼續跟，能力不夠，你不會去跟。

C8：能力不夠，有能力不夠的做法，但我相信老闆，我們老闆算是也蠻開放的，想法也是蠻開放的，所以他也不會去完全去設限。不會因為沒有成為我的員工，就沒有合作的機會。

H9：嗯哼！現在我們有三個不同的方向，第一個是跟，二是能力不夠，你有不同的做法，就是繼續留下來。最後，才是離開是嗎？

C9：對。

H10：所以，我們今天的議題跟焦點會是這三個。 G1-2

H5~C12：

進一步釐清與確認晤談的重點和方向，建立晤談框架，此引導有利於聚焦在核心的議題上。C6：「我真正想去的地方」是關鍵事件（KE1-1），也是內心的渴望與需求（W）。H10和H11確認本次晤談的目標（G1-2）在未來的發展。

這段簡短的對話，助人者要在對話的瞬間（moment by moment），迅速在腦袋中呈現一個議題的階層圖（圖3-1），以作為後續晤談的架構和依據。換言之，不管當事人在過程中如何敘述內容，都掌握在階層圖像的框架中，助人者有清晰的脈絡可循，晤談才不會迷失方向和重點。若後續晤談又有新的選擇和方向，就要加入階層圖中，以便隨時掌握晤談的流程。

圖 3-1　晤談議題階層圖

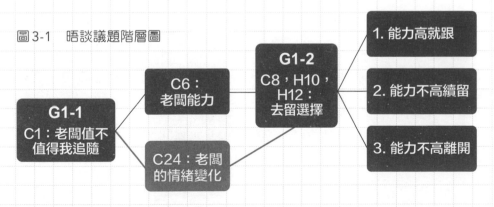

「老闆的情緒變化」來自於後面
C24：受老闆情緒影響而想走。
H25：聽起來感覺是老闆的情緒狀態，成為影響你決定離開的因素之一。
所以助人者的腦袋裡的框架，在後續要加入這一個影響因素。

C10：對！沒錯。

H11：（手指著白板說）1、2、3，你想談的是這三者的利弊得失嗎？還是你會先從能力高低這個部份呢？ `CQ`

C11：利弊得失。

H12：如果你現在已經很清楚這樣子，能力高你會繼續跟，能力低你有不同的做法，或者第三種選擇是離開。

C12：對！

H13：既然已經想了一年了，應該有些利弊得失，你已經都想過了，那你覺得在這三種當中，它各自的利跟弊有哪些？ `Info.`

C13：利跟弊……（思考許久）……。如果是跟的話，嗯~我覺得會有一個可以發揮的舞台 `KE1-2`

H14：因為你已經想過了，你一定很清楚，這隻筆給你，你直接把利弊三種不同的選擇的利弊，直接寫上去，你可以條列的方式來寫。（填表中……寫了3分20秒。）你已經非常清楚。把這三個不同的選擇利弊得失都已經列下來……（稍微停頓是讓當事人有機會沉澱）。我先問你一個問題，因為都有各自的利弊嘛，同時需要做選擇。以你現在對你老闆能力狀況的理解程度，還有現實的條件，在這三者當中，有可能的優先順序會是怎麼樣的排列，請寫上有可能的優先順序。

C14：優先……順序。（看著白板，一邊沉思，一邊緩慢地說）

H13~C16：

引導當事人對未來可能的三個方向，進行利弊得失的分析
與評估。H13進行的是選擇方案（O）的評估（E），目的
是協助當事人進行釐清與反思。H14讓當事人自己拿起筆
書寫，是自己力量的展現，同時在過程中能帶來反思。H15
則依重要性去釐清優先順序的選擇（O）。此引導有助於助
人者同時進行晤談資料的蒐集。H16回扣C1老闆值不值得
追隨的晤談議題和目標（G1-1）。又通過圖示及當事人的反
思，協助產生可能的決定是 —— 暫時會跟（即繼續留在公
司）。

根據圖3-1所示，助人者先行引導當事人進行利弊得失分
析，再從中考慮可能的重要性，寫下優先順序的選擇（如
下表）。

三種方向與選擇的利弊得失分析表

未來方向	利	弊	優先順序
❶ 續留公司	·有舞台 ·有穩定收入 ·有人脈交流	·摸索 ·老闆情緒變化要忍受 ·沒自由	1
❷ 成立事業單位	·須要花時間（準備） ·相對自由，多可控	·覺得自己能力不足 ·沒有好的團隊	2
❸ 跨域發展	·往不同職場發展 ·如果有能力就創業	·能力不足 ·定位不明	3

從後現代的觀點，當事人是解決自己問題的專家，最清楚
自己的狀況，助人者僅僅在旁協助提問釐清及引導反思。

H15：優先順序自己選，可能以現況來講，先不考慮未來，有可能的現況是？

C15：（看著白板思考寫下）1、2、3。

H16：如果是這樣，暫時還可能會跟嗎？

C16：對，對。

H17：那我們來思考，這跟你未來的職涯的發展是有關的。

C17：對。

H18：我們談職涯發展有幾個考慮的面向，第一就是我的興趣能力跟公司的願景發展是一致的，可以盡情揮灑。另外一種，就是我個人願景跟公司未來發展完是全不同的。再另外一種就是，你個人的部分跟公司的目標，可能某部份是可以契合，某部分又可能沒辦法。所以我們會有幾種不同的思考，現階段你要待在原公司。我要問的是，先不考慮老闆和公司，你個人如果針對未來的發展跟生涯的考慮的話，你來假想五年後的你或十年後，你看見自己在職場上是一個什麼樣的發展狀況？ Int.

C18：五年或十年喔……。（思考……）

H19：對，換句話講，你個人的願景是什麼？ Int.

C19：其實我，如果以真的想要成為的那個角色的話。就是希望可以

從利弊得失的評估中決定優先順序，緊接著決定後續的晤談策略。反觀，如果是習慣於專家角色的顧問，此時可能就自行做分析，並提供解決問題的答案。

若把GROW模式和現實治療WDEP模式整合來看，三個未來的方向，就是GROW的選擇方案O，對選擇方案進行利弊得失的思考，就是WDEP的評估E。寫下優先順序，就是評估後的選擇結果。

成為不管是顧問或者是教練 G2-1 ，那這個顧問跟教練會是在自
己想要可控的狀態下去發揮 KE1-3 。

H20：意思是說有能力成為顧問或教練。換句話講，你可以在現在
開始到未來的五年或十年，持續再讓自己在這部分是有能力
的，所以這是一個歷程。如果現在的你是五年後、十年後的
你，當你再回頭看現在，這三個哪一個可能是對你成為有能
力的顧問或教練是最有利的決定？ CQ

C20：二或三。

H21：那我們現在來看，如果你從未來回來看之後是2、3，以你現
在來看是1、2、3，讓你看見什麼？ Info.

C21：我在這個過程當中，就是需要留在公司裏頭，去累積能力再往
前走 KE1-4 。

H22：累積經驗。

C22：續留公司是可以累積經驗的。但是，如果有一天，我不知道會
多久之後才會來到二成立事業單位，或許不一定會待到二，
因為公司不見得一定會期待我們能夠變成二，但是有時候也
會因為理念和價值觀不同 KP1-5 ，而不想到來到二，可能就直
接跳三跨域選擇。

H23：嗯哼。有可能就直接進行到三。……我在思考一個問題，也許

H17~C20：

助人者將當事人的視野拉高到生涯發展的高點來思考可能的選項，是以個人未來的發展為導向，不侷限於職場轉換。H18，H19，H20：讓當事人從「離不離開」和「跟不跟隨」的點，提升到以職涯發展的大框架下去思考，協助當事人深入釐清與確認。換言之，先排除外在的影響因素，聚焦當事人的內在需求（W），藉由反向提問與引導當事人。C19從未來設定的目標為導向來談願景—當顧問或教練（G2-1），先釐清心中想要走的路，再回到現況（R），來思考要如何從現在，往未來的目標去發展。

在此提醒助人者，留意勿陷入「離不離開」和「跟不跟隨」的選擇上，將焦點放在老闆身上，詢問過多有關老闆如何對待當事人，因而忽略當事人的內在渴望與長遠發展。

你自己也曾經思考過，其實留在現在，好像只是留的時間多長。

C23：對。

H24：可能是多短或多長？

C24：說真的，還蠻常常是因為老闆的情緒變化 KP1-6 的時候，就會想要算達累積一定的年資，兩年或兩年半後 KTP1-2 就想走，可是如果真的要別理老闆的情緒 KP1-7 不管的話，那我覺得應該至少三到五年 KTP1-3 E ，能夠讓自己成為自己想要的有能力的那個樣子 G2-2 。

H25：似乎這個過程，不管你是兩年或三到五年。聽起來感覺是老闆的情緒狀態，成為影響你決定離開長或短的一個因素之一。 CE

C25：對！沒錯。

H26：我們談到做生涯決定的因素很多，包括個人、公司，包括你的背景和專長能力，包括外在環境或你週邊的人脈資源等等都是，所以它牽涉的範圍其實是滿多的。換句話講，短則兩年長則三～五年，如果在這個過程要累積你成為有能力發揮專長的顧問或教練，現階段你可以為自己做些什麼同時可以兼顧？ Idea.

C26：其實現在正在做啊，就是一邊工作一邊學習，然後一邊也在找

H21~H24：

暫時停留協助當事人回顧與反思。C21當事人優先選擇呼之欲出（O）。C22當事人思考若因理念和價值觀的不同，也會有不同的決定。H24在了解可能暫留公司時間的長短。這段話顯示在不同的選項中（O）去評估（E）可能的狀況。

C24~C25：

幾乎可以確定因受老闆情緒變化的影響（R），考慮離職的時間點（E）。C24這個關鍵因素將決定當事人留職的時間長或短，可能快一點是兩年或延後一些時間到五年，不管時間留短或留長，終究可能會離開（E），可利用續留時間來提升自己的專業能力（D），未來成為有能力的顧問或教練的理想目標（G2-2）。H25回到前面圖3-1晤談議題階層圖，加上「老闆的情緒變化」。

`KE1-5`，因為不管是顧問或教練，是我想要的一個主軸`G2-3`。如果是講企管顧問的話，面向太多了，「產、銷、人、發、財」都可以去深入。後來我發現我對人真的比較有興趣`KE1-6`，如果是對人的話，我覺得我這次的學習是來對地方了，因為有很多的資源可以做詢問。還有就是自己的背景、學歷、歷練還不足`KE1-7`，也不像很多同學都是企業的人資主管，我也沒待過這種的經驗。所以，我曾經有為什麼會產生3.1往不同職場發展的原因，是因為有去思考，要不要在企業裏頭去歷練主管的能力。然後，再結合原本的學習。嗯，最後還是會回到自己，有沒有可能有能力成為獨立工作者`G2-4`，然後可以走接案的路線，或者是創業的路線。

H27：聽起來跨領域跟獨立工作能力，是一個夢想跟需要去做的事情。`CE`

C27：會覺得説，如果想要3.2有能力就創業的定位夠清楚的話，好像還需要有3.1足夠的能力。

H28：如果你選擇走跨域這條路的時候，還是配對到之前累積的能力。

C28：是！是！是！

H29：現在的工作跟學習是可以同時去做累積的。`BE`

C29：對！對！

H26~H31：

H26協助當事人在暫時續留原公司的同時，評估各種發展專長與實力的可能性（E）和決定方向（D）。值得關注的是C26：「顧問或教練，是我想要的一個主軸」（G2-3）……「有沒有可能有能力成為獨立工作者」（G2-4），表明當事人有了清晰的發展圖像，這是晤談的成果。C30的回應似乎當事人對於離開的時間點已有所領悟了。H31助人者請當事人從座位上站起來，站在白板前面，看著圖示寫下的內容，從另一個旁觀者的角度，來反思與統整。

H30：所以，現階段其實你同時都在做預備，也同時都已經考慮得非常清楚，現在只是timing。

C30：好像就水到渠成。

H31：水到渠成只有你自己最清楚。我們談到這邊，我請你站起來，來看看剛剛整個的過程，你有什麼反思，或不一樣的想法或作法。

C31：我覺得很謝謝老師幫我釐清，釐清我應該還要待多久。

H32：所以，你有了譜了嗎？…決定待多久？ Int.

C32：待多久？

H33：約略。

C33：約略，再一年到一年半吧。 KTP1-4

H34：所以，再一到一年半年。現在清楚了，那我們今天就談到這邊。

C34：好，可以了。

C31~C34：

助人者對當事人離開的時間點進行最後的確認。可以看見當事人由C24快一點是兩年或延後一些時間到五年，轉變為一年到一年半的時間（W），離開的時機點似乎以胸有成竹了。此結果來自於晤談中的引導、釐清與評估。

▌晤談歷程摘要

以下將5K傾聽法，WDEP及GROW模式，整理成一個對照表，以了解晤談的歷程。看看助人者是如何從5K中找到議題，建構架構以形成脈絡，引導當事人釐清未來的選擇與方向。

模式	當事人	助人者解析
5K傾聽法	與老闆（KP）有關出現六次： C1：KP1-1老闆值不值得追隨。 C2：KP1-2缺乏對老闆的信任， 　　　KP1-3老闆有強大的信念。 C6：KP1-4到底有沒有能力帶領。 C22：KP1-5理念和價值觀不同。 C24：KP1-6老闆的情緒變化， 　　　KP1-7別理老闆的情緒。	來談的議題顯然與老闆是有關連的。老闆雖然有能力，信念也強大，但因老闆的情緒變化大，工作關係缺乏信任感，於是興起去留的想法。
	與未來發展（KE）有關出現六次： C6：KE1-1我真正想要去的地方。 C13：KE1-2可以發揮的舞台。 C19：KE1-3在可控狀態下去發揮。 C21：KE1-4累積能力往前走。 C26：KE1-5一邊工作，一邊學習，然 　　　後一邊也在找， 　　　KE1-6對人有興趣， 　　　KE1-7背景、學歷、經歷還不足。	當事人對未來發展充滿憧憬的，希望有可發揮的舞台和準備好的能力，展現與人有關的職業。只是目前受限於背景、學歷、經歷等限制，因此現階段想先把握時間累積實力，揚帆待發。
	與關鍵轉折點（KTP）有關出現四次： C4：KTP1-1一年前就想過。 C24：KTP1-2二到二年半想走， 　　　KTP1-3應該三到五年離開。 C33：KTP1-4再待一到一年半。	對當事人而言，一年前就興起離職的念頭，離或不離與老闆值不值得跟隨息息相關。經過晤談釐清與探索後，離開的時間從預計的三到五年，評估後縮短為一到一年半。

模式	當事人	助人者解析
釐清晤談目標 G1 ＋ W	C1~C4：了解當事人的晤談需求。 C1老闆值不值得我跟隨，可能是當次晤談的目標（G1-1）。 留意C2前半句話隱含在工作關係中對老闆的質疑和缺乏信任。 H4聚焦在了解當事人的狀況。	
	H5~C12：進一步釐清與確認晤談的重點和方向，建立晤談框架，此引導有利於聚焦在核心的議題上。	
	C6：……我真正想去的地方。 C8：能力不夠有能力不夠的做法。	C6：是關鍵事件，也是內心的渴望與需求（W）。 H10，H11確認本次晤談的目標（G1-2）在未來的發展。 H12：你現在已經很清楚這樣子，能力高你會繼續跟，能力低你有不同的做法，或者第三種選擇是離開。
檢核現況 R	C1~C12：當事人從老闆值不值得我追隨，老闆能力高低和去留選擇，及C24老闆的情緒變化（見圖3-1：晤談議題階層圖）。 H13~C16：針對續留公司，成立事業單位，跨域發展三個方向進行利弊得失的分析評估，就涉及現實狀況。 C21：就是需要留在公司裏頭，去累積能力再往前走。 C26：一邊工作，一邊學習，然後一邊也在找，……我對人真的比較有興趣，……自己的背景、學歷、歷練還不足。	

模式	當事人	助人者解析
O + E	H13~C16：引導當事人對未來可能的三個方向，進行利弊得失的分析與評估。H13進行的是選擇方案（O）的評估（E），目的是協助當事人進行釐清與反思，了解內心的想法。H14讓當事人自己書寫，在過程中能帶來反思，同時象徵自己力量的展現。H15則依重要性去釐清優先順序的選擇（O）。此引導有助於助人者同時進行晤談資料的蒐集。H16回扣C1老闆值不值得追隨的晤談議題和目標（G1-1）。	
	C13：有一個可以發揮的舞台。 C16：對，對。（暫時會跟老闆）	H14引導當事人在白板寫上未來三個選項（O）的利弊得失（E）。1.續留公司，2.成立事業單位，3.跨域發展。 H15通過圖示及當事人的反思，協助產生可能的決定是一暫時會跟。
W + G2	H17~C20：助人者將當事人的視野拉高到生涯發展的高點來思考可能的選項。H18，H19，H20：讓當事人從「離不離開」和「跟不跟隨」的點，提升到以職涯發展的大框架下去思考，協助當事人深入釐清與確認。換言之，先排除外在的影響因素，聚焦當事人的內在需求（W），藉由反向提問當事人。C19從未來設定的目標為導向來談願景－當顧問或教練（G2-1），先釐清心中想要走的路，再回到現況（R），來思考要如何從現在，往未來的目標去發展。	
O + E	H21~H24：暫時停留協助當事人回顧與反思。 C21當事人優先選擇呼之欲出（O）。 C22當事人思考若因理念和價值觀的不同，也會跨域發展。 H24在了解可能暫留公司時間的長短。這段話顯示在不同的選項中（O）去評估（E）可能的狀況。	

模式	當事人	助人者解析
D + E	C24~C25：幾乎可以確定因受老闆情緒變化的影響（R），考慮離職的時間點（E）。C24這個關鍵因素將決定當事人留職的時間長或短，可能快一點是兩年或延後一些時間到五年，不管時間留短或留長終究會離開（E），可利用續留時間來提升自己的專業能力（D），未來成為有能力的顧問或教練的理想目標（G2-2）。	
	H26~H31。H26助人者從生涯決定的大框架下，協助當事人在暫時續留原公司的同時，評估各種發展專長與實力的可能性（E）和決定方向（D）。C30的回應似乎當事人對於離開的時間點已有所領悟了。	
	C26：一邊工作，一邊學習，然後一邊也在找（D），……自己有沒有可能有能力、成為獨立工作者（E）。 C30：好像是水到渠成。	H26：……我們談到做一個生涯決定的因素很多，……現階段你可以為自己做些什麼？ H30：你同時都在預備……考慮得非常清楚……只是timing。
反思	C31~C34：助人者對當事人離開的時間點進行最後的確認。可以看見當事人由C24快一點是兩年或延後一些時間到五年，轉變為一年到一年半的時間（W），離的時機點似乎以胸有成竹了。	
	C31：我覺得很謝謝老師幫我釐清，釐清我應該還要待多久。 C33：約略，再一年到一年半吧。（W）	H31：水到渠成只有你自己最清楚。 H32：所以，你有了譜了嗎？……決定待多久？

▌晤談後當事人的回饋

「一、晤談過程中的引導與感觸：

非常開心在學習助人專業的過程中，很榮幸我能與恆霖老師晤談，以下是我自己在晤談時被引導的感想與當下感受。

首先，**被專注的聆聽過程，雖然速度很快，但非常感受到尊重，可以很放心地陳述問題**，老師非常專注在我身上，**同時信任我，並且不帶偏見及個人的想法**。釐清問題的方式，**透過漏斗式探詢提問抓到核心，把所有可能性提供給我思考**，讓我將已經思考過，但仍混亂的狀況再整理一次，在現況（R）與方向（D），及未來選項（O）的評估中（E）來回探詢，並且客觀的說明職涯探索的不同面向。

其次，提到個人願景：成為顧問或教練（五年到十年的發展），讓原本不敢設想的我能勇敢去夢想，未來（夢想目標）與現況（累積經驗及能力）緊扣及重新思考，即便老師或有自己的推測，**但也把決定權讓給我，回歸到現實面找出折衷之道**，透過不斷檢視我在白板所寫的資訊，**既能綜觀格局，又能切入問題根源**。恆霖老師有著不疾不徐的步調，是想成為企業教練的我，不斷學習往前的動力，老師自己也示範了最好的專業風格。

二、晤談結束後的發展：

短短的18分鐘的時間，**讓我的內心在工作上產生了莫大的安**

全感及穩定性，不要因著身邊的人事物異動及變化，而產生對自己的懷疑。只要照著自己內心的聲音，步步學習就能踏實向前。更不用把影響自己的關鍵因子，納入下決定時的考量。即便風浪再來，也有自己的定見，甚至可以體會風浪的心情。

　　我知道自己在成就自己的道路上，需要時間的淬鍊及打磨，這過程中不是被推著走的，是出於自己的甘心樂意。希望自己能夠成為更能夠愛到對方心坎裡的助人者。真實的愛不是逼迫，**是用溫柔且尊榮的方式關心當事人，深刻的同理後再提問、再反思，引導我由『心』產生力量**。目前公司雖然還陷在膠著的狀態中，但並不影響我自己的步伐，甚至期待把企業教練文化帶進公司，讓公司成為有生命、有人味的企業。」

▌結語

　　從老闆值不值得跟隨，藉由晤談歷程中逐步的探索與引導，助人者協助當事人更具體落實圓夢的建構。常聽說「人生有夢，築夢踏實。」圓夢計畫容易做，通往夢想途徑的路，是孤單與寂寞的，必須勇敢面對，甚至中途會想放棄，只有毅力和堅持是圓夢的引擎。我曾經圓過十年的夢，夢想達成時才真正體會「天下無難事，只怕有心人」這句話。

　　看到當事人為了自己未來的夢想，規劃人生的未來，當事人彷彿年少的我，望著他，我有相似的圓夢心情，也有過類似的迷惘，最終夢想實現了。有人說：「計劃趕不上變化。」我則認為：

「沒有計劃，更趕不上變化。」只要目標不變，計畫的內容可以彈性調整。生涯的目標不變，只是從這裡到未來，路徑有很多的選擇，重要的是，要問問自己：「我想做什麼？我能做什麼？我的興趣是什麼？」如果清楚了，一定可以找到完成夢想的途徑。

我在大學教授「生涯規發展與規劃」課程時，常引用下面的一段話對學生說[3]：「古今往來，人的夢想往往死在『放棄』手上，毀在『嘲諷』腳下，被『困難』打敗，遭到『拖延』的溺斃。越大的夢想，越可能遭遇到挫折。」然而，只要堅持到底，終必到達目標，只是時間快慢而已。

美國文學家拉爾夫・沃爾多・愛默生（Ralph Waldo Emerson，1803~1882）：「一個人只要知道要往哪裡去，全世界都會為他讓路。」這句話告訴我們，人生要有目標，要有方向。現在大多數的人並不清楚自己內心真正要什麼，不知道將來要做什麼，不知道要去哪裡，而只顧著埋頭往前走，儘管一路走得辛苦，但卻不知道終點在哪裡。當你規劃好了目標，並清楚自己所處的位置，知道自己想要什麼的時候，並為之付出努力，那麼就沒有過不去的坎，世界也會為你讓步。我們要清晰自己的人生規劃和奮鬥目標，只有用心規劃的人生才能更容易成功。

何權峰說[4]：「方向對了，就不怕路長，有了目標夢想就不遠。……有目標的人在奔跑，沒目標的人在流浪，因為不知道要去哪裡。」努力不是盲目的投入，而是你知道自己該往哪個方向走。看著當事人為自己設下未來的目標，唔談前後有了往前走

的力量，看著他從迷惘的臉龐，到炯炯有神的眼光。我知道實現
夢想只是時間早晚而已。我預先祝福當事人心想事成，夢想達成
時，記得要回來與我分享快樂和榮耀。

　　如果你覺得人生迷茫，不想再糾結於現狀，快給自己設定目
標吧！放下大頭腦的思維，問問自己的心，內在聲音會指引前面
的路，勇敢跨出去就對了。

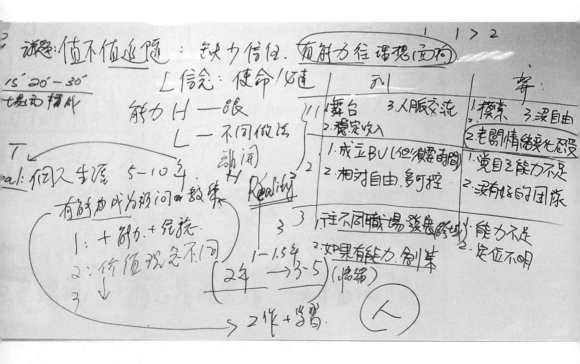

成人生涯轉型的最後狀態就是內化，它指的是價值觀
和生活型態的改變。最終在獲得心靈、情緒與認知上
的成長。

　　——荷森和亞當斯（Hopson, B., & Adams, J. D.），
　　　成人生涯轉型模式學者

◆◆◆◆◆

工作態度同時是變遷中的文化價值反應。很多工作在
組織內已成公式化和機械化，造成人才的浪費，工作
不再富挑戰性或成就感。

　　——哈克曼和奧爾德姆（Hackman, J. R., & Oldom, G.
　　　R.），生涯諮商學者

4 轉換人生跑道

老東家與新公司的抉擇

5K傾聽法與GROW模式

晤談背景	
當　事　人	中年男性，專業能力達其領域教導水準，具善良、體貼的特質，懂得善待團隊與部屬，工作用心、負責，可適時掌握創辦人的期待，深獲倚重和信賴！
晤談議題	考慮生涯轉職，在老東家與新公司之間的抉擇。
晤談時間	34分鐘

▌引言

　　回憶小時候玩過一個紙上遊戲，玩法是在一張長條型紙張頂端上，有5條路線的入口，從入口出發走到最底端有幾個不同的結果，其中只有一個是獲得寶藏，其他幾個是沒有的。玩遊戲的人不知道最終的結果是什麼，每每帶著期待與興奮，從5個入口中，選擇一個入口出發，接著用筆桿沿著路線走，途中會跟其他不同路線交錯，必須在岔路處再選擇轉彎到下一條路，在小心翼翼中一步步往下繼續走，不同的選擇方向，帶來的結果也不一樣。一直走到最後，把紙張完全攤開，謎底才揭曉。此刻，若得

到寶藏則欣喜若狂，沒有得到寶藏就有失落感。

　　人生的旅程就像這個遊戲過程，我們從來都不知道在什麼時候抵達終點，或者最終有什麼結果。我們只知道現在的起點，至於下一個路口會往哪裡走，會有什麼結果無法完全掌握。前行的路是在緊張中伴隨著撲通撲通的心跳聲，唯一能做的，就是勇敢面對當下的選擇，然後繼續往前走。中途會碰到什麼，依然無法完全預測。每到一個新的路口，必須面對一個新的選擇，得要重新做決定，人生就是這樣不斷的在岔路口抉擇，然後靠著意志力向前行，直達目的地。

　　面對未知是人生的挑戰，面對未來的選擇，即使有猶豫和困惑，也必須做決定。隨著時間的推移，旅程繼續向前。有句話說，如果你現在還沒感受到幸福，是因為旅程還沒有到達終點。或許人生跟遊戲略有不同的是，在岔路口選擇的時候不能僅靠運氣，更常需要的是深思熟慮，若果真如此，那麼人生的寶藏是可取得的，能帶來幸福的，也許是寶藏，也許就在旅程中的風景本身。

　　2020年初韓國導演金成允與漫畫原著趙光真合作的韓劇《梨泰院Class》（獲得第56屆百想藝術大獎六項提名），得到觀眾的矚目與回響。劇中主角朴世路不斷強調自己的信念：「我想要的是自由，我希望能替我的話語和行動賦予力量，我不想被任何不當之事或任何人所擺布，我想過著能夠理所當然主導自己的人生。」每個人都有其人生價值與需求，有人重視聲譽，有人追求

財富，有人看重人際關係，有人關注能力發展的空間，有人覺得有意義的人生最重要，不一而足。不管重視什麼，直視自己的內心，做出正確的選擇，將成為我們如何度過一生的依歸。

當事人正面臨人生的關卡與選擇，談的是職場轉換，同時也在決定未來人生的路。他必須考慮現實的因素與條件，儘管心中帶著猶豫面對不同的選擇，最終所依靠的是自己心中的價值與信念。人生的起頭與終點從來不是我們能決定的，唯一能決定的是在旅程中，面對不同階段的岔路點時，當下的態度與選擇。

我們一起與當事人走這一趟抉擇之路！

▌理論觀點與技術應用

助人者在晤談過程中，不僅僅是聽到當事人所說的內容或故事，更重要的是聽懂關鍵的字詞，將談話中出現的五種關鍵字詞（5K）連結起來，找到核心議題，並形成整體的脈絡，在脈絡中引導當事人思考與覺察。這樣可以避免我們陷入見樹不見林的窘境，助人者以整體的觀點，結合微觀的技術，深入議題中協助當事人，從迷失的森林中，找到一條出路來。

本次晤談的解析，著重在應用5K傾聽法來聽懂當事人談話的內容，同時應用GROW模式幫助當事人釐清現況，聽見內心的聲音，對未來做出最佳的選擇。弔詭的是，有些助人者往往很熱心想要幫助當事人，或搜集很多資料與問了很多對議題主軸沒有關聯的細節，以至於和當事人一起陷入迷霧中無法抽身。有效能的

助人者不只是聽到事件或故事，更要聽懂其中的內涵和精神，事件本身有時是外在的，然而其背後往往隱藏著真實的聲音，若不仔細聆聽，可能聽不見若隱若現的深層意涵。

Whitmore 發展教練 GROW 模式時提到[1]：「今天我們在許多方面都面臨危機，包括環境與經濟。傳統的孤立式或線性思考（silo or linear thinking）已經不足以應付那許多不可預測的緊急狀況。我們需要有足夠的包容度，才能採取整體系統（whole-system）的方法。……增進覺察力是讓每個人的身體與心靈的特性浮現出來，而且不需要另一個人的指示，也可以增強力量與信心。」

心靈的聲音往往是決定事件或故事的走向。當心裡的聲音浮現出來，成為方向的指引，就有機會建構真實、及有意義的未來。如果助人者能協助當事人深入覺察，並聽見自己心靈的聲音，故事的發展與結局將有所不同，也出乎人意料。

▋逐字稿解析

H1：我們時間有限，大概只有三十到四十分鐘最多，所以我們把握時間。我知道你等很久了，終於等到今天！

C1：對！

H2：先説説看，你今天最想談的議題是什麼？

C2：有一個議題想談，就是我大概去年 `KTP-1` 就有轉職 `KW1-1` 的打算，雖然在公司待，大家就覺得好像其實還可以，可是去年 `KTP-2` 開始就有轉職 `KW1-2` 的打算，想要換跑道 `KW1-3`，在過程當中，也有兩到三個還不錯的機會，談到最後老闆都直接來跟我談，最後我還是放棄 `KW1-4` 那些機會。本來想説可能放棄就放棄了，但是這念頭到目前為止，真的還是想換跑道 `KW1-5`。在換跑道的過程中，一直在想要不要換？該不該換？需不需要換？值不值得換？自己在問自己的過程有很多掙扎 `KW2-1`，很多糾結 `KW2-2`。掙扎跟糾結就是我在這邊待了快十年，在公司大家都覺得做得也很好，老闆也會採納我一些意見。慢慢的很多情況出現，可能是二代要接班 `KE1-1`，之後發現少主的風格跟老闆的風格差很多，他的方法也沒有不對，不過他的東西少了很多現實層面的考量。以前會去跟他説，他會聽但不見得會參考，不參考也沒有關係，重點是當出事的時候，他會説你為什麼沒有講（語氣微揚）。

H3：我聽你剛剛的敘述，猜你現在的心情就像是騎驢找馬、人在曹營心在漢，為下個階段做準備！今天時間有限，你是想找到未來轉職的方向，還是卡在要轉職前你在思考很多的因素。換言之，你想從「過程」談，還是從「結果」的方向談？`CQ`

C3：我這兩個都有點模糊，因為方向會涉及到我未來可能要去下一間公司的選擇！或者是說，我在 評估要不要轉`KW1-6`，其實這兩個點我都很 矛盾`KW2-3`！

H4：我們先看，如果你真的轉職成功，有哪幾個轉職的重點是你考慮的？

C4：當然就是 舞台`KW3-1`。

H5：還有呢？

C5：再來就是公司的 前景`KW3-2`。

H6：然後呢？

C6：當然就是在能不能給我一個比較 穩定的生活`KW3-3`。

H7：穩定的生活，似乎跟 收入`KW3-4` 有關（對），還有嗎？

C7：大概是 這三個。

H8：現在你還在原來的公司（對）。從你考慮轉職，到未來可能會根據這三個條件篩選出一個未來的可能公司，在這個當中你卡在哪些思考的過程、顧慮的條件，還是什麼？`R`

H1~C6：

當事人陳述議題，助人者以提問來釐清晤談方向與議題。讓當事人有選擇權，來決定晤談的方向。H4~C6：釐清與評估未來轉職考慮的三個要素（舞台、前景、穩定生活和收入），這與轉職設定目標（G1）有關。

助人者有可能在H4會問：「為什麼你想轉職？」此提問會讓晤談雙方一起進入分析原因而跳進過去的故事中。不是不能分析原因，重點在助人者要有能力從過去再拉回當下，並以未來導向為晤談重點。

C8：卡在（停頓3秒思考……）我找的兩三間公司，也是有上市櫃公司，給我的舞台 KW3-5 跟現在差不多，大概就是管整個行政的主管，收入 KW3-6 也和目前相去不遠，可能也沒有比較好，條件都沒有差很多。唯一可能就是前景 KW3-7 ，產業屬性跟我目前待的公司的產業屬性有一點落差。有一間去年疫情很嚴重的時候，那間公司可能就很賺，但是在那一種產業，不見得有穩定性 KW3-8 ，其實我會比較害怕 KW2-4 。所以，其實條件是接近，但是我自己就在想，條件既然差不多，我為什麼會沒有轉？我怎麼會選擇放棄 KW1-7 他們給我的條件。

H9：嗯哼！你內在有什麼聲音，讓你最後決定放棄？ R

C9：內在聲音喔！有一部分來自家人會反彈 KP1-1 ，他們會說你就待的好好的，你神經病、你瘋了嗎？當然家人會有聲音嘛！也跟老闆 KP2-1 談過一次，說我不想待想走了，因為確實在公司有很多情況，我都會跟工程師一樣就On-Call，隨Call隨到 KE2-1 ，Call了就上去坐，當然老闆 KP2-2 也跟我講說，在這邊做得好好的，這邊又沒有對不起你。 KW1-8 R

H10：所以聽起來你最後接受慰留。 BE

C10：其實我沒有跟他承諾說，我不會走。

H11：就是暫時接受慰留。 BE

C11：我是暫時接受。（緩兵之計 R ）

H8~H13：

釐清放棄到新公司的因素，同時了解若有異動，對現狀的擔憂與影響。當事人的狀況也反映一般人在考慮生涯轉換時的顧慮與徬徨，尤其是一家之主的變動，牽涉到的不只是工作還有家人，需要謹慎以對。H8提問是未來導向，釐清後再回到現況：在職到轉職之間探討釐清卡住的因素。H9外在因素逐漸清晰，引導轉往內在探索。C9~C12暫時接受慰留的考慮：1.考慮新工作會因家人意見／反彈為主因，變動很難兼顧陪伴孩子。2.沒有個人時間，工作與家庭缺乏界線難以平衡。3.傳統上老板容易以情份來留人，這種留人方式涉及工作界線模糊。

H12：還有沒有其他導致你最後放棄可能有的機會？

C12：當然，另外一個就是換了一個新的環境會有變動 KE3-1，現在小朋友剛好要考試，這變動我不確定會不會影響到我對小朋友的關心 KP1-2？因為我換了一個新工作相對要投入 KE3-2，目前工作大概要花五到六成的時間，去focus就好。R

H13：你擔心的是 EE 對孩子的成長、陪伴，也就是說，如果換了工作，會因為工作關係而影響到你對孩子的照顧關懷、成長陪伴啊等等 CE，所以讓你卡住了。還其他的嗎？

C13：大概是這幾個吧！

H14：因為這三個因素導致你放棄了之前的機會。如果真的有轉職，你會考慮這三個因素（對）。你曾經考慮過最慢多久要轉職？ Ideas.

C14：我再慢再慢大概二到三年內吧！ KTP-3 G2

H15：好，所以還有一段很長的時間。如果說，以我們現在是2021年，22，到23年，可能未來還會有一些變動，這些你思考得很多，有些是你已經想過的。時間關係，如果今天待會你離開座位，你最想在哪個點上面先釐清或解決？

C15：要釐清我為什麼會想走。 G3

H16：所以你想找過去的原因。 CE

C16：對！

C13~C16：

透過當事人轉職時間的期限，從未來二到三年內，導引回溯晤談的目標。藉此引導當事人更明確的深入探索。H14提問在釐清與確認轉職期限約有二到三年（C14：G2）。H15提問在確認晤談議題（C15：G3）。回扣H4~C6轉職是設定目標1，從過去找原因是設定目標2。兩者之間有關聯。

H17：釐清想走的原因，有可能你釐清了原因也不走了，會繼續待下來；也有可能加快腳步就真的要走（對）。我們來思考可能有哪幾個原因，是促使你想要走的。我剛剛隱約嗅到到一個訊息，是二代接班跟你老闆的經營理念、做事方法不同，我猜這可能只是其中一個點（點頭），其它的點呢？ `DQ`

C17：可能公司內部的一些企業文化也一直在做調整 `KE2-2`，看了調整會有一些擔憂 `KW2-5`，或者說可能看了之後覺得不是那麼習慣 `KE2-3`。目前公司裡面充斥著馬屁文化 `KE2-4`，就是能力不很好，但是抱對大腿，大腿抱對就什麼事都沒事！

H18：感覺企業文化氛圍在改變了（對），變成從制度面進入到裙帶關係。 `CE`

C18：對！差不多。

H19：還有呢？有沒有其他？ `DQ`

C19：工作的氛圍跟文化就已經足夠讓我在意的了，我處理的是人，如果發現裡面都沒有人想認真做事情 `KE2-5`，搞到後來連我自己都不是很想做事情，那我就一直在想，哇！我現在又不是待退，在這種環境待下去會不會有一天我出去了，我可能沒有競爭力了 `KE2-6`！

H20：從你剛剛那句話，我感受到你是一個想做事的人，負責任、盡責，不要受到人的因素影響，想建立一個企業的制度跟文化，好讓公司可以永續經營。我看見你有這樣的一個價值信

念，才不會因為人家抱大腿，我就不做我的事情，我就去搞爛。我看到你有「當責」的態度 AAF ，我覺得這是非常不容易的。有時候在企業，一旦搞了裙帶關係、搞了小圈圈，這個公司就會開始出現內鬥、紛爭，我猜想你是不願意看到這樣的光景（用力地說：對），也許因為這樣，促使你可能選擇離開（對）。老一代跟新一代在價值及管理風格上的差異，衍生出來的從制度到人際圈的影響，看起來是你已經預見未來的發展可能呈現的狀況，所以才興起轉換的念頭（對）。我們來思考一個問題，如果有一天如你所願找到一間新公司，未來可能也同樣會面臨這樣的問題（會），所以，如果你到新公司也面臨這樣的問題，有一天你也可能會再度離開？

C20：對！

H21：這是你樂見的嗎？

C21：我在這個地方遇到的課題，去換了一個環境，不見得不會遇到。我只是要去尋找下一個機會去避免這樣的課題。可是，這就會呈現兩難，在我面談過程當中，我自己是很清楚，不可能在短暫的面談就發現這間公司是不是有這種文化。

H22：除非你在篩選條件當中排除家族企業，是不是有這樣的可能，這樣就不會重蹈覆徹。

C22：對！（……停頓3秒）其實當初我在十年前 KTP-4 進這間公司的

時候，我問了公司是不是家族企業。我在十年前 KTP-5 就非常
的排斥再進家族企業 KE1-5。因為我知道這不會是讓我留很久
的路。十年前這間公司是專業經理人制，後來專業經理的狀況
不是很好，突然之間家族企業的色彩越來越濃厚。剛剛提的第
四個條件（家族企業），我在十年前轉職時就已經很明顯的告
訴自己，千萬不要去碰這種企業 KE1-6，進去之後我的工作有
一天一定會被伸手進去，這其實不是我想要的。

H23：所有的這些都是外在條件，如果有間公司讓你真的願意留下來
待一輩子，你最在乎的是什麼？ DQ Info.

C23：我最在乎的，就是我希望真的有制度 KE2-7，然後它的處理過
程能夠盡量相對公平 KE2-8。

H24：還有呢？

C24：這兩個其實對我來講就夠了。

H25：這個制度面可以從管理面去看（對），公平性是從人的角度
去看（對），所以你在乎的是人跟事之間是必須能夠契合的
（點頭），顯然這是你看重的核心（助人者在白板上寫上：
有制度／事＋公平性／人）。我剛有談到當責對你來講很重
要，因為你當責所以你願意做這些，你可能也希望這間公司
是可以永續經營，因為永續經營可以讓你有舞台、前景、和
穩定生活。 CE

C25：對！

H17~C28：

晤談聚焦探索和釐清想要離職的因素。焦點在企業文化上的改變與調整：從舊有的制度面轉向裙帶的人際關係，對不用心的現象產生不滿。顯示家族企業的變動對當事人的影響，警覺自己不能跟著沉淪，導致沒有競爭力。C28：因家族企業因素讓當事人想離開，而引爆點是二代管理思維與風格，與當事人的價值與信念，兩者之間的差異所導致。

H20助人者給予讚賞式回饋，引導釐清並提醒未來可能的狀況。

C22趨避衝突指的是十年前，已意識到不喜歡家族企業（避），最後在衡量趨大於避的情況下，決定進入公司。同時，一待就是十年，顯然老闆器重當事人，提供機會與舞台，讓當事人盡情揮灑專業（趨）。但當家族企業的色彩越來越濃厚時（避），發現弊大於趨，而興起離職的念頭。

H23以聚焦提問找出核心根源，C23反映出在職場的核心理念，助人者要能聽懂這句話與公司管理有關，同時也隱含內在價值信念。

H25回扣C19~H20當事人的當責態度，也回扣C4~C8未來轉職的考慮因素。

H26以後現代量尺技術，從量化觀點檢核轉職意願的程度。

H27讓當事人與自己的故事拉開距離。站起來是一種心理狀態的轉換，從另外一個角度和視野，看白板上寫的內容，引導當事人回顧反思。同時晤談在此短暫停留，讓當事人對H1~H27整段晤談進行反思。

H26：從你看重的核心點，再回來思考，請問如果一分到十分，你轉職意願的強烈程度有多少？

C26：七。

H27：七，其實算高（對）。現在請你站起來，我們退後幾步看看。（一同凝視白板上的內容）你有看到些新東西是以前沒看到的嗎？或者是有些新的啟發？

C27：回過頭來看，新的啟發應該是我個人很排斥家族企業。`KE1-7`

H28：如果這是你內在的聲音（對），十年前你也曾經考慮過這個問題，只是經過這段時間之後，更讓你看見的確不適合久待（對）。所以，早晚都還是會離開，只是離開的時間點的考慮。你剛剛要找到想走的原因，現在找到了嗎？

C28：原因就是家族企業`KE1-8`讓我想走！`KW1-9`

H29：（好，我們回座⋯）如果是這樣，家族企業即便給你豐厚的舞台、前景、穩定的生活，到最後你還是可能離開（對）。回到你的條件可能就要排除家族企業才對（圖示：助人者加上4.排除家族企業）（對）。如果你要為未來做準備，也許下個月底就走，也許要兩三年後才走，你要為自己先做什麼準備才有可能？`Ideas.`（探索可能的 `O`）

C29：把104打開啊！（`O1` 外在選擇：求職管道）

H30：好！除了104之外呢？

C30：就是要更有更大的決心了（ O2 內在選擇：意志），因為家族企業自己不是那麼喜歡 KE1-9 的話，就要很清楚的讓家人知道 KP1-3 。可能這個環境不會讓我待太久，大概再撐下去早晚還是會走。（ O3 外在選擇：家人因素）

H31：第三個是家人的溝通，因為之前你放棄是因為家人的意見（對），所以你要提前預備對家人的溝通（對）。你剛剛說，就看你決心有多強。

C31：就是看老闆的慰留 KP2-3 ，其實可以很直接拒絕。

H32：你現在決心一到十是多少？

C32：六。

H33：決心六，轉職意願七。如果離開有兩種可能，一是被迫離開，一是主動選擇離開，如果你遲早都要離開，你想要用何種方式離開？

C33：當然是主動離開啊！ KW1-10

H34：如果主動離開，跟你的準備也有關係（對）。假想明天你醒過來，發現你正穿著不一樣公司的制服去上班，表示你做什麼事情，才到新的公司？

C34：代表我已經放下對這邊的執著。 KW4-1

H35：嗯，有意思！所以，什麼東西是你目前還放不下的執著？

C35：因為……覺得這邊是自己慢慢經營了十年 `KE2-9` 的一個地方。

H36：所以有功於此、有成就於此。

C36：其實沒有功啦，就覺得很可惜 `KW2-6` 而已。因為這地方曾經有機會讓它慢慢變成南部很特別的一間企業。可是，後來發現好像慢慢比較沒有可能性。

H37：還有什麼執著？因為你剛剛談到的是可惜。

C37：還有團隊 `KE2-10` 啊，其實這團隊也經營了十年。

H38：好像要離開一個團隊是不容易的。還有呢？

C38：嗯！應該說對老闆的（……停頓5秒）算感恩吧！ `KP2-4` 而且這十年他給我很大的舞台 `KW3-9`，很多的機會 `KW3-10`。

H39：可惜、團隊、感恩。我有一個感受，你是非常看重人（對），然後你又做人資（對），感覺你裡面有一個非常柔軟的心，不是只是為了做事情，而是你非常看重人 `AAF`。所以，可能要放掉過去投入的心力，可惜！要放掉辛苦建立的團隊，可惜！感恩老闆給機會要走也很虧欠，可能會留下遺憾！（對）。如果你可以為自己做些什麼，好讓你可以放下執著，主動離開而不會留下遺憾？

C39：已經開始在做，就是我已經在幫他培養一些人 `KE2-11`，就是讓這個團隊在我離開的時候，他們還是可以照著原有的模式去走！ `KE2-12`

H29~C46：

助人者聚焦並引導當事人探索主動離職前的準備／選擇方案。C29~C31準備方案有104求職管道、下定更大的決心、處理團隊、和對老闆的感恩，之後再對家人溝通。

H32以後現代量尺技術，從量化觀點檢核決心的強烈程度。

H33是關鍵提問，釐清當事人的選擇走的方式，主動的作為才能有積極的行動。

H34以焦點解決奇蹟問句，探討面向未來的可能結果，進一步釐清當下現在可以做什麼。

C34反映出當事人深層的內在聲音，這回應很有意思，讓助人者當下愣了一下，因為談的不是外在的事物，而是與內在有關的信念。

H39聚焦議題脈絡和當事人，探索可能的選擇方案。C39表示當事人在帶領團隊的同時也在培養人才，這個準備是進行式。所以，僅剩的只是離開的時機點罷了。

H40：嗯哼！（對）還有別的嗎？

C40：大概目前想到就是這個吧，因為這個做了，我就不會覺得對老闆有虧欠 KP2-5 。

H41：所以是回報老闆對你的知遇之恩！（對）你覺得很可惜的是那種心理上的不捨。

C41：再創造另外一個就好了。

H42：還有一個方式是，如何在你離開之前，回報培育給你舞台機會的老闆，你要對他做什麼，然後他可以祝福你？

C42：這個我倒沒有想過耶！

H43：回報感恩培育我們的人，離開不是背棄了他，而是做了什麼讓公司有很好的根基可以發展，而他也會看見你的努力和當責，然後祝福你走另外一條屬於你的人生道路。依你對你的老闆的了解，我想你最清楚可以做一些什麼事情，在平常就讓他感受到，你可能會離開，然後你也為他預備好一些事情，而且是帶著感恩離開的，Maybe不是現在你馬上想得出來，可是這個事是可以思考的點。（對）另一個，就是什麼時候跟你的家人去做溝通？什麼樣的場合去做溝通？什麼樣的機會條件去做溝通？ Ideas.

C43：嗯。

H44：所以你的計劃是什麼，後續可以去想。因為你面對公司和老

C41的回應表示當事人擁有帶著走的能力，只要有舞台和機會，到哪裡都可以發揮專長。

H42問了好問題，帶出讓當事人思考的點。H43當事人需要時間去思考。因為沒有思考到回報老闆這件事，故助人者沒有再深入談下去。又回扣C9和C12提到關心重要他人／家庭。此提問回到家人部分做探索並進入行動計畫。

C44的衝動與C45的用理智去壓制衝動，看來似乎是矛盾的。助人者聽到這句回應，愣了一下有點出乎意料。一下子也不知當事人所指為何意？同時也懷疑自己有沒有聽錯。事實上可能是衝動下的離職是不負責任，與自我當責的信念與態度是悖離的。「但是……不能夠那麼不負責任」，當責的人因著責任感的驅使，做決定時都需要用理性來克制。

闆是外在的,你面對你的家庭是內在。如果凡事具備,只欠東風,東風會是什麼?

C44:東風就是一股衝動 `KW2-8`

H45:這個蠻有意思的,這裡面有東西。

C45:其實我可以做好隨時就閃人 `KW1-11` 的準備,也可以隨時都閃人 `KW1-12` 不管。但是,因為現在有很多的執著 `KW4-2`,是我覺得自己做HR不能夠那麼不負責任(隱含對自我的期許與要求),所以我會用理智去壓制我們的衝動。但是,有一天如果真的不爽了 `KW2-7`,我可能真的就是全部依照法令三十天前預告,然後說閃就閃 `KW-13`。但是,就是會……

H46:有一點被迫(對),跟你原來做好準備主動離開是不一樣的(對)。換句話講,你說的東風的意思是要用理性的克制囉。`CE`

C46:對啊!

H47:所以換句話講決心已經有了嘛!(對)而且看起來,其實都差不多了,如果是這樣子,家人意見跟暫時接受慰留,在哪個時間點是最合適?你要在什麼時候之前去完成家人溝通或團隊傳承?

C47:大概在一~二年之前。(`W1-1` 時間期限)

H48:所以你有兩年的時間。(對),哪一件事情優先做?`CQ`

C48：我覺得是執著。 KW4-3

H49：執著。（對），執著裡面有放下十年努力的可惜、團隊、及感恩。如果你給自己一個預定的時程，這兩年哪個時間點，是做這三個裡面的哪一個最好？ CQ

C49：團隊，團隊先。（ W2-1 培訓人才）

H50：好，多久？因為現在是一⋯⋯二月嘛！

C50：大概明年二月之前吧。（ W1-2 時間期限）

H51：所以有一年培養團隊的人。接著呢？

C51：接著就可以順便做感恩了。（ W2-2 對老闆報恩）

H52：這裡（指著白板上的時間線⋯）開始做，還是當中。

C52：當中某些時間就可以做了。（ W1-3 時間期限）

H53：好，可能從什麼時候開始？

C53：下半年、今年下半年以後。（ W1-4 時間期限）

H54：七月以後到什麼時候？

C54：不用，差不多跟團隊一樣時間。（ W1-5 時間期限）

H55：所以這段時間是感恩（對）。那家人呢？

C55：家人時間差不多，執著放下之後 KW4-4 ，可以跟他們講了。

H47~C56：

聚焦討論對團隊和家人溝通說明的行動計畫，同時評估與
設定時間期限。當行動計畫談論出具體內容時（1.放下執
著，2.團隊經驗傳承和培育後續人才／花一年時間，3.對老
老闆的感恩／七個月後，4.與家人溝通），意味著晤談已有
初步成果，助人者可以準備結束晤談。

H56：你的意思是差不多一年的時間可以全部完成。

C56：差不多。

H57：好，你覺得還需要再談下去嗎？

C57：應該不用，因為有些東西還是要回去好好想。

H58：在這裡沒有辦法讓你決定立刻要轉職，只是幫助你去做思考、探索跟釐清。從整個歷程中，在結束會談之前，做一個簡單的總結或是摘要，你會對你自己說什麼？

C58：就是看到自己的執著 KW4-5，然後也看到了自己對企業屬性的不合適 KE1-10，就是不要讓自己在一直在裡面變成一個輪迴。

H59：嗯！還有呢？

C59：就是應該是為自己而活（堅定的眼神）KW5-1。

H60：為自己而活你會擺在哪裡？

C60：為自己而活 KW5-2 應該是放下執著 KW4-6，個人覺得才是比較重要的。

H61：（面帶微笑）恭喜你找回自己，你的執著我覺得是當責。你最後談到為自己而活滿重要的，青春歲月有限，當然為公司貢獻是有價值的。然而，同時能活出自己，想做自己有興趣又高興的事情，那是很快樂、很自在的事情。在結束之前，你送給自己什麼話，讓你預備好面對兩年到三年的轉職。

H57~C61：

讓當事人自行整理思緒並做摘要。透過反思與覺察，看見自己的執著與對家族企業的觀感，兩者成為離職的推力。在反思中聚焦於回歸自身是非常重要的關鍵（為自己而活，放下執著，要善待自己）。助人者感受到這是當事人深層內在聲音的吶喊！吶喊聲中彷彿感受到這股力量，如同綠芽從土裡冒出來了。

C59「為自己而活」這句回應非常關鍵，表示當事人能觀照自己的內在需求，不想要隨傳隨到的工作型態，為工作犧牲奉獻而影響家庭和個人生活。換言之，要工作與生活平衡，建立健康的工作界線，所以照顧好自己成了未來的首要的任務。

H61回應當事人「找回自己…為自己而活…能夠活出自己」，似乎這是重中之重的核心。

C61：就是要善待自己。 KW5-3

H62：你的結語「善待自己」。如何善待自己要談、要做的很多。時間關係，這是回去可以去思考的。現在心情如何？

C62：有輕鬆一點。

H63：輕鬆多少？一到十分，十分很不輕鬆，一分很輕鬆，剛剛開始幾分，現在幾分？

C63：剛開始大概九到十，目前大概是五。

H64：你的輕鬆已經放下了很多。對於你想釐清離職的原因，剛剛那段對話有沒有解你的惑？

C64：有釐清自己糾結的點。

H65：哪些是釐清的重點？

C65：家族企業。 KE1-11

H66：還有？

C66：執著。 KW4-7

H67：恭喜你！當你有一些釐清，只是代表開始，不是代表結束。當釐清更多就更容易做決定。你的決心跟想轉職的程度都很強（決心六分，轉職意願七分），現在只等待時間點，（對），什麼時間點，你心裡會知道。

C67：要先沉澱一下。

H68：做一些什麼事情可以幫助你沉澱？

C68：先讓自己放假一段時間KW5-4。

H69：很好，放假沉澱，什麼時候想放假沉澱？何時是最適合的時間點去放假沉澱？不一定現在要說（好）。談到這邊還有什麼話要說沒說的？

C69：目前應該沒有。

H70：那麼就談到這邊。

C70：好，謝謝。

H62~C70：

了解當事人從晤談開始，到即將結束，聚焦在此時此刻當事人對晤談的整體感受。 H64回扣到C2~C3及H14~C16檢核來談目的，找出想要離職的原因，有無達成晤談的目標。釐清糾結有答案了。

▎晤談歷程摘要

以下就晤談歷程摘要5K與GROW模式：設定目標（G）、檢核現況（R）、選擇方案（O）、行動計畫（W），整合成下表，從整體與脈絡看晤談歷程，助人者如何在腦袋中有框架的進行引導，同時驗證GROW模式是一個來來回回的過程，助人者需視晤談的引導狀況與當事人的反應，來決定如何應用GROW模式。

模式	當事人	助人者解析
關鍵轉折點 KTP	與「時間」有關的關鍵轉折點說了5次： C2：KTP-1，KTP-2。 C14：KTP3。 C22：KTP-4，KTP-5。	從選擇進入公司到未來可能轉職，當事人有三個時間轉折點： 1.兩次強調去年就萌生轉職的念頭，且有機會轉職，時隔一年念頭仍在。 2.心中預計未來二到三年離開公司。 3.追朔源頭，在十年前進公司時，已知自己排斥家族企業，仍選擇進入該公司。
關鍵事件 KE	與「二代接班」和「家族企業」有關的關鍵事件說了11次： C2：KE1-1。 C17：KE1-2。KE1-3，KE1-4。 C22：KE1-5，KE1-6。 C27：KE1-7。 C28：KE1-8。 C30：KE1-9。 C58：KE1-10。 C65：KE1-11。	二代接班與家族企業似乎是很重要的關鍵。 然而，十年前已知進入家族企業可能不是好的選擇，卻依然進入該企業，也許有當時的時空背景因素，這是既定事實，故助人者沒有就此再深入探索，這是外在因素。 二代接班帶來的組織變化，顯然觸動了十年前心中潛藏的隱憂。

模式	當事人	助人者解析
關鍵事件 KE	與「變調的組織氣氛」有關的關鍵事件說了6次： C9：KE2-1。 C19：KE2-2，KE2-3，KE2-4。 C19：KE2-5，KE2-6。	目前企業內部充滿馬屁文化消極工作，當事人不以為然也看不慣這些作為，憂心公司潛藏的問題會影響公司未來的發展。
	與「理想的公司制度」有關的關鍵事件說了6次： C23：KE2-7，KE2-8。 C35：KE2-9。 C37：KE2-10。 C39：KE2-11，KE2-12。	當事人以「當責」的態度，希望從公平的制度面去落實公司的文化與管理，帶領與激勵團隊，且落實人才的發展。畢竟這是花費十年努力的心力，好不容易建立起來的成果。
	與「新工作」有關的關鍵事件說了2次： C12：KE3-1，KE3-2。	當事人顧慮未來新的工作環境會有變動，相對要投入多的時間和適應，可能影響陪伴家人的時間。
關鍵字 KW	與「轉職」有關的關鍵字說了13次： C2：KW1-1，KW1-2，KW1-3， 　　KW1-4，KW1-5。 C3：KW1-6。 C8：KW1-7。 C9：KW1-8。 C28：KW1-9。 C33：KW1-10。 C45：KW1-11，KW1-12， 　　KW1-13。	當事人提到想要離職轉換跑道，評估後暫時放棄到其他公司發展的機會，才不會虧欠老闆的知遇之恩。非不得已才會選擇主動閃人離職。

模式	當事人	助人者解析
關鍵字KW	與「發揮專長」有關的關鍵字說了10次： C4：KW3-1。C5：KW3-2。 C6：KW3-3。 C8：KW3-5，KW3-6，KW3-7， 　　KW3-8。 C38：KW3-9，KW3-10。	當事人看重發揮專長的機會、舞台、前景、穩定生活、收入（H7：KW3-4）等條件。這是對未來轉職的重要考慮因素。
	與「執著」有關的關鍵字說了7次： C34：KW4-1。 C45：KW4-2。 C48：KW4-3。 C55：KW4-4。 C58：KW4-5。 C60：KW4-6。 C66：KW4-7。	執著是經由引導探索，釐清內在因素後，反思與覺察到背後隱含的價值信念。 當事人的抉擇是由外在因素（家族企業和二代接班）和內在因素（當責與執著），兩者所構成的。
	與面臨抉擇的「心情」有關的關鍵字說了7次： C2：KW2-1，KW2-2。 C3：KW2-3。 C8：KW2-4。 C17：KW2-5。 C36：KW2-6，KW2-7。	當事人談論離職原因，面臨未來可能轉職時，心情充滿著掙扎、糾結、矛盾、害怕、擔憂、可惜、不爽。可見當事人有錯綜複雜和五味雜陳的情緒。
	與「為自己而活」和「善待自己」有關的關鍵字說了4次： C59：KW5-1。 C60：KW5-2。 C61：KW5-3。 C68：KW5-4。	這是令人感動且有深度的覺察與反思，從外在事件看見自己對公司的犧牲奉獻，反而忘了照顧自己。相信這個反思，會帶出非比尋常的力量，來面對未來的抉擇與變動。

模式	當事人	助人者解析
關鍵人物 KP	與轉職有關的「關鍵人物－家人」説了3次： C9：KP1-1。 C12：KP1-2。 C30：KP1-3。	關鍵人物有二： 1.擔心家人的反對，及因履任新職而減少對孩子的關心。轉職前要做好預備，充分與家人溝通。
	與轉職有關的「關鍵人物－老闆」説了5次： C9：KP2-1，KP2-2。 C31：KP2-3。 C38：KP2-4。 C40：KP2-5。	2.面對老闆的知遇之恩與慰留。轉職前把人才培訓和管理制度做完善，才不會對老闆有虧欠。
目標設定 G1	C2：有轉職的打算（出現設定目標1）。 C4：就是舞台。 C5：公司的前景。 C6：穩定的生活。	H1~H3當事人陳述議題，助人者以提問來釐清晤談方向與議題。 H4~H7釐清與評估未來轉職考慮的三個要素（舞台、前景、穩定生活和收入），這與轉職設定目標（G1）有關。
檢核現況 R	C8：我怎麼會選擇放棄他們給我的條件。 C9：家人會反彈。 C10：其實我沒有跟他承諾説，我不會走。 C11：我是暫時接受（慰留）。 C12：變動不確定會不會影響對小朋友的關心。	H8：你卡在哪些思考的過程、顧慮的條件。 H9：你內在有什麼聲音，讓你最後決定放棄？ H10：所以聽起來你最後接受慰留。 H12：其他導致你最後放棄可能有的機會？

模式	當事人	助人者解析
目標設定 G2 G3	C13~C16：透過當事人轉職時間的期限，從未來二到三年內，導引回溯晤談的目標。藉此引導當事人更明確的深入探索。回扣H4~C6轉職是設定目標（G1），從過去找原因和設定目標（G2，G3），兩者之間有關聯。	
	C14：再慢大概二到三年內吧！ C15：要釐清我為什麼會想走？	H14：你曾經考慮過最慢多久要轉職？ H15：你最想在哪個點上面先釐清或解決？

模式	當事人	助人者解析
檢核現況 R	H17~C28：晤談聚焦在探索和釐清想要離職的因素。焦點在企業文化上的改變與調整：從舊有的制度面轉向裙帶的人際關係，對不用心的現象產生不滿。顯示家族企業的變動對當事人的影響，警覺自己不能跟著沉淪，導致沒有競爭力。C28：因家族企業因素讓當事人想離開，而引爆點是二代管理思維與風格，與當事人的價值與信念，兩者之間的差異所導致。	

	當事人	助人者解析
		H17：其他點呢？
	C17：企業文化也一直在做調整。……充斥馬屁文化，……抱大腿。	H19：還有呢？
	C19：……裡面都沒有人想認真做事情，……有一天我出去了可能沒有競爭力了。	
	C22：十年前就非常的排斥在進入家族企業，……千萬不要去碰這種企業。	H23：如果有間公司讓你真的願意留下來待一輩子，你最在乎的是什麼？
	C23：我最在乎……有制度……相對公平。	H26：轉職意願的強烈程度有多少？
	C26：七。	
	C27：回過頭來看……我個人很排斥家族企業。	H27：……新的啟發？
	C28：原因就是家族企業讓我想走！	H28：……想走的原因現在找到了嗎？

模式	當事人	助人者解析
選擇方案 O	H29~C46：助人者聚焦並引導當事人探索主動離職前的準備／選擇方案。準備方案有104求職管道、下定更大的決心、處理團隊、和對老闆的感恩，之後再對家人溝通。	
	C29：把104打開啊！ C30：更大的決心了。……讓家人知道。 C32：六。 C33：當然是主動離開啊！ C34：代表我已經放下對這邊的執著。 C39：……我已經在幫他培養一些人……，……在我離開的時候，他們還是可以照著原有的模式去走！ C42：這個我倒沒有想過耶！	H29：你要為自己先做什麼準備才有可能？ H31：你剛剛說，就看你決心有多強。 H33：決心六，轉職意願七。……如果你遲早都要離開，你想要用何種方式離開？ H34：如果主動離開，……假想明天你醒過來，發現你正穿著不一樣公司的制服去上班，表示你做什麼事情，才到新的公司？ H39：你可以為自己做些什麼，好讓你可以放下執著，主動離開而不會留下遺憾？ H42：如何在你離開之前，回報培育給你舞台機會的老闆，你要對他做什麼，然後他可以祝福你？

模式	當事人	助人者解析
行動計畫 W	H47~C56：聚焦討論對團隊和家人溝通説明的行動計畫，同時評估與設定時間期限。當行動計畫談論出具體內容時（1.放下執著，2.團隊經驗傳承和培育後續人才／花一年時間，3.對老闆的感恩／七個月後，4.與家人溝通），意味著晤談已有初步成果，助人者可以準備結束晤談。
	C47：大概在（離職）一～二年之前。	H47：你要在什麼時候之前去完成家人溝通或團隊傳承？此提問進入行動計畫（回到家人部分做探索，回扣C9和C12提到當事人關心家人）。
	C48：我覺得是執著。	H48：你有兩年的時間…哪一件事情優先做？
	C49：團隊先。 C50：明年二月前。	H49：執著裡面有放下十年努力的可惜、團隊、及感恩。如果你給自己一個預定的時程，這兩年哪個時間點，是做這三個裡面的哪一個最好？
	C51：順便做感恩。	H51：一年培養團隊的人。接著呢？
	C52：當中某些時間做。	H52：這裡開始做，還是當中。
	C53：今年下半年以後。	H53：可能從什麼時候開始？
	C54：跟團隊一樣時間。	H54：七月以後到什麼時候？
	C55：放下執著後可以跟家人講了。	H55：所以這段時間是感恩（對）。那家人呢？

模式	當事人	助人者解析
反思	H57~C61：讓當事人自行整理思緒並做摘要。透過反思與覺察，看見自己的執著與對家族企業的觀感，兩者成為離職的推力。在反思中聚焦於回歸自身是非常重要的關鍵（為自己而活，放下執著，要善待自己）。	
	C58：看到自己的執著。 C59：為自己而活。 C60：為自己而活應該是放下執著。 C61：要善待自己。	H58：⋯⋯在結束會談之前，做一個簡單的總結或是摘要，你會對你自己說什麼？ H59：嗯！還有呢？ H60：為自己而活你會擺在哪裡？ H61：⋯⋯在結束之前，你送給自己什麼話，讓你預備好面對兩年到三年的轉職。
總結	H62~C70：了解當事人從晤談開始，到即將結束，聚焦在此時此刻當事人對晤談的整體感受。H64回扣到C2~C3及H14~C16檢核來談目的，找出想要離職的原因，有無達成晤談的目標。釐清糾結有答案了。	
	C62：有輕鬆一點。 C63：剛開始大概九到十（很不輕鬆），目前大概是五。 C64：有釐清一些自己糾結的點。 C65：家族企業。 C66：執著。	H62：現在心情如何？ H63：輕鬆多少？一到十分，十分很不輕鬆，一分很輕鬆，剛剛開始幾分，現在幾分？ H64：你的輕鬆已經放下了很多。對於你想釐清離職的原因，剛剛那段對話有沒有解你的惑？ H65：哪些是釐清的重點？ H66：還有？

▎晤談後當事人回饋

「感恩老師給我機會去體驗教練的力量，彙整過程的感受及反思提供給大家參考！

首先，在晤談中的覺察：

1.面對議題衍生的矛盾與糾結，除了是個人對於理念的堅持和在意的因素外，更多情緒來自於無法割捨對公司的經營和團隊的投入，而逐漸看到的辛苦成果，間接地造成個人思考議題解決的掙扎。

2.透過助人者的引導，**當下看到的是外在議題的釐清，而同時也觀察到自己內在情緒的狀態**，從中發現了自己在意他人的看法及感受，面對自己的狀態卻選擇忽略或壓抑。因為忘記『善待自己』，間接讓自我的壓力及情緒負荷出現了惡性循環，如何重新改善與調整自己的心境，成為後續重要的目標之一。

其次，助人技巧的感受：

1.助人者與當事人同在的鋪陳要到位，**一旦當事人真實感受到被同理及肯定後，漸漸就會把心打開，做更深層次的回應。**

2.晤談當下**議題跟方向的選擇權在當事人**而不是助人者，探索資訊完整後，由當事人自己決定要走的路線，助人者的立場就是專注地跟著走，而在轉折處再做釐清與確認。

3.隨著將外在的議題初步確認後，接著要試著從中探索內在感受，而這個過程主要是**藉由提問，讓當事人自我覺察跟發現，讓當事人內外一致後**，才能掌握晤談真正的議題跟目標。

4.專注傾聽的過程中，要留心別進到故事裡面，**記得主要是從中聽到5K，再確認訊息就好，千萬別去探討訊息的故事，只要關注訊息所傳遞的內涵。**

最後，學習的反思：

1.晤談當下對於當事人**同理、同在的鋪墊**很重要。

2.解決方向應以當事人的立場為主，而不是議題中的第三方。

3.過去的議題可以談，重點是如何將當事人**帶回當下及邁向未來。**」

▌附記

「晤談的實踐：

課間的體驗與學習，回到生活中去感受和實踐，**充分體現何為內外和諧的一致性，將外在的執著轉而面對內在的渴望，**藉由助人者引導所覺知「善待自己」的心境，依此覺察放下原本自以為的期待，時隔一年，終而從心所願轉換職場開拓另一個舞台！」

▌結語

當事人的表達聽起來是屬於認知型的，內在有豐富情感不輕易表露，對人表現出溫暖貼心的舉動與照顧行為，深獲老闆賞識與團隊的愛戴。秉持「當責」態度的當事人，對公司耗盡心力鞠躬盡瘁，對老闆的感恩與團隊的人才發展，念茲在茲完全地投入奉獻。面對轉職與否，心中充滿複雜的糾結情緒，表達出來的仍

是以認知語言為主。助人者面對這類型個案不僅要聽到認知敘說的內容，更要讀懂語意中的情感和情緒，給予正向回饋與回應。難得看到一位有專業高度與視野，又有溫度的人資主管，這是公司的福氣。

在歐洲享有「心靈關顧靈修輔導者」美譽的古倫神父（Anselm Grün），他在德國聖本篤修道院擔任經營主管30年之久，管理修道院所屬二十多家公司行號與三百多名員工。經常受聘到企業擔任顧問，開設人性領導課程。他有感而發的說[2]：「今天有許多人受身心耗竭（Burnout）所苦，原因有四：1.內心的態度，做任何事都給自己壓力。2.不依照自己的內心圖像去工作，總是想滿足別人對自己的期望。3.耗費太多能量在維護自己的表象上。4.忽視自己的疲憊，終於有一天就變成了身心耗竭。」這是在企業工作的人最佳寫照。

對於認真負責的職場主管而言，從公司的發展與願景著眼，建立良好的管理制度，對公司無私的付出，用心培養與激勵團隊，為公司奠下良好的人力資源根基。雖然當事人當初進入公司的選擇有其時空背景，面臨未來可能的轉職，轉身之前，要割捨辛勤建立起來的團隊，是困難和猶豫的。可見當事人不是一位只懂做事的人，也看重人才的培育。不只是會管理，更懂得領導，是非常難得的優秀人才。不管他走到哪裡，相信都能帶給公司、主管、同仁、和部屬，極大的祝福和影響力。

當事人竭盡所能付出的同時，從轉職念頭回到核心的根源，

竟是善待自己。如同紙上遊戲走到路的終點，發現「善待自己！」就是寶藏。從過去的「無我」奉獻，回歸到現在的「有我」，這不是自私或違背初衷，善待自己之後，更有餘力發揮更大的效能，未來對組織帶來更大的漣漪和影響。只有善待自己才不會陷

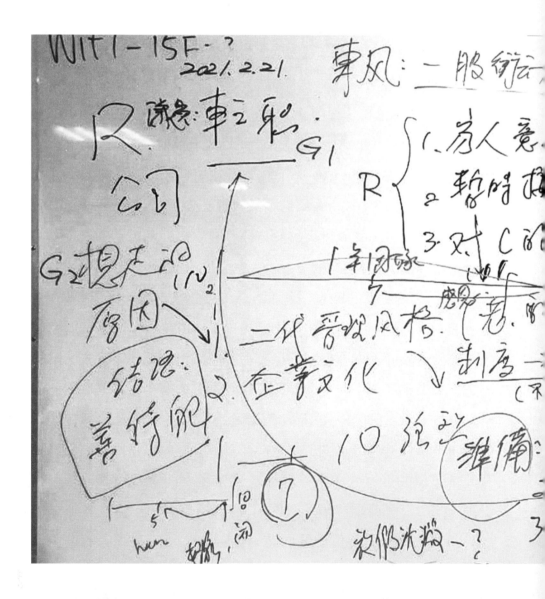

入身心耗竭的惡性循環中。誠如亞里斯多德所云：「人生最終的價值在覺醒和思考的能力，而不只在于生存。」

　　祝福這位當事人，帶著溫柔貼心及對人的看重，繼續迎向未來。這份熱誠的心，只要記得同時善待自己，就能永遠發光！

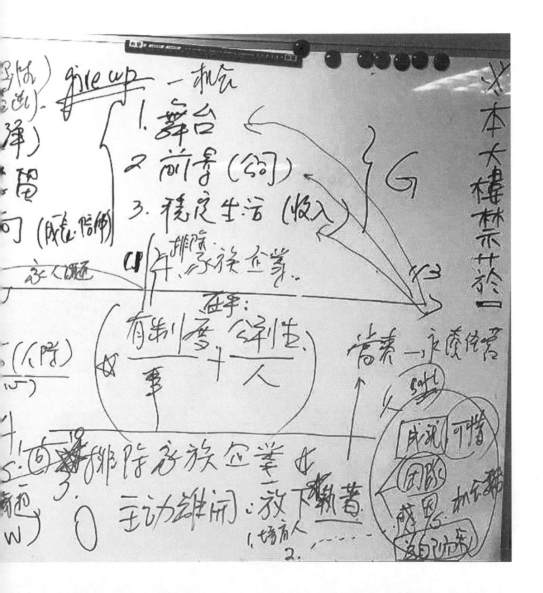

第三篇

組織變革火線領導

企業發展與團隊合作

一個情緒較健康的人，願意冒著合理的風險，達成自己設定的目標，他們會冒險但絕不莽撞，當可能遭遇失敗或即使真的失敗時，也不會認為可怕。

——艾爾伯特・艾里斯（Albert Ellis，1918~2007），
　理情行為治療學派創始人

◆◆◆◆◆

任何人都會生氣，那是容易的。但是，要生氣在對的人、以對的程度、在對的時間、持著對的理由，並且以對的方式表達，這是不容易的。

——亞里斯多德

5 煮熟的鴨子飛了

空降領導議題

角色扮演與角色互換

*作者按：本案例當事人前曾同意作者將本次晤談編寫成文章，發表於《EMBA》（2013）。〈當空降部隊遇上資深主管〉，第326期，第130~131頁。本文撰稿期間曾多次聯絡當事人，請其同意將逐字稿編寫成書，可惜一直無法連絡上。推測可能已離職、搬遷、或更換電子郵箱。特此聲明與感謝。

晤談背景	
當 事 人	年輕的女性主管，專業能力強，心思細膩，因表現突出，被其他公司挖角延攬擔任部門經理。沒想到佔了資深部屬可能的升遷位置，引發兩人之間緊張與對立的關係。
晤談議題	空降主管與資深同事之間的衝突。
晤談時間	21分鐘

▌引言

　　《兒女英雄傳・第二五回》：「今日之下，把隻煮熟的鴨子飛了，張金鳳怎生對他玉郎？」比喻本已到手的東西又失掉了。或指原來十拿九穩的事情，卻意料之外的失敗了。許多人都有過類似的經驗，例如：錯失一隻起漲點的股票，眼睜睜地看著飆漲，

愈飆愈買不下手，因而懊惱不已。藍球比賽，眼看比賽就要終了，分數比對方多兩分，勝利即將到手，沒想到最後一秒鐘，竟被對方球員灌進三分球，反被對方超前一分，因而輸了球賽，真是懊惱。

當事人是位空降的資淺經理，卻要面對未能如願升遷的資深部屬，兩人之間競合的恩怨情仇，成為她剛到職就面臨的最大威脅與困擾。對當事人而言，她從別的公司被延攬到新公司，本意是要協助這間公司的發展，不是來坐享其成的，卻要面臨被視為空降部隊的許多挑戰，例如：如何快速熟悉環境與業務內容？如何帶領新團隊的成員？如何帶人又帶心凝聚團隊？如何與資深同仁相處？如何面對擺不平的情緒糾葛？如何順利推動業務？新舊之間的互動與關係如何拿捏？這些都考驗空降的新主管。

反觀，對資深部屬而言，原本有空缺可升遷的位子，眼看就要到手，沒想到半途殺出程咬金，非常的不平、不滿、和生氣。誠如《詩經・召南・鵲巢》：「維鵲有巢，維鳩居之。」清・紀昀《閱微草堂筆記・卷一〇・如是我聞四》：「我自出錢租宅，汝何得鳩佔鵲巢？」從部屬的角度來看，當事人彷彿是鳩佔鵲巢，鳩不自築巢而強居鵲巢。公司內部有空缺，他是最資深，也最有機會升遷，最後竟落得一場空，失落的情緒導致在工作上對當事人出現敵意的態度。部屬的窘境彷彿蘇軾《代侯公說項羽辭》：「來而不可失者，時也；蹈而不可失者，機也。」

企業界出現空降部隊是常見的事情。之所以降落在重要的職位上，有幾種可能的原因：1.因才華出眾，被延攬到公司，有助

於未來的發展，2.企業面臨轉型與變革，因內部相關經驗的人才缺乏或不足，急需外部人才填補空缺，3.善用外部人才來整合團隊，沒有人情包袱，可大刀闊斧破除沉苛，再創佳績，4.空降者可能也是裙帶關係，能集結勢力壯大組織。

　　被挖角的空降資淺經理，面對資深部屬的敵意和不合作的態度，當事人要如何面對與化解呢？我們一起來體驗如何處理資深同事的心結，化解對立的情緒。

　　這是在一個有三十幾位學員參加的體驗工作坊所進行的演練，學員（以L來標示）中有人想要扮演助人者，體驗助人的晤談和歷程，從做中學習。我在現場徵求一位目前正遇見難題，想要解決困擾的當事人。演練前我先請旁觀的學員分成三組，一組觀察我（助人者）如何示範引導和技術的應用，一組觀察當事人表達的內容，有無隱含的意義和情緒。一組觀察扮演助人者的學員，看他如何說和引導。接著進行演練。演練結束後，先請三組觀察的學員進行分享，最後請當事人和扮演助人者的學員，兩人來分享演練過程的體驗和心得。

▌理論觀念與技術應用

　　詹姆士和吉利藍（James & Gilliland，2003）指出[1]，「無論諮商師的理論取向為何，角色扮演（Role Play，RP）皆可用來增加個案的自我瞭解或改變。」哈克尼和科米爾（Hackney & Cormier，2012）認為[2]，「多數的角色扮演是由個案重現自己的行為、他人的行為、一套場景或自己的反應，然後接受諮商師或其他團體成員

的回饋。角色扮演活生生地發生在當下，而非過去或未來。通常
先重現較簡單的場景，再漸次呈現較複雜的情況。」在情境中當
事人重新扮演自己，或藉由轉換角色，有時也扮演情境中的另一
方，並且從扮演中體驗另一方的感受。

　　赫爾曼（Herman，1974）提到[3]，「角色互換（Role Reversal，
RR）源於心理劇和完形理論。當諮商師發現個案的行為與內隱
的情緒恰恰相反、行為表現不一致時，即可運用角色互換技術。」
道爾（Doyle，1991）指出[4]，「透過角色互換，諮商師協助個案輕
而易舉地瞭解截然對立的議題，將各個對立面，統整為整合的觀
點。……角色互換的變化形式之一，即邀請個案扮演另一相關人
士。藉由扮演對方的角色，個案有了從另一視角看自己和問題情
境的機會，而獲得更多的覺察。」

　　本次晤談過程中，助人者應用了角色扮演與角色互換兩種
方式。不論是哪一種方式，都帶有「換位思考」（Put yourself
in others' shoes for a different viewpoint）的意味，從他人的角
色和立場來思考，增進彼此的理解，透過別人的眼睛來看互動
情境，從而深入的理解他人和困境，尊重、理解和接納的態度
會油然而生，同理的感受和能力也會增加，以解決僵局或困住
的問題。這兩種技術也不是單純的換個角色或位置而已，凱勒
曼（Kellermann，1994）認為[5]，「角色交換涉及複雜的內心和人
際互動，會經歷三個階段：一是同理的角色交換（empathic role
reversal），二是行為的再製（behavior reproduction），三是角色回

饋（role feedback）。」簡言之，從表象的接觸到深入理解對方，以主體的觀點再製對方的知覺，最後到主體如何知覺對方是如何看待主體。

第一段的演練是「角色扮演」：由助人者扮演資深同事，重演兩人衝突的現場，真實反映出當事人在情境中的反應。扮演結束後，讓當事人回顧，當他看著情緒高漲的資深同事時，感受到當事人自己處在什麼狀況下，及有什麼反應和心理感受。這段演練的目的，彷彿重返現場讓當事人體驗在衝突情境中的卡點，及關係中的癥結點。

第二段的演練是「角色互換」：讓當事人扮演資深同事，助人者來扮演當事人，再重回衝突情境。這段演練的目的，是讓當事人透過角色互換，來體驗及了解資深同事的內在情緒狀態。藉由助人者扮演當事人，來回應資深同事，透過助人者的示範，教導當事人如何在緊繃和情緒高張的關係中進行溝通。當事人從扮演資深同事的角度，回過頭來觀摩與學習，助人者所扮演的當事人自己，是如何同理資深同事的心情，及如何進行有效溝通和自我表達。

透過角色扮演與角色互換，讓當事人從不同的角色和立場，深刻體驗職場互動與關係，在反思中看到關係中的問題與癥結點。最後，鼓勵當事人回去後試著找適當的機會和場合來應用。我們透過逐字稿，一起來看看這段精彩有趣和扣人心懸的晤談。

▋逐字稿解析

L1：今天想談什麼？（由學員扮演助人者）

C1：我剛到新公司擔任主管，如何讓資深同事願意在我下面做事，我希望我推動的一些制度和政策能夠去實施，讓事情順利。如果他能配合讓這些事情順利推動，才有辦法達成公司的目標。

L2：（楞在現場帶著尷尬的笑臉不知如何回應，頻頻回頭看著助人者求救。）

H1：我從你的描述中聽到，你希望他可以配合你。同時這是一個空降部隊對一個資深員工之間的恩怨情仇（輕聲地微笑）。先想個問題，如果你是他，什麼情況下你會願意配合？

C2：如果我是他，（……停頓5秒）我不太知道耶。之前我有跟他聊過，他才30出頭就對我說，他在這個年紀應該是主管了。他很希望有一個主管職，甚至調到其他部門去當主管，這是他最期待的。至於說他不願意配合，我跟他聊過，之前我嘗試過一些方法，剛開始那半年做給他看，但是很多事情就是他不願意做，我都親自去做。可是做到後來，我原本示範讓他看，我以為他看到我這樣子，他能夠有一些反省去改善，後來發現並沒有效果。所以，我也不曉得他在什麼情況下會願意配合。（……停頓5秒）喔！我想到了，就是我讓他當主管，我變成他的部屬（尷尬的呵呵）。沒有啦，這是開玩笑的。（學員在一旁笑出聲來）

L3：（……遲疑的回應）剛剛那是開玩笑的嗎？

C3：是。

L4：剛剛有説你嘗試過，看起來結果似乎是失敗的。

C4：之前的方式看起來是沒有成功的。

L5：你可以再稍微簡短的描述，那是一個什麼樣的方式？

C5：那個方式是我想以身作則，示範一些可以改善他工作效率的方法給他看。

L6：你採用了以身作則的方式。你還有想到哪些其他的方式嗎？

C6：（……停頓5秒鐘在思考）今年初我帶部門作一個願景會議，我跟他們説今年公司的目標是什麼，目標的挑戰性蠻大，對每個人都會是蠻辛苦的。我也跟他們説願景是什麼，我們會很辛苦，但是大家一起努力，看今年希望自己能有哪些地方能夠去改善和提升。

H2：我剛從你（當事人）的問題描述中聽到兩個部分：第一，如果我是那位部屬，本來該是我的位置卻被拿走了，有點橫刀奪愛，情緒一定非常不好。第二，你的描述提到一個爆炸性的想法，也許那是一個可以嘗試的，比如說你們的位置互換。這兩點你會想從哪一點談？一個是他的情緒的部分，一個就是你去當他的部屬，他來當你的主管。

L1~C6：

前述簡短的對話中，學員的回應基本上是中規中矩的。此時，我（助人者）轉身面對著台下的學員們說：「我打個岔，各位有留意到扮演助人者的學員，在這段會談的回應，是否可能引導當事人進入過去的故事情節？」請大家反思一下。H1 以信息提問，從換位思考的角度，引發當事人思考兩人之間的關係。C6 學員示意由我來接手，我從座位後方移動到前面，和學員互換位置接續會談。

C7：爆炸性的想法太爆炸了，我想比較可行的就是關心他情緒的部分。

H3：好，那我們先就情緒的部分來談。假想你是他，你會有哪些內在不舒服的情緒？（換位思考）

C8：覺得原本到手的鳥兒飛掉了！

H4：所以，生氣了。 `EE`

C9：嗯！生氣和不滿，可能會很憤怒吧！因為被搶走了可以高升的位置。

H5：假想一下我是那位部屬，你是主管。我們兩個之間現在有個好大的氣球（以手勢比劃出一個大氣球），氣球裡面是滿滿的情緒，隨時可能在你和我之間爆炸（隱喻）。如果讓情緒繼續累積下去，可能會出現什麼樣的畫面？ `Info.`

C10：其實現在就是這樣子了，對！就是很明顯的叫不動他，…就是叫不動。

H6：你認為要處理的是你跟他的關係，還是他的情緒，還是其他的部分？ `CQ`

C11：跟他的關係應該也要處理吧。

H7：想像情緒的球還在你們兩人之間，你們的關係能夠改變和改善？

C7：

要留意新手助人者很容易接著問：「他的情緒怎麼了？」或「你們發生了什麼衝突呢？」這種提問很容易轉移焦點到第三者身上，談很多過去發生的事情，可能會陷入細節中，而忽略來談的議題和目標。

C12：應該沒辦法。

H8：如果有優先順序，應該先處理哪一個？ CQ

C13：（遲疑地說）先處理他的情緒嗎？

H9：是。你覺得呢？

C14：嗯。（點頭示意）

H10：這個球在這邊（以手勢在兩人之間筆畫），你怎麼面對這麼多強烈又複雜的生氣情緒。如果充滿負面情緒的氣球沒有消掉的時候，你們的關係是隔得很遠的。（隱喻）

C15：嗯！對！（點頭示意）

H11：除非氣消掉了。要氣消了之後關係才會緩解和改善。從你的立場和實際的狀況，你覺得你可以做什麼來處理情緒？ Int.

C16：（……停頓10秒思考中）我可以做什麼來處理他的情緒，（……停頓5秒後帶著遲疑緩慢的語氣說）聽他說。

H12：你覺得你可以聽他說嗎？ Int.

C17：（……停頓5秒思考）如果聽他說有用的話，那我會想聽他說。

H13：如果你是那位同事，你覺得主管怎麼聽，同事才會接受？

C18：如果是他的話，或許說他這麼的想要主管職，如果主管能夠告訴我怎樣去做，之後我可以成為一個主管。

H14：（用平和的語氣說）這個你不是已經在做了嗎？你剛剛不是說沒有效果嗎？這樣的做法是在處理情緒嗎？

C19：不是。

H15：「情緒」需要被懂。如果你現在也有情緒，怎麼樣處理才能覺得被懂、被了解？

C20：去跟他談談關於這件事情的「想法」。

H16：想法在這裡（手指著額頭），情緒在裡面（手撫著胸口）。你用了很多的想法告訴他怎麼做（手指著腦袋），他不接受是因為在這裡（手指著胸口）

C21：（點頭說）不舒服。

第一段角色扮演（RP）：
由助人者扮演資深同事（以「**同事／H**」來標示）

H17：我們試著來做做看，演練如何處理情緒。如果有一天有一個場景是真的可以講一些話，我來演你的同事。

同事1／H：（帶著高亢的生氣音調和語氣說）我告訴你，都是你，都是你，如果不是妳，我今天老早就坐主管的位置了。

C22：嗯嗯！聽起來你似乎對我蠻有一股情緒。 **EE**

同事2／H：（音調帶著生氣和不屑的語氣說）我對你很不滿，你憑

H2~C21：

H2助人者先以提問掌握來談的方向，避免當事人說很多過去發生的事情。釐清與聚焦議題後，再繼續深入引導。H5點出情緒是兩人緊張關係的核心所在，以情緒氣球為隱喻，顯示兩人的隔閡及需要處理的重點。H10以隱喻方式具象化兩人之間關係疏遠的距離（問題外化）。H14帶著些許面質的意味，幫助當事人澄清與反思。同時點出當事人過去處理關係的重點在認知想法上，引導當事人了解優先處理情緒才是讓氣球消氣的關鍵。

什麼，你憑什麼，我在公司這麼久，你憑什麼一進來就當我的主管。

C23：你覺得我沒有資格當你的主管。 `CE`

同事3／H：（音調拉高）當然啦。有資格的是我啊！（一付理所當然的樣子）

C24：所以，你看起來似乎很生氣的樣子。 `EE`

同事4／H：我真的很生氣啊！（餘怒未消）

C25：你可以說說看，你之所以這麼生氣是有什麼「想法」嗎？

同事5／H：我沒有什麼想法，就是對你很不爽，因為你佔了我的位置。（音調語氣拉高）如果今天你是我，你做何感想？

C26：如果今天我是你的話，（……停頓5秒遲疑地說）我也不知道耶。因為，我對我的主管都還蠻尊敬的。（其他學員聞聲而笑）

同事6／H：你不要教我怎麼尊敬你（火氣又上來了）。我就是對你不爽，你還要教我尊敬你，我怎麼做得到？

C27：所以，（……停頓10秒）那怎麼樣才能夠讓你能夠尊敬一點？（學員們再度笑出聲來）

同事7／H：（語氣稍緩）你離開這個公司就能給我最大的尊敬了。

C28：那如果我不離開公司呢？（學員們笑聲再起）

同事8／H：我們的關係就是這樣，我不會配合你的，你也叫不動我
的。

C29：（停頓……不知如何回應）

H18：演練到此先暫停。……在剛剛的演練中有什麼感受？

C30：很無力感。

第二段角色互換（RR）：

當事人扮演資深同事，以「**同事／C**」來標示，

助人者扮演當事人，以「**C／H**」來標示。

H19：我說說我的感覺。其實你對應的幾句話，我覺得你可以聽懂
我，例如：「似乎對我蠻有情緒」、「你看起來似乎很生
氣」。有沒有發現我真的很生氣的樣子。前面幾句你可以聽
懂我。雖然我很生氣，可是我覺得feel better舒服一些。如果
你繼續這樣回應，我的氣會慢慢消下去。請過來，換你來坐
這裡（兩人交換位置），我們再重新演練一下，換你扮演那
位很生氣的資深同事，我來扮演你（當事人）。你就盡量表
現情緒高漲的真實狀況。

同事9／C：你算什麼，本來主管應該是我做的，你不應該出現在這
裡。

C31／H：我知道我是一個空降部隊，也知道你在這裡很資深。我坐
在這個位子對你來講一定是非常不舒服的。 EE

H17~C30：

透過助人者扮演的資深同事，還原情緒高漲的對立衝突情境，讓當事人體驗情緒感受和張力。一般主管總認為把事情處理好最重要，部屬不要情緒化，情緒不重要，因而忽略部屬或同仁的感受，導致負面情緒累積成為團隊情緒炸彈。主管可能覺得「我已經夠忙了，哪有閒功夫去處理情緒。」殊不知優先處理好負面情緒，更容易把事情圓融和圓滿的解決。從C22~C24的回應來看，當事人是具有情緒與認知同理的溝通能力，只是欠缺處理情緒的方法。最終當事人深刻體會面對資深同仁時內心強烈的無力感。

同事10／C：嗯，對！我來公司已經七年了，你來這裡不到一年，憑
　　　　　　什麼來搞我，我當然很不舒服。（聲音語調微微拉高）

C32／H：你覺得論資歷，論我對公司熟悉的狀況，其實我沒有資格
　　　　　跑在你前頭。 CE

同事11／C：你說得對！這公司沒有人比我還更熟悉了。

C33／H：對，我完全認同你的看法。我覺得你在公司七年，一定比
　　　　　我一年的經驗要熟練，你對公司的狀況一定比我更清楚。
　　　　　坦白講，我剛進來這一年，還有很多東西在摸索。

同事12／C：嗯，嗯。那你為什麼要在這裡？

C34／H：我只能說公司找我來時，事實上我並不知道你已經在這裡
　　　　　七年了，我真的不知道。而我進來後發現，原來你在這個
　　　　　位置上是這麼的委屈。 EE

同事13／C：嗯哼！我覺得蠻委屈的，我在這裡熬這麼久，就是為了
　　　　　　要等這一天來。

C35／H：其實你不舒服的情緒裡面，我有一點體會，如果我是你，
　　　　　我好像是個不應該得罪你，做一個斷了你路的人，把你美
　　　　　好的前景都打亂了 CE 。嗯，我並不是有意要這麼做，我已
　　　　　經來了，這是公司的決定。我們兩個如果還要繼續走下去
　　　　　的話，你覺得我們應該怎麼走？（……停頓5秒後緩和地
　　　　　說）其實你有很多很豐富的經驗，我覺得你可以來幫助我
　　　　　 AAF 。雖然，你沒有那個位置，可是在我心目中，我把你
　　　　　放在那個主管位置。

H19～同事14／C：

這段演練的目的讓當事人以資深同事的身分和角度，去體會失去升遷的心情感受，尤其是心中的不平和失落感。助人者在這段的回應具有教導與示範的性質，以情緒同理回應資深同事的內在感受，加上客觀事實陳述的認知同理回應，當事人一定有深刻的體會。C35／H以謙虛的語氣，誠摯邀請資深同事來協助，又說：「雖然，你沒有那個位置，可是在我心目中，我把你放在那個主管位置。」這句話深刻的觸動資深同事。最後「好感動喔！」想必是資深同事感受到被尊榮的看待，這是冰凍關係解凍的關鍵時刻。

同事14／C：（……停頓5秒，為之動容的說）好感動喔！

（停止演練，互換回原來的座位。）

H20：剛剛你坐在你同事的位置，體會到什麼？

C36：對啊！我覺得還蠻能夠同理同事的心情，而且同理他的需要。

H21：剛剛你（扮演同事）覺得情緒有消下來嗎？（嗯）剛剛的演練對你來講，如果回去應用的話，不一定馬上能做到。你覺得你能試試看嗎？

C37：嗯！對！這個部分是以前沒有想過。以前會覺得這不是我的錯，所以不會想去跟他談這個部分，要談的話也不曉得要怎麼跟他談。

H22：我想不管是誰站在哪個位置，都沒有對錯的問題。你們的關係就這樣走到現在，我想你不用自責，也許他有很多的情緒是投射到你身上來的。既然你能來這間公司當上主管，我相信你有智慧可以去處理這個事情。回去後有什麼適當的場合，像剛剛那樣開始試著和資深同事對話看看呢？

C38：下個禮拜就有一次機會，我們部門每季的考核面談，或許在跟他面談中，趁這個機會跟他談他的狀況。

H23：一開始我們的演練，我發現你已經很有同理的能力，如果你繼續前面那幾句同理的話，我有一種感覺是，他的情緒可以慢慢

H20~C37：

回到原來的角色繼續進行晤談，同時檢核角色扮演和角色
互換演練後，當下的體驗和感受，藉此引導當事人產生覺
察與反思。這個過程，不只是體驗也是學習，從中找到緩
和情緒與溝通的方法。

的消下去的，你們的關係有可能可以改善。你認為可以這樣試
試看嗎？

C39：去試試看喔！

H24：試試看的同時，你要有心理準備，他當下的氣可能會比演練時
還要大。所以，要有心理準備，怎麼去面對他的情緒。

C40：嗯！（點頭示意）

H25：萬一他的情緒比你想像中更大的時候，你可以說什麼？

C41：（……停頓思考5秒鐘）那就下次再談。

H26：如果你說：「你現在的情緒好大，大到我不知道該怎麼跟你
談下去。我不責怪你，等我們都冷靜下來，下一個禮拜再談好
嗎？」這樣說你覺得如何？

C42：好。（點頭示意）

H27：回去後實際狀況和結果會如何不知道，你可以試試看。下一次
還願意把你應用的結果帶回來談嗎？

C43：好。（點頭示意）

H28：你希望下一次是多久之後？

C44：是幾天後，還是兩個禮拜後？（……停頓3秒）兩個禮拜後。

H29：你從開始到現在，有沒有一些新的想法？還有你對今天來談的
議題有更清楚嗎？

H22~C44：

鼓勵當事人將演練的體悟與所學的方法，帶回到公司展開
行動實際應用。H25假想可能出現的情況，預告真實情境
與演練情境的差異，萬一超乎他的想像，溝通不順暢時要
如何應變。H26助人者當下示範應變的回應。H27再次鼓勵
當事人在實際情境中應用。

C45：我覺得一開始老師說，我跟他之間有一個氣球這麼大的距離，這距離是因為他的情緒所造成的，他的情緒影響我跟他之間的關係。這個是我之前完全沒有想過的，因為老師的提醒，倒是給我很大的啟發。

H30：想想看那個氣球有多大？你自己來比比看，看那個距離有多遠？（隱喻）

C46：好遠，可能從教室前面到後面這麼遠（用手大大地張開比劃著）。

H31：談完之後？

C47：會比較近一點。

H32：有多近呢？

C48：至少會縮短到（……停頓思考）。

H33：縮短到我現在坐的位置嗎？還是要近一點，或是再遠一點？

C49：（……思索5秒後說）我不太清楚。

H34：你試著比看看，剛剛你說在那裡（手指靠窗邊）到這裡（助人者坐的位置）嗎？

C50：我也不太知道耶，（手指助人者的方向說）或許再遠一點，再遠一點。

H35：（把位置挪往後挪動，退一些距離說）雖然還是有一點距離，

可是我看到是從靠窗那邊，到我坐的位置這邊。（手比劃著距離的改變）

C51：嗯！（點頭示意）

H36：從那麼遠的距離縮短到這裡，我相信你有能力可以讓這個距離再縮短。當你坐在這裡，表示你願意正視你跟他的關係 **AAF**。當你有新的啟示後，可以嘗試看看。也許下次來時（把座椅往前拉靠近當事人），你的距離是再靠近一些的。現在的心情如何？

C52：嗯！覺得放鬆多了，因為之前覺得心頭還蠻緊的。

H37：現在你放鬆了嗎？

C53：（點頭示意）嗯嗯！

H38：那我們談到這邊。

C54：我可以。

H29~C54：

進行反思及準備結束晤談。H29檢核晤談目標達成的情形。
H30~H36透過隱喻方式，從距離中了解關係改善的進展，
給予當事人讚賞式回饋。C45有關情緒影響關係的部分是最
大的啟示和收穫，晤談結束時當事人情緒緩和也放鬆不少。

▎晤談歷程摘要

逐字稿序號	助人者解析
H2~C21 呈現議題	H2助人者先以提問掌握來談的方向，避免當事人說很多過去發生的事情。釐清與聚焦議題後，再繼續深入引導。H5點出情緒是兩人緊張關係的核心所在，以情緒氣球為隱喻，顯示兩人的隔閡及需要處理的重點。H10以隱喻方式具象化兩人之間關係疏遠的距離（問題外化）。H14帶著些許面質的意味，幫助當事人澄清與反思。同時點出當事人過去處理關係的重點在認知想法上，引導當事人了解優先處理情緒才是讓氣球消氣的關鍵。
H17~C30 角色扮演	透過助人者扮演的資深同事，還原情緒高漲的對立衝突情境，讓當事人體驗情緒感受和張力。從C22~C24的回應來看，當事人是具有同理溝通的能力，只是欠缺處理情緒的方法。最終當事人深刻體會面對資深同仁時內心強烈的無力感。
H19～同事14／C 角色互換	這段演練的目的讓當事人以資深同事的身分和角度，去體會失去升遷的心情感受，尤其是心中的不平和失落感。助人者在這段的回應具有教導與示範的性質，以情緒同理回應資深同事的內在感受，加上客觀事實陳述的回應，當事人一定有深刻的體會。C35／H以謙虛的語氣，誠摯邀請資深同事來協助，又說：「雖然，你沒有那個位置，可是在我心目中，我把你放在那個主管位置。」這句話深刻的觸動資深同事。最後「好感動喔！」想必是資深同事感受到被尊榮的看待，這是冰凍關係解凍的關鍵時刻。

逐字稿序號	助人者解析
H20~C37 覺察反思	回到原來的角色繼續進行晤談，同時檢核角色扮演和角色互換演練後，當下的體驗和感受，藉此引導當事人產生覺察與反思。這個過程，不只是體驗也是學習，從中找到緩和情緒與溝通的方法。
H22~C44 鼓勵應用	鼓勵當事人將演練的體悟與所學的方法，帶回到公司展開行動實際應用。H25假想可能出現的情況，預告真實情境與演練情境的差異，萬一超乎他的想像，溝通不順暢時要如何應變。H26助人者當下示範應變的回應。H27再次鼓勵當事人在實際情境中應用。
H29~C54 檢核成果	進行反思及準備結束晤談。H29檢核晤談目標達成的情形。H30~H36透過隱喻方式，從距離中了解關係改善的進展，給予當事人讚賞式回饋。C45有關情緒影響關係的部分是最大的啟示和收穫，晤談結束時當事人情緒緩和也放鬆不少。

▌晤談後當事人的回饋

當事人參加完工作坊後，時隔兩年在偶然的機會中通話閒聊幾句，得知當天的晤談對她有新的啟發。**她表示學習處理與資深員工的關係，重點在化解情緒，要懂得同理、善用提問、讚賞式回饋、表達自己的感受且不責怪對方，對職場關係會產生正面和積極的影響。**

我相信她有能力可以化解與部屬之間，充滿情緒的緊張關係。她的表現就如自然醫學博士洛伊・馬提納（Roy Martina）所說[6]：「你或許無法控制這個世界所發生的事，但絕對可以控制自己處事時的態度。情緒平衡的法則，就是接受發生在你身上的事，而且有能力採取行動帶來改變。」相信當事人在職場甚至人生中的人際情緒衝突，會更懂得處理與拿捏。

▌結語

「電影導演吳念真說：「生命裡某些當時充滿怨懟的曲折，在後來好像都成了一種能量和養分，這些人、那些事在經過時間的篩濾之後，幾乎都只剩下笑與淚、感動和溫暖。」我猜想當事人所經歷的挫敗感，正成為一種養分和力量，只要她能將晤談中體驗和學習到的，勇敢跨出去嘗試應用在同仁的身上，冰凍的河水暖化後，流動的水將帶來溫暖的春意。有一天回過頭來看這一段生命經歷，一定充滿激賞與感動。

　　身為空降者，要在最短的時間內，熟悉組織文化與管理制度、認識團隊成員並凝聚向心力，及一籮筐的內部事務，有諸多問題需要去面對和克服，例如：1.因水土不服無法適應環境，無法久任而離職，2.因人事更迭，造成軍心不穩而影響團隊士氣，3.容易被團隊孤立，隱瞞實情造成業務無法順利推動，4.空降部隊難以服眾人之口，尤其是資深員工或年齡較大者，易造成對立與紛爭，5.因裙帶關係造成內部分裂，影響團隊運作與績效提升，6.空降部隊也可能成為內部管理的不定時炸彈，造成摩擦與衝突。

　　空降部隊對企業的發展有利有弊，端看公司如何預作安排與事前準備，透過溝通取得諒解並凝聚共識。尤其是原定可以內升的資深員工，眼見升遷在望卻中途殺出一個陌生人，或不在預期中的人選，不免大失所望，造成情緒不滿或緊繃對立。處理這類情況，多數公司採取的方式是動之以情、說之以理。用人情關係來消融對立關係，有時暫時緩和緊張，有時卻持續反彈，問題也沒真正解決。

　　面對類似狀況時，要留意的是情緒面的處理，多數人忙於處理「事」（理性思維的職務分工、團隊運作、人員管理等），而忽略處理「人」（情感層面的心情和情緒）。處理「人」要優先於處理「事」，先處理「情緒」再處理「認知思維」，才會產生正面與積極的「行為」。組織內部若不謹慎處理，委屈、難過、不滿、憤怒等負面情緒，會以包裝的「假裝配合」、「表面應付」、「消

極抵抗」等隱晦的行為方式出現，影響工作關係與團隊績效。

2015史上第一位NCAA一級聯賽，擔任Duke大學男籃教練超過30年，累計一千勝的總教頭麥克·薛塞斯基（Mike Krzyzewski，暱稱Coach K），他認為心目中偉大團隊（great team）要具備[7]：「1.積極溝通（Communication），2.建立信任（Trust），3.共同責任（Collective Responsibility），4.互相關懷（Caring），5.引以為傲（Pride），這五種基本特質會讓每支球隊變得優秀，每一種特質猶如五根手指頭，分開時任一根都很重要，但結合時所向無敵。」

我就讀高中時是足球校隊，擔任右前鋒，曾代表學校參加全國盃比賽得到季軍，我深刻感受也認同K教練的觀點。球場競賽如同企業激烈的競爭，都要面對勝負輸贏，企業主管若能把這五項特質融入團隊中與成員互動，相信會讓團隊脫胎換骨。

團隊合作（teamwork）是所有組織的重要基石。有時候組織內有team卻不work，或者沒有team然後各自work，真正的團隊合作是有team也能一起work。空降議題帶來的團隊情緒炸彈，需要謹慎處理，才不會成為團隊合作的隱憂和阻礙。有效能的主管帶領團隊，不在各種冷冰冰的數字指標，而是關乎熱呼呼的人心，帶「人」帶「心」才是核心關鍵。居高位者除了專業能力外，懂得帶人及讀懂人的情緒至關重要，這點卻常被忽略。忽略（ignore）拉丁文原意是：「不重視或粗心的處理」。職位愈高者愈不能輕忽人，要有正向積極與細心待人的態度，重視溝通和學習

領導的藝術。

　　我欣賞有智慧，而不是使用蠻力壓榨人的領導人。堅持以價值信念作為領導人圭臬的聖本篤修道院經濟管理人 Grün[8]：「領導是一種具有創意的任務，它的目標就是喚醒員工的創造力。……喚醒他人生命的智慧就在於，讓員工覺得他所負責的事情是深具意義的。……主管的任務就是從平日的工作向外探索，讓員工不斷地對於他們的工作感受到新的意義，讓他們參與實現自己的願景。」正如本案例，團隊中不論職務高低，讓每一個工作夥伴之間能彼此尊榮，清楚每一個工作角色的定位與重要性，在各自的角色上充分發揮，才能協力實現組織目標與願景。

　　讓我們在組織內部和團隊面前，學習面對與處理負面情緒能量的糾葛，聚焦在正向關係及工作的價值和意義上，主管發掘部屬的潛力，建立可以讓他們發揮能力的舞台，有效地運作團隊，以倍增組織績效。

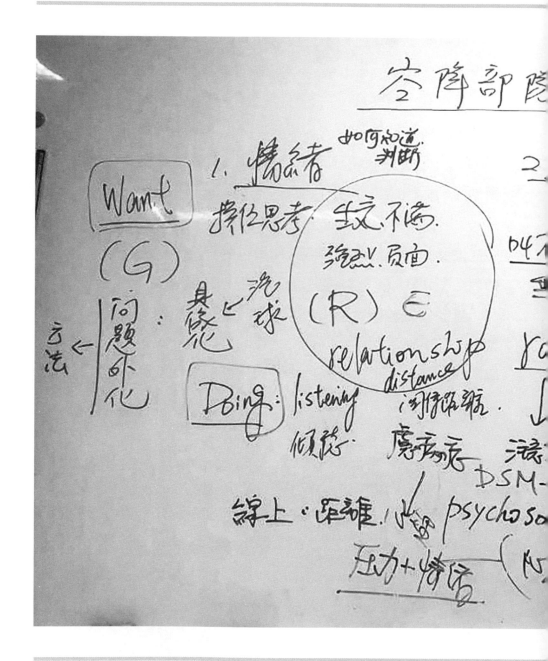

三摸

planig （W）

回去应用：when. place
Next week.

Ev chace ： try ＜ 成功　　（O）
　　　　　　　　　　不成功

lay　反思 脏络： 情緒.

AB所 改　 有胸力 詭 誑離 縮之3

放暴气

disor here and now.

本型

問題並非固定不變的實體，而是可改變、可協商的事項，並且是依據社會脈絡而來。永遠先注意一個人所擁有的資源。

——茵素・金柏格（Insoo Kim Berg），後現代焦點解決諮商學派創始人之一

◆◆◆◆◆

未來真正出色的企業，將是能夠設法使各階層人員全心投入，並有能力不斷學習的組織。

——彼得・聖吉（Peter M. Senge），《第五項修煉》作者

❻ 青春不言悔

企業領導者的角色定位

焦點解決與EARS模式

晤談背景	
當 事 人	年輕企業家，是公司的兩位股東之一，具備冷靜的特質，擔任經理人帶領團隊拓展業務。然而，其在公司對自我的角色和定位感到困惑，亟思突破，期望整合團隊，發揮戰力，提升公司績效。
晤談議題	企業領導者的角色定位。
晤談時間	57分鐘

▌引言

　　這是與經營企業的大陸年輕企業家，進行的一對一晤談。他來參加課程培訓，主動提出希望有機會能透過我的引導，協助他企業的經營與發展。我想他準備好了要面對改變！

　　我在大陸遇見不少年輕的創業者和企業家，他們擁有旺盛的企圖心（當地話：狼性）和雄心壯志，市場機會很多，很願意去挑戰和開創。同時，他們經營事業的理念與作法略顯生澀，多數是想快速跑短線賺機會財，缺少基業長青的眼光和謀略。

　　擁有肯幹實作的優質特性，和願意採取長遠作法的年輕企

業家，倘若身旁有企業教練幫助他，從整體策略和長遠眼光，去釐清思緒和策略規劃，進行階段性的目標設定，與執行計畫的安排，循序漸進之下一定能有所成。助人者的角色猶如法藍瓷總裁陳立恆所言：「在困惑、迷惘時遇到的一句指引，有時會像一顆石頭輕巧地掉進混亂的腦海裡，『咚』的一聲，徹底敲醒你。」

　　跑得快未必能達到終點，講求快速看起來很有時效，卻可能因為做了一個未經縝密思索的錯誤決策，結果欲速則不達，讓過去的努力都付諸流水白費一場。經營企業是非常複雜且高難度的運作，建立管理制度與培養人才，有時需要轉換觀念與思維，從「慢就是快」來思索。進一步來說，企業要在競爭激烈的市場上存活，要與績效、時間兩者競速，必須講求效率與效能，才能打造無可取代的競爭優勢。應該遵循現代管理學之父彼得・杜拉克（Peter Drucker）的理念：「效率是正確地執行事務；效能則是執行正確的事務。」（Efficiency is doing things right; effectiveness is doing the right things.）畢竟有效率又有效能才是基業長青之道！

▍理論觀點與技術應用

由於當事人主動尋求助人者，想應用焦點解決方式來尋求協助及改變。以下簡略說明焦點解決短期治療（Solution-focused brief therapy, SFBT）中的五大改變要素（Change Factor，CF）及EARS模式（Model，M）[1]，改變要素後面括弧的內容則是我加註的重點。

- **改變要素一（同理與提問）：**
1. 先不建議或指正。
2. 摘要當事人的情緒與談話重點。
3. 以開放式問句，來了解當事人的內在世界。
4. 同理當事人。

- **改變要素二（讚賞式回饋）：**
1. 反映當事人平日表現中的優異。
2. 從當事人的挫折、犯錯中找到可貴的動機（重新架框）。

- **改變要素三（設定目標）：**
1. 鼓勵當事人描繪未來美好的圖像。
2. 由美好的圖像中，引導當事人到目前為止，曾經做到的或可以開始做的。

- **改變要素四（思考例外）：**
1. 引導當事人思考在過去類似的情況中如何解決。

2.引導當事人思考過去曾有過的成功經驗。

3.鼓舞當事人思考（振奮性引導）：你是怎麼做到的。

● **改變要素五（建構行動）：**

1.引導當事人將行動切成細步的行動。

2.當事人做到時，給予肯定與鼓勵。

3.當事人沒做到時，可引導思考情況如何沒有變得更糟。

4.當情況更糟時，可以引導當事人思考是如何熬過來的。

焦點解決EARS模式的應用：

1.引出（Elicit，E）：詢問正向的改變。

2.放大（Amplify，A）：擴大正向改變。

3.強化（Reinforce，R）：增強並重視正向改變。

4.重新開始（Start again，S）：回到開頭，聚焦在已做出的改變。

　　這次晤談分為三個階段進行。第一階段：一對一晤談（現場有其他成員在旁觀看，觀看兩個重點，一是助人者如何引導晤談進行，二是當事人的內在渴望與聲音。第二階段：團體討論與回饋（請當事人暫時離開晤談現場），旁觀成員一起討論晤談過程的觀察，根據當事人的渴望與需求，提出正向回饋，同時給予當事人任務或家庭作業。第三階段：請當事人回到現場，聆聽大家給予的回饋，然後進行晤談反思與結束。

　　雖然EARS適用時機主要是在第二次晤談後，本次試著應用在首次晤談中。接著邀請你根據前述五個改變要素（例如：CF二：1，表示是改變要素二讚賞式回饋中的1.反映當事人平日表現中的優異。依此類推。）及EARS模式（例如：M1，表示模式1.引出。依此類推。），藉由逐字稿的解析，來對照焦點解決如何應用在企業領導議題的助人晤談，並逐一來檢視與反思。

▋逐字稿解析

第一階段：一對一晤談

H1：OO好，早上你自動請纓希望我用教練技術來幫助你。我看到你的勇氣和力量，現在你準備好了（CF二：1）。不知道你坐在這邊想要有哪些改變？

C1：嗯，我想談談自己最近的狀態，這也困擾了我一段時間，我需要突破 KP1-1，主要是自己在企業裡面的角色有點困惑 KP1-2，如何去做好自己的事情 KE1-1；第二方面是關於自己在生活和工作上的平衡，自己的生活基本上被工作佔據，現在想著更好的平衡 KE1-2。

H2：你談到兩件事情，我們的談話時間是有限的，哪件事情是當下最想要談的？（聚焦議題）

C2：當下最想談自己在企業的角色。 KP1-3

H3：你想釐清你的工作角色。

C3：具體說，就是自己怎樣扮演在公司的角色 KP1-4，以及做到一個怎樣的程度才是OK的，是這樣的目標。

H4：如果在公司的角色，在晤談結束後有一些改變，你希望有什麼樣的改變？（CF三：1）

C4：目前自己在公司是負責人的角色，負責公司的運營方向、統籌

H1~C4：

以提問聚焦在當事人的改變，釐清當次晤談的目標：對自己在公司內的角色感到困惑，想要有所突破。

策劃、團隊管理工作，不過覺得自己在公司運營方向及團隊管理方面還是不夠的，希望自己通過教練或學習成長，在一定程度上在這幾個方面更加從容自如，做好公司的戰略規劃、團體管理，進而提高企業的績效。

H5：感覺你很盡心想要扮演好一個帶領者的角色。（CF二：1）

C5：對！

H6：你簡單幾個詞說說，假如你能扮演好一個帶領者角色的狀態？（CF三：1）

C6：（……沉默10秒）。

H7：你可以慢慢想……。（稍微等候）

C7：第一，自己有清晰規劃的目標，團隊成員也能夠理解；第二，團隊的執行力和行動力足夠迅速有效；第三，通過一段時間努力，有成果有變化。我覺得如果做到這個狀態，應該是達到了自己的期望。

H8：嗯，你能夠擔任帶領者，以前一定累積了很多成功的經驗，或者有一些基礎的能力。你覺得從你以前的這些經驗，包括規劃能力或展現成果，有哪些成功的經驗？（CF四：2）

C8：（……停頓10秒思考）有，像去年做了一些業務，比如承接的中央財政項目，從申請、承接、執行到評估，都獲得了中央、省、市領導的認可；第二方面，去年我們帶領團隊去做夏令營

的項目，2016年開展了30人夏令營，2017年做了三期，每期50人，有成倍的遞增。這些都是我帶領團隊去策劃、招募、實施開展的；還有我們做了少年的項目，這個項目不是我去策劃，主要承擔後期的推進和專案執行工作，在100所學校開展教學訓練及評估工作，去年做了30所學校1500人的匯演工作。

H9：哇！聽起來這三個專案都不小，也能展現非常好的成果。我非常好奇，當時你是怎麼做到的？（CF四：3）

C9：這是循序漸進的過程吧！從2015、2016年省級政府購買服務專案都是我獨立策劃、執行、接受評估的，青少年集訓營是機構創辦初期，基本上都是我一人在策劃、招募、開展實施的，所以通過一步步積累起來的。

H10：嗯哼。我剛剛聽到你講一個很關鍵的點，就是你累積過去的經驗，策劃、實施和接受評估的能力建立起來，這是你很大的優勢。如果過去你可以累積這樣的能力，在未來一年或幾年，你如何應用這能力，達到想要成為一個成熟的帶領者？（M2：放大）

C10：我覺得自己在整體的機構規劃上要有一個突破，具體到一些專案沒有問題，機構的規劃需要站在一個更高的高度去思考 KE1-3，這個部分還是缺乏的，需要更多的學習和培訓，或者和其他機構去接觸。

H11：你談到的更大的突破指的是什麼？（M1：引出）

C11：如果從業績來談的話，現在業績是100萬人民幣。（以下皆同），一年後可以達到200萬或300萬的業績。第二方面團隊目前有12人左右，分工是不明晰、不明確，我自己做了很多部門經理要做的事情，所以會覺得自己精力不夠。

H12：聽起來你需要從中抽出來，花更多的精力在更高層的規劃上。（CF一：4）

C12：對！對！對！（聲音鏗鏘有力）

H13：還有嗎？

C13：如果從業績和團隊管理有突破，對我個人而言是很大的進步了。

H14：你談到一個更高的視野，也談到原來你做到了100萬的業績，我很好奇你是怎麼做到的（CF四：3），以及這裡面的經驗如何能夠幫助你做到，從100萬突破到200萬的業績？（M2：放大）

C14：我覺得如果從目前有的項目來看，要達到這個業績應該問題不大。

H15：我的意思是運用了哪些能力做到這些，或者能再突破？

C15：我想在團隊中培養 **KE1-4** 一個可以在項目負責的部門經理 **KP2-1** 是很重要的，目前自己做了太多項目經理的事情，沒有辦法或有更多精力站在管理者角色去做好戰略規劃。

H5~C15：

這段對話延續C2、及H5想扮演好企業領導者的目標。在目前的困境下，當事人反思自己管理者的角色，C7有很清楚的角色定位目標。助人者從C8，C9陳述中找出過去的成功經驗，透過H8，H9，H14的提問，引導運用優勢的能力，從A到A+放大正向改變的方向邁進。C11、C15反映出現況是團隊分工不清，又分擔空缺主管的工作，培養優質有潛力的人才似乎是當務之急，這是亟待突破的點。

H16：目前你可以擔責的主管有幾位？

C16：有三位，我是其中一個專案主管，他們兩位需要我來兼顧。

H17：這是你？（助人者在白板上寫下重點）

C17：對。

H18：聽起來這是一個很好的團隊。（CF二：1）

C18：我主要的困惑在於 我個人的精力有限且被分散 `KP1-5`，新項目要運營感覺會比較吃力。

H19：我有感覺，你的經驗和能力都不錯，好像是希望把你的經驗做傳承，或者培養他們的能力，能夠更好的獨立負責。（CF二：2）

C19：對！

H20：你想像一下，這個黃金三角的團隊，能夠分工授權和獨立負責，會是怎麼樣的團隊？團隊可以做到怎麼樣？（CF三：1）

C20：團隊運轉更自如 `KE1-5`，而我能站在管理的角度 `KP1-6` 去開展工作，而不是做一些事務層面的事。

H21：多說一點管理的部分。

C21：自己能夠站在一個 管理者角色統籌規劃 `KP1-7`，不是做過多具體事務。另外，我個人的經驗和能力有限 `KP1-8`，需要去認識和瞭解更多機構，只有在更多的理解的基礎上，才能在更高的層次做規劃。

H22：你的意思是說你可以連結外在資源。（CF一：4）

C22：對。

H23：當你在描述的時候，雖然我是一個局外人，我自己感覺內心有一種興奮、鼓舞、雀躍的心情。我在想一件事情，假如我們正在舉行一場達成200萬業績的慶功宴上品嘗葡萄酒，（助人者拿出一個水晶球遞給當事人）這是一個水晶球，想像一下，慶功宴是一個什麼樣的場景？（CF三：1）

C23：大家會很開心，很放鬆，看到共同奮鬥的結果，看到未來的希望，並且團隊成員能夠拿到自己的獎金而高興。

H24：你能想像慶功宴在什麼時候嗎？（CF三：1）

C24：我們的慣例都是完成一年的所有的工作後，在一月底左右。

H25：那就是在2019年1月31日。當你辦一個慶功宴的時候，你會選擇一個怎麼樣的場所來犒賞你的團隊，包括你自己？（CF三：1）

C25：我們一般都在機構裡面，開展完工作總結就可以慶祝。

H26：哦！想像在OO城市有什麼樣的酒店才夠得上這樣的成果？

C26：（……思考，輕笑……10秒）想像不出來，目前還沒有經驗（帶著靦腆的笑容回應）。

H27：你這麼想是一種突破。或者你稍微的想像一下，你臉部細緻的表情？（CF三：1）

H16~C23：

緊扣在C2及H5：聚焦企業帶領者議題，著重當事人在團隊中的定位與角色的釐清，及如何建構與提升團隊（圖6-1釐清議題，設立願景）。H16~C19：檢核當事人目前的困境，和團隊運作狀況。H20~H23：為團隊表現及管理者設定目標。H23以奇蹟問句／畫面，讓當事人想像，經過一連串的努力後，團隊達成目標後慶賀的場景。描繪的場景愈清晰細緻，引發當事人改變的動力就愈強。

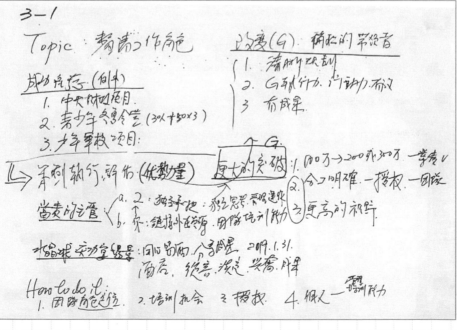

圖6-1　釐清議題，設立願景

C27：會更加從容、更加自信，難掩自己的興奮，也許會比較激動。（聲音語調漸強）

H28：我相信這一天一定會到來，如果我在OO城市，你邀請我的話，我樂意去分享你的成果。當你看著水晶球，想像2019年1月31日場景的時候你是怎麼做到的呢？（CF四：3）

C28：其中幾個項目加起來，業績基本都可以達到的，達到業績不是最難，最難的第二個，主要受限於個人管理 **KP1-9** 以及對團隊的培訓不足 **KE1-6**，如果從現在到明年，我個人要做的事情，第一，團隊成員角色定位要清晰 **KE1-7**，第二，給予足夠的培訓機會 **KE1-8**，並充分授權 **KE1-9**，讓他們在嘗試中提高能力。對我個人而言，管理團隊偏軟，執行力會差一些，這個部分是我需要提高。至於對外資源連結也有一些不足，正在嘗試努力突破去對外更多的連結 **KE1-10**。

H29：雖然還沒有到明年，我發現你前期的三個專案目標已經做到了（CF二：1），第二部分你需要做的是團隊（手指著白板）。如果用幾個詞概括一下，你會用哪幾個詞？（CF三：2）

C29：（……思考中）你是說用幾個符號，代表團隊角色定位？

H30：嗯。

C30：（當事人主動站起身來在白板前思考）畫一個架構圖（圖6-2建構團隊），會清楚一些。（基於當事人是專家，由他自己畫出架構圖後再邀請他進行說明。）……這是我們機構最大的

C23~C28：

聚焦在奇蹟畫面，對達成目標在慶功宴舉辦的時間及場景的描繪。助人者的目的是透過振奮性引導，找出個人與團隊未來努力的目標，擴大正向改變的意圖。C1~C28晤談中清晰可見晤談議題與脈絡。

Boss（圖示：A）。目前慢慢更多的賦權給我（圖示：B），所以我身上的擔子會更重。我的功能主要在經費、機會、尋找人才。這邊有一個少年項目專案負責人（圖示：C），開始嘗試做管理有一段時間了。這個剛招募過來的項目主管（圖示：D）負責冬夏令營，經驗和能力比較大的不足。還有自營項目負責人還空缺（圖示：E），要負責策劃和營銷，我目前在做這個事情。E項目找到負責人後，可以再招聘一位人員（圖示：F），負責專業服務執行，兩人相互配合。如果這幾個角色都到位了，自己能夠在能力上在這個位置完全勝任，從策劃、培訓、對外連結到管理方面都能夠往前一步，我想機構也能夠更上一個台階。

H31：看到這張圖我很感動，其實你對自己的狀態是非常清晰和瞭解的，定位也很清楚（CF二：1）。那麼從現在開始到明年1月底，在培訓機會以及授權部分有哪些可以做的？或者說你用這支筆寫出來，在明年慶功宴之前做了什麼？可以展現成果讓你們享受慶功宴。（CF三：2）

C31：培訓分為內部培訓和外部培訓，內部培訓 KE1-11 我可以來做，授權應該是沒有問題，現在主要是連結更多外部資源 KE1-12，培訓也是如此。目前公司不足的是主管內部培訓的鍛煉提升 KE1-13，外部連結的培訓資源不夠，經費也不足 KE1-14，所以在培訓經費要更多的投入 KE1-15，我要去尋找空缺的專案負責人 KP1-10，找到合適的人選，機構的架構就完成了。

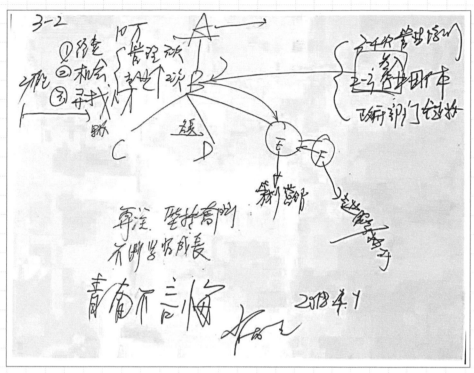

圖 6-2　建構團隊

H32：要增加多少經費才能夠達到對於項目負責人能力的提升呢？
（CF五：1）

C32：目前這個部分考慮的不夠，以往的經驗都是內部培訓。

H33：想像你在慶功宴上的狀態，你是有智慧和眼光（CF二：1）。
從你以往的經驗來思考的話，你可以提供多少百分比的經費？
（CF五：1）

C33：我原來最初的設計是考慮10%～15%的利潤用於員工能力培
訓，大概10萬人民幣左右。

H34：那一整年有多少次培訓，給哪些團隊和人？

C34：其實應該是分兩塊，一是專業能力，另一是管理能力 `KE1-16` ，
專業方面2次，管理方面5次，我覺得應該可以了。

H35：我相信你獨具有慧眼，能找到對的人擺在對的位置上，尤其
在這個空缺的位置上的人（圖示：E）（CF二：1）。相信你
在慶功宴上對他說：「我沒有看錯你，因為你才能突破我們
的績效。」想像一下這樣的人才需要具備什麼特質和條件？
（CF三：2）

C35：就是專業和運營能力，他需要獨立策劃和專案推進 `KP2-2` ，如
果他專業上有一些不足，是可以招募人員去補足的（圖示：
F）。因為人不可能同時具備兩方面的能力，如果我抱有這樣
的期待，這是我的問題。

H29~C34：

以慶功宴的場景，反推回到現實狀況，引導當事人思考，面對目前團隊出現的問題：內外部培訓資源與經費不足，缺乏專案負責人、對外資源鏈接不足。透過建構與培訓團隊，具體規劃經費上的調整與應用，以突破現況。同時，藉由奇蹟場景，讓當事人思考慶功宴之前可以做的事情。

H32為什麼要從經費切入提問呢？

經營企業的一切，最終都與錢有關，不管是支出或營收。當事人提到了外部與內部培訓都需要錢，找到適合的人擔任專案負責人是人事成本也是經費支出。在經費有限的情況下，任何資金的調整都會產生排擠效應，所以從經費切入提問。培訓不只是經費的投入，更要知道培訓效益能產生多大的成果，才能產生績效與營收，如此才能產生正面效益的循環。培訓的成果要轉換為績效提升與營收增加，成本需要精算，提升成果需要時間。C32表示當事人對經費統籌安排的概念可能不足，可能忽略建構團隊人才與連結外部資源來進行培訓。H33只有當事人最清楚資金應用狀況，協助其從資金排擠效應下來思考如何增加經費。

H36：所以呢？

C36：（在白板上寫下）這個人需要策劃和運營能力 KP2-3 。

H37：當你寫在這些的時候，我不僅看到你是一個成功的企業家，更看到一位有智慧的帶領者，原來你是通才，現在你轉而定位為專才（CF二：1）。相信根據這些條件，你也有很好的篩選機制找到對的人。你自己是一位成功的帶領者，你為自己做了什麼，讓你的事業和管理培訓的能力都能充分展現？（CF三：2）

C37：我自己應該積極的去找機會參加培訓、行業的聯盟或論壇、或向行業踐行者學習 KE1-15 ，我想這會幫助我有一個大的突破，這是我個人能夠想到的部分。

H38：請你把這些用摘要的方式寫下來（CF三：2）。

C38：（開始在白板上寫）目前還需鏈接政府的資源 KE1-16 。

H39：你猜猜我剛剛是怎麼樣在看你嗎？

C39：（哈哈哈！笑著說……）這個部分我想聽聽陳老師的想法。

H40：（帶著興奮的語氣加大音量）我剛剛是投以一個羨慕和欣賞的目光，像小孩子在仰望成功人士的狀態，在我心中浮現了一個詞，You are a hero！你是一位英雄！（CF二：1）

C40：哈哈哈！我很驚訝。（帶著靦腆的微笑看著助人者）

H35~C38：

引導當事人建構團隊成員布局，設定找到當責的優秀人才進入團隊，H37回頭再度聚焦C2及H5當事人身上，給予讚賞式回饋並在領導者的定位上由通才轉換為專才。談到這裡，助人者認為議題已釐清，可以準備結束晤談。

H41：早上你告訴我，想做一次教練晤談，你是帶著突破來的，你在
表述時有清晰的架構和藍圖，知道哪些部份你需要做。我看到
你內在有一個很大的力量和能力（CF二：1）。一開始眼前有
一層布，透過晤談已經把這個遮掩的布揭開了，看到窗外清晰
的景象。

C41：（不斷點頭）我一直會覺得自己被太多事務性事情佔據自己的
時間，而無法去做得更好，尤其在團隊成員培訓、架構的搭建
及整體統籌上時間不足，導致整個團隊在疲於奔命，過分忙碌
的狀態，效率卻不高。

H42：嗯，感覺你已經很清楚要把事務性的事情減少，用於思考和鏈
接資源的部分，也要給自己更多的時間，把專業的事情交給專
業人士做，你要把對事業的思考放在更加重要的位置。我相信
你一定會成功的（CF二：1）！你看著你手上的水晶球，想像
你成功的畫面，有一位新聞記者來採訪你，你是怎麼做到的，
你是怎麼成功的？你要用哪幾句話來告訴他？（CF四：3）

C42：（……思考5秒）專注、堅持奮鬥、不斷學習成長。

H43：不只新聞記者感動，我在這裡都感動了，哇嗚！（帶著興
奮的聲音拉高了語調）原來一位領導者是通過專注、堅持奮
鬥、不斷學習成長獲得的成功的（CF二：1）。想像一下明天
報紙刊登了一個成功企業家奮鬥的歷程，記者要為你的奮鬥
史下一個標題，來激勵其他人向你看齊，這標題會是什麼？
（M3：強化）

C43：青春不言悔。（擲地有聲的回應）

H44：（面帶微笑以手勢邀請）請親自下這個標題。

C44：寫在白板上。（邊說邊寫）

H45：（面帶微笑以手勢引導）請簽上你的大名。（M3：強化）

C45：（帶著開心的哈哈笑聲，在白板上寫上自己的簽名）。

H46：（帶著仰望的眼神和興奮的語氣）在想像中，我不僅看到這份報紙，還看到一張照片，我很激動，還很感動，我每一個細胞都在跳動（臉色泛紅）。你現在回顧一下，從剛剛談到現在的感受。

C46：（用堅定力量的聲音說）認真看著陳老師寫在白板上的歷程，感覺更清晰，接下來要做什麼更明確了，心裡面更有「定」的感覺。

H47：我剛剛很激動，激動到想跟你合影留念。（M3：強化）

C47：（哈哈哈哈……大聲的笑。）

H48：（帶著誠摯的笑容並注視著當事人說）你願意接受我這個粉絲的合影請求嗎？（M3：強化）

C48：（開懷的哈哈哈）非常榮幸！（兩人起身分站白板兩側合影）（旁觀學員紛紛報以熱烈掌聲）

H39~C48：

助人者帶著興奮的音調與好奇的眼光，對當事人在晤談中的表現，表達當下真實的感受來鼓舞和激勵，並給予讚賞式回饋，同時引導當事人對目前狀況進行反思。H41~H43回應晤談過程中當事人的變化，運用M3以新聞記者採訪成功企業家的奇蹟畫面，強化當事人的行動。H46回到當下檢視當事人此時此刻的心情。H47~H48以和成功人士合影再度強化當事人的行動。

H49：談到這裡，你的問題已大致釐清，初步找到解決的方法，現在我們暫停讓你沉澱一下好嗎？（點頭説好）待會請你去另外一個房間裡面等待。

C49：好的。

H50：我們（現場其他的人）等會兒給你一些回饋。在進另外一個房間之前，你還有什麼想對我或對你自己説的？

C50：（……停頓3秒思考）目前沒有了。

H51：（帶著引領貴賓的心情説）我帶你去那個房間，你可以在裡頭休息和沉澱。大約20分鐘左右，我再去邀請你回來。

C51：（起身去另外一個房間）

H49~C51：

準備結束第一階段的會談，進入第二個階段。

第二階段：團體討論與回饋

這個階段花了大概20分鐘，流程如下：

1. 當事人被邀請去另外一個房間，讓他有時間反思與沉澱。

2. 其他學員對當事人在晤談過程的表現，回饋自己的感受，並給當事人一些任務。討論過程中，助人者同時將回饋內容與任務寫在白板上。團體共同決定，選了一首歌曲要送給當事人。

3. 討論結束後，助人者走進房間，請當事人閉上眼睛，並牽著他的手，慢慢地走回晤談現場。

4. 所有成員圍繞當事人，其中一名成員播放《追夢赤子心》歌曲，讓當事人閉眼聆聽。此時成員們一起隨著樂曲節奏拍掌，暖暖的祝福與激勵的動人氣氛隨著樂曲展開。

5. 在樂聲後半段，當事人慢慢睜開眼睛環顧四周，趨前和身邊的同學們彼此注視並一一擁抱。此刻，所有人都感動到熱淚盈眶，包括助人者自己。這一剎那我才明白被稱為「樂聖」的德國音樂家貝多芬（Ludwig Van Beethoven，1770~1827）所言：「語言的盡頭，就是音樂出現的地方。」

播放的《追夢赤子心》是當時非常火紅的歌曲，幾乎無人不知，無人不曉。歌詞內容不僅唱出了當事人的心聲，讓當事人熱淚盈眶，所有人也同感激動，整個教室充滿著溫馨的氣氛與溫柔的愛。不知你是否

也能感受到？歌詞如下：

充滿鮮花的世界到底在哪裡　如果它真的存在那麼我一定會去

我想在那裡最高的山峰矗立　不在乎它是不是懸崖峭壁

用力活著用力愛　哪怕肝腦塗地　不求任何人滿意只要對得起自己

關於理想我從來沒選擇放棄　即使在灰頭土臉的日子裡

也許我沒有天分　但我有夢的天真　我將會去證明用我的一生

也許我手比較笨　但我願不停探尋　付出所有的青春不留遺憾

向前跑　迎著冷眼和嘲笑

生命的廣闊不歷經磨難怎能感到　命運它無法讓我們跪地求饒

就算鮮血灑滿了懷抱　繼續跑　帶著赤子的驕傲

生命的閃耀不堅持到底怎能看到　與其苟延殘喘不如縱情燃燒吧

有一天會再發芽　未來迷人絢爛總在向我召喚

哪怕只有痛苦作伴也要勇往直前　我想在那裡最藍的大海揚帆

絕不管自己能不能回還　失敗後鬱鬱寡歡　那是懦夫的表現

只要一息尚存請握緊雙拳　在天色破曉之前

我們要更加勇敢　等待日出時最耀眼的瞬間

以下是運用模式三：強化當事人，增強並重視正向改變。請成員給予當事人回饋和任務（圖6-3），目的是藉由旁觀者看到當事人在晤談中的述說與表現，給予回饋並激勵當事人：

1.青春不言悔，如茁壯的大樹。

2.看見巨大的潛力和能量，如航空母艦般穩穩前行。

3.我也要參加慶功宴。

4.勇於承擔。

5.堅持與果效感動人。

6.有責任感、思考力、智慧和無畏精神。

7.堅定的力量。

8.仰望英雄，羨慕創造的力量。

9.感動與鼓舞。

10.看見勇氣與聰明：從現實到夢想成真。

11.面對自己的勇氣。

12.勇於突破。

13.更有自信，具團隊領導能力的人。

下面是成員給予當事人的任務：

1.每天深呼吸5分鐘（清晨第一件事情），外加運動和休息。

2.訂定培訓計畫（包含階段性計劃及詳細計畫）。

3.每天適當授權（要思考授權的優先順序）。

4.寫個「青春不言悔」的墨寶掛在辦公室。

5.與陳老師的合影放大後掛在辦公室。

6.找各階段的見證人（或小組）。

7.好好吃、好好睡。

當事人根據前述任務，逐一檢視目前已經著手在進行，或尚未著手進行的任務。成員以客觀的第三者給予當事人任務，同時讓當事人有檢視及決定的權利，激勵當事人發揮更大的勇氣，來承擔未來的重責。

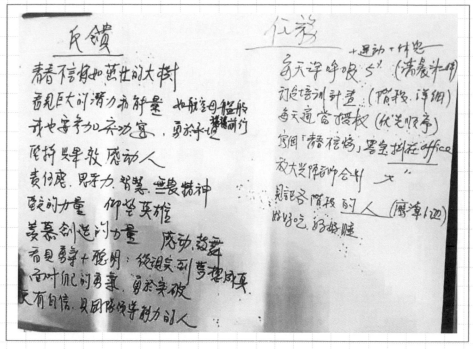

圖6-3　成員回饋與任務

第一階段的晤談是非常理性的對話過程，第二階段呈現的卻是非常感性動人的場面。此刻所有人彷彿置身於劇場裡，舞台上的演員與台下的觀眾融為一體，每個人的心如同被愛的能量圍繞和觸摸，同時愛也轉化為引領大家前進的力量。音樂的悠揚聲和感動的哭泣聲，猶如音符交織出美麗的生命樂章。這也讓我深刻體驗助人工作的意義和價值。

第三階段：反思與結束

H52：白板左邊的回饋，都是在場的學員給你的回饋，你可以讀一下。（M3：強化）

C52：（邊看邊讀白板上的回饋）「青春不言悔，你如茁壯的大樹」、「看見你巨大的潛力如航空母艦般穩穩前行」、「羨慕英雄，感動創造的力量」（……讀完坐下）。看到大家的回饋，自己非常感動，剛剛在聽歌曲的時候，內在有很多情緒在翻騰，自己平時很少落淚，真的有很多的感觸。記得上次流淚還是好幾年前在一個培訓場合，想到自己工作了幾年，依然沒有能夠給父母回饋，內心有很多自責（感慨的音調和語氣）。

H53：在你明年的慶功宴上，是不是把你父母邀請過來。（M3：強化）

C53：嗯，一定的！

H54：（轉向白板上說）右邊是在場同學給一些任務，你也讀一下。（M3：強化）

C54：（輕聲讀出任務……，望著白板說）很感動，「希望」以後繼續努力。

H55：能否把「希望」拿掉。

C55：嗯！我「已經」在努力前行了！

H56：我真的看到一個果敢、勇於突破的你，坐在我的面前是一位有膽識、有作為、有潛力的企業家（CF二：1）。我剛剛還在想一件事情，如果政府會給企業家頒發一個什麼樣的獎給你呢？（……停頓3秒，緩慢但鏗鏘有力地說）優秀青年企業家！（CF三：2）

C56：哈哈！（靦腆又開心的笑著）

H57：當政府把獎牌頒發給你的時候，是一件多麼雀躍和高興的事情啊！

C57：謝謝，謝謝！會鞭策自己不斷努力的！（自我激勵）

H52~C57：

助人者在晤談結束前，邀請當事人親口讀出成員給予的回饋與任務，並運用模式 3 透過所有人給予的讚賞式回饋，持續強化當事人。不只是停留在希望的概念層面，而是帶著力量已經或正在努力的付出，正往目標邁進。

▌晤談歷程摘要

以下將逐字稿的內容藉由5K傾聽法、焦點解決五個改變要素、EARS模式，從歷程觀點統整與解析，如何引導當事人面對議題並找到解決問題的方法。

模式	當事人	助人者解析
	第一階段：一對一晤談	
關鍵人物 KP	與「角色」有關的關鍵人物說了10次： C1：KP1-1，我需要突破，KP1-2在企業裡面的角色有點困惑。 C2：KP1-3想談自己在企業裡的角色。 C3：KP1-4怎樣扮演在公司的角色。 C18：KP1-5個人精力有限且被分散。 C20：KP1-6站在管理角度。 C21：KP1-7是管理者角色統籌規劃，KP1-8我個人的經驗和能力有限。 C28：KP1-9受限個人管理。 C31：KP1-10找空缺的專業負責人。	當事人對自己在企業的管理角色有所覺知，知道自己的定位和能力受限，亟思突破目前的管理困境，從事務層面提升到決策層面。 目前處理太多事務性工作，需要一位有能力的部門經理還分憂解勞，才有辦法帶領團隊提升公司績效。
	與「部門經理」有關的關鍵人物說了3次： C15：KP2-1培養部門經理。 C35：KP2-2他需要獨立策劃和專業推進。 C36：KP2-3這個人需要策劃和運營能力。	當事人非常清楚需要一位專業經理人來分憂解勞，也知道這個位置需要的專業能力。 當務之急就是尋找對的人擺在對的位置上，如此他才能從制高點的角度扮演好領導者的角色。

模式	當事人	助人者解析
關鍵事件 KE	與「團隊」有關的關鍵事件說了12次： C15：KE1-4在團隊中培養負責的經理。 C20：KE1-5團隊運轉更自如。 C28：KE1-6對團隊培訓不足， 　　　KE1-7團隊成員角色定位要清晰， 　　　KE1-8給足夠的培訓機會， 　　　KE1-9充分授權。 C31：KE1-11內部訓練連結更多外部資源， 　　　KE1-12內部培訓的鍛鍊提升， 　　　KE1-13外部培訓資源不夠，經費不足， 　　　KE1-14培訓經費要更多投入， 　　　KE1-15空缺的專案負責人是我需要去尋找的。	當事人在晤談過程中，逐漸對團隊部分有更多的釐清，過往團隊缺乏內外部的培訓機會、資源和經費皆不足。 管理上對團隊成員的角色定位需要更明確，對成員要充分授權，提升他們的能力。 日後找到專責的部門經理人後，才能整合團隊的力量，再創佳績。
	與「角色」有關的關鍵事件說了7次： C1：KE1-1做好自己的事情， 　　　KE1-2更好的平衡。 C10：KE1-3更高的角度思考。 C28：KE1-10嘗試努力突破去對外更多的連結。 C34：KE1-16一是專業能力，另一是管理能力。 C37：KE1-15參加培訓、行業聯盟或論壇、向行業踐行者學習。 C38：KE1-16目前還需政府資源的連結。	當事人逐漸釐清自己在管理者位置上要做的事情，對內的管理思維、對外各種人脈和資源的連結、向楷模學習、自己持續的學習和成長。

模式	當事人	助人者解析
設定目標	H1~C4：以提問聚焦在當事人的改變，釐清當次晤談的目標：對自己在公司內的角色感到困惑，想要有所突破。	
設定目標	C1：我需要突破……在企業裡面的角色有點困惑。 C2：當下最想談自己在企業的角色問題。 C3：自己怎樣扮演在公司的角色。	H1：……想要有哪些改變？ H2：……當下最想要談的？ H3：你想釐清你的工作角色。 H4：如果在公司的角色在晤談結束後有一些改變，你希望有什麼樣的改變？（CF三：1）

H5~C15：這段對話延續C2、及H5想扮演好企業領導者的目標，在目前的困境，當事人反思自己管理者的角色，C7有很清楚的角色定位目標。助人者從C8，C9陳述中找出過去的成功經驗，透過H8，H9，H14的提問，引導運用優勢的能力，從A到A+放大正向改變的方向邁進。C11、C15反映出現況是團隊分工不清，又分擔空缺主管的工作，培養優質有潛力的人才似乎是當務之急，這是亟待突破的點。

模式	當事人	助人者解析
個人目標		H1：不知道你坐在這邊想要有哪些改變？
	C7：第一，自己有清晰規劃的目標，團隊成員也能夠理解；第二，團隊的執行力和行動力足夠迅速有效；第三，通過一段時間努力，有成果有變化。	H5：感覺你很盡心想要扮演好一個帶領者的角色。（CF二：1） H6：你用簡單幾個詞說說，假如你能扮演好一個帶領者角色的狀態？（CF三：1）
	C11：從業績來談……一年後可以達到200萬或300萬的業績。……團隊……分工是不明晰、不明確，我自己做了很多部門經理要做的事情，所以會覺得自己精力不夠。	H10：你如何應用這能力，達到想要成為一個成熟的帶領者？（M2：放大）
	C13：如果從業績和團隊管理有突破，對我個人而言是很大的進步了。	H11：你談到的更大的突破指的是什麼？（M1：引出）

模式	當事人	助人者解析
成功經驗	C8：……主要承擔後期的推進和專案執行工作	H8：嗯，你能夠擔任帶領者，以前一定累積了很多成功的經驗，或者有一些基礎的能力……有哪些成功的經驗？（CF四：2）
	C9：……專案都是我獨立策劃、執行、接受評估的，……通過一步步積累起來的。	H9：哇！聽起來這三個專案都不小，也能展現非常好的成果。我非常好奇，當時你是怎麼做到的？（CF四：3）
	C14：我覺得如果從目前有的項目來看，要達到這個業績應該問題不大。	H14：你談到一個更高的視野，也談到原來你做到了100萬的業績，我很好奇你是怎麼做到的（CF四：3），以及這裡面的經驗如何能夠幫助你做到，從100萬突破到200萬的業績？（M2：放大）

H16~C23：緊扣在C2及H5：聚焦企業帶領者議題，著重當事人在團隊中的定位與角色的釐清，及如何建構與提升團隊。H16~C19：檢核當事人目前的困境，和團隊運作狀況。H20~H23：為團隊表現及管理者設定目標。H23以奇蹟問句／畫面，讓當事人想像，經過一連串的努力後，團隊達成目標後慶賀的場景。

模式	當事人	助人者解析
團隊目標	C16：有三位，我是其中一個專案主管，他們兩位需要我來兼顧。 C18：我主要的困惑在於我個人的精力有限且被分散（KP1-5），新項目要運營感覺會比較吃力。 C20：團體運轉更自如，而我能夠站在管理的角度去開展工作，而不是做一些具體事務層面。	H16：目前你可以擔責的主管有幾位？ H18：聽起來這是一個很好的團隊。（CF二：1） H19：我有感覺，你的經驗和能力都不錯，好像是希望把你的經驗做傳承，或者培養他們的能力，能夠更好的獨立負責。（CF二：2） H20：你想像一下，這個黃金三角的團隊，能夠分工授權和獨立負責，會是怎麼樣的團隊？團隊可以做到怎麼樣？（CF三：1） H22：你的意思是説你可以連結外在資源。（CF一：4）

C23~C28：聚焦在奇蹟畫面，對達成目標在慶功宴舉辦的時間及場景的描繪。助人者的目的是透過振奮性引導，找出個人與團隊未來努力的目標，擴大正向改變的意圖。C1~C28晤談中清晰可見晤談議題與脈絡。

模式	當事人	助人者解析
未來成功圖像	C23：大家會很開心，很放鬆，看到共同奮鬥的結果，看到未來的希望，並且團隊成員能夠拿到自己的獎金而高興。 C24：我們的慣例都是完成一年的所有的工作後，在一月底左右。 C25：我們一般都在機構裡面，開展完工作總結就可以慶祝。 C26：（……思考，輕笑……10秒）想像不出來，目前還沒有經驗（帶著靦腆的笑容回應） C27：會更加從容、更加自信，難掩自己的興奮，也許會比較激動。	H23：水晶球……想像一下……慶功宴……是一個什麼樣的場景？（CF三：1） H24：你能想像慶功宴在什麼時候嗎？（CF三：1） H25：那就是在2019年1月31日。當你辦一個慶功宴的時候，你會選擇一個怎麼樣的場所來犒賞你的團隊，包括你自己？（CF三：1） H26：哦！想像在OO城市有什麼樣的酒店才夠得上這樣的成果？ H27：你這麼想是一種突破。或者你稍微的想像一下，你臉部細緻的表情？（CF三：1）

H29~C34：以慶功宴的場景，反推回到現實狀況，引導當事人思考，面對目前團隊出現的問題：內外部培訓資源與經費不足，缺乏專案負責人、對外資源鏈接不足。透過建構與培訓團隊，具體規劃經費上的調整與應用，以突破現況。同時，藉由奇蹟場景，讓當事人思考慶功宴之前可以做的事情。

模式	當事人	助人者解析
對目標的釐清與行動	C28：主要受限於個人管理以及對團隊的培訓不足，……我要做的事情，第一，對於團隊成員角色定位要清晰，第二，給予足夠的培訓機會，並充分授權，……管理團隊偏軟，執行力會差一些，這個部分是我需要提高的。……對外資源連結，……有一些不足。 C30：如果這幾個角色都到位了，自己能夠在能力上在這個位置完全勝任，從策劃、培訓、對外連結到管理方面都能夠往前一步，我想機構也能夠更上一個台階。 C31：……內部培訓……授權……沒有問題，……連結更多的外部資源，培訓也是如此，……應該有更多的投入，……空缺的專案負責人是我需要去尋找的……。 C33：我……是考慮10%-15%的利潤用於員工能力培訓，大概10萬人民幣左右。 C34：一是專業能力，另一是管理能力……。專業方面2次，管理方面5次。	H28：你完成了，你是怎麼做到的呢？（CF四：3） H29：雖然還沒有到明年，我發現你的第一個目標已經做到了（CF二：1），第二部分你需要做的是你說的這些，如果用幾個詞概括一下，你會用哪幾個詞？（CF三：2） H31：從現在開始的明年1月30號，在培訓的機會以及在授權的部分有哪些可以做的……在明年慶功宴之前做了什麼，……。（CF三：2） H32：那要增加多少經費才能夠達到……項目負責人能力的提升呢？（CF五：1） H33：從你以往的經驗來思考的，你可以提供多少百分比的經費？（CF五：1） H34：那一整年有多少次培訓，給哪些團隊和人？

模式	當事人	助人者解析
H35~C38：引導當事人團隊成員布局，設定找到當責的優秀人才進入團隊，H37回頭再度聚焦C2及H5當事人身上，給予讚賞式回饋並在領導者的定位上由通才轉換為專才。		
團隊期許與角色定位	C35：就是專業和運營能力，他需要獨立策劃和專案推進，如果他專業上有一些不足，是可以招募人員去補足的。 C36：這個人需要策劃和運營能力。 C37：我……積極的去……找機會參加培訓、行業的聯盟或論壇、或向行業踐行者學習，我想這會幫助我有一個大的突破……。 C38：……目前還需連結政府資源……。	H35：我相信你獨具有慧眼，能找到對的人擺在對的位置上，尤其在這個空缺的位置上的人（CF二：1）……這樣的人才需要具備什麼特質和條件？（CF三：2） H36：這個人是怎麼樣的人？（CF一：3） H37：……你為自己做了什麼，……你的事業和管理培訓的能力都能充分展現。（CF三：2） H38：……用摘要的方式寫下來。（CF三：2）
H39~C48：助人者帶著興奮的音調與好奇的眼光，對當事人在晤談中的表現，表達當下的感受來鼓舞和激勵，並給予讚賞式回饋，同時引導當事人對目前狀況進行反思。H41~H43回應晤談過程中當事人的變化，運用M3以新聞記者採訪成功企業家的奇蹟畫面，強化當事人的行動。H46回到當下檢視當事人此時此刻的心情。H47~H48：以和成功人士合影再度強化當事人的行動。		

模式	當事人	助人者解析
讚賞式回饋與強化	C39：……我想聽聽陳老師的想法。 C40：哈哈哈！我很驚訝。（帶著靦腆的微笑看著助人者） C41：我一直會覺得自己被太多事務性事情佔據自己的時間，而無法去做得更好，尤其在團隊成員培訓、架構的搭建及整體統籌上時間不足，導致整個團隊在疲於奔命，過分忙碌的狀態，效率卻不高。 C42：專注、堅持奮鬥、不斷學習成長。 C43：青春不言悔。（擲地有聲的回應） C45：（帶著開心的哈哈笑聲，在白板上寫上自己的簽名）。 C46：……感覺更清晰，接下來要做什麼更明確了，心裡面更有「定」的感覺。 C47：（哈哈哈哈……大聲的笑）。 C48：非常榮幸。（兩人分站白板兩側前合影）	H39：你猜猜我剛剛是怎麼樣在看你嗎？ H40：我剛剛是投以一個羨慕和欣賞的目光，像小孩子在仰望成功人士的狀態，在我心中浮現了一個詞，you are a hero！你是一位英雄！（CF二：1） H41：你是帶著突破來的，你在表述時有清晰的架構和藍圖，知道哪些部份你需要做。我看到你內在有一個很大的力量和能力（CF二：1）。一開始有眼前有一層布，透過晤談你已經把遮掩的布揭開了，看到窗外清晰的景象。 H42：……你看著你手上的水晶球，想像你成功的畫面，有一位新聞記者來採訪你，你是怎麼做到的，你是怎麼成功的？你要用哪幾句話來告訴他？（CF四：3） H43：想像一下明天報紙刊登了一個成功企業家奮鬥的歷程，記者要為你的奮鬥史下一個標題，來激勵其他人向你看齊，這標題會是什麼？（M3：強化） H44：請親自下這個標題。 H45：請簽上你的大名。（M3：強化） H46：你現在回顧一下，從剛剛談到現在的感受。 H47：我剛剛很激動，激動到想跟你合影留念。（M3：強化） H48：你願意接受我這個粉絲的合影請求嗎？（M3：強化）

模式	當事人	助人者解析
H49~C51：準備暫停第一階段的會談，進入第二個階段。		
第二階段：團體討論與回饋（略）		
第三階段：反思與結束		
H52~C57：助人者在晤談結束前，邀請當事人親口讀出成員給予的回饋與任務，並運用模式3透過所有人給予的讚賞式回饋，持續強化當事人。不只是停留在希望的概念層面，而是帶著力量已經或正在努力的付出，正往目標邁進。		
團隊回饋與反思	C52：非常感動，剛剛在聽歌曲的時候，內在有很多情緒在翻騰，自己平時很少落淚，真的有很多的感觸。記得上次流淚還是好幾年前在一個培訓場合，想到自己工作了幾年，依然沒有能夠給父母回饋，內心有很多自責。 C53：嗯，一定的。 C54：很感動，「希望」以後繼續努力。 C55：嗯！我「已經」在努力前行了！ C56：哈哈！ C57：謝謝，謝謝！會鞭策自己不斷努力的！	H52：這白板上的回饋，都是在場的學員給你的回饋，你可以讀一下。（M3：強化） H53：在你明年的慶功宴上，是不是把你父母邀請過來。（M3：強化） H54：這邊是在場同學給一些任務，你也讀一下。（M3：強化） H56：我真的看到一個果敢、勇於突破的你坐在我的面前，是一位有膽識、有作為、有潛力的企業家（CF二：1）。我剛剛還在想一件事情，如果政府會給企業家頒發一個什麼樣的獎給你呢？優秀青年企業家！（CF三：2） H57：當政府把牌匾頒發給你的時候，是一件多麼雀躍和高興的事情啊！（M3：強化）

▊ 晤談後當事人回饋

「通過此次教練晤談，**感覺自己從原來的相對混亂、沉重的狀態抽離出來，變得更加輕鬆**，也能夠比較明確自己後面具體應該做什麼，才能扮演領導者的角色，內心更加堅定；另一部分就會**感覺自己會更加充滿信心，似乎全身充滿了力量**，想要馬上去做自己在晤談中釐清和規劃好的事宜。

在後來的實際企業管理中，**自己一直帶著這份信心和力量積極調整自己，積極的激勵團隊成員**，一直在向目標努力，並在2019年1月激動的向陳老師和同學報告，自己和團隊達到了300萬的業績目標。」

▊ 結語

當事人溫文爾雅，靦腆不多話，態度謙卑。每次來上課都要開兩小時的車程，可是從來不缺席。他是企業家，也擁有二級心理諮詢師的資格，一邊工作一邊學習，把所學應用在帶領團隊上，積極投入、努力不懈的精神令我欣賞和感動。如果有更多的企業家也具備助人的技術，不只是員工的福氣，團隊的表現也會讓人刮目相看。

美國企業家喬爾‧羅斯（Joel Ross）道：「沒有戰略的企業就像一艘沒有舵的船，只會在原地轉圈。」充滿理想與熱血的年輕創業家，同時面對機會與風險。創業與經營非常複雜，也不容

易,儘管當事人謹慎保守,還是得面對外在瞬息萬變的環境,學習精準地掌握未來的經營方向,站在戰略的制高點上,帶領與培訓團隊往目標前進,是極具高難度的挑戰。

當事人年輕有活力、旺盛的企圖心,他也勇敢面對自己的迷茫,透過晤談釐清角色和定位,從整體的架構來建構團隊。他從信心不足到建立自信,從思慮不周到整體思維,從事務處理到領導與管理模式,一一面對與突破。隔年我恰巧又到當地,他興奮的對我分享已達成目標,我非常的開心,而且他還豪邁地擺桌請客,邀請我和學員們一起慶功,大家一同見證他積極努力的成果。他的表現呼應了卡爾・紐波特(Cal Newport)[2]:「當人類深深沉浸在富挑戰性的事務時,似乎最能展現最佳狀況。」

未來的路還很長。相信帶著成功的經驗,他會更有信心面對未來,即便可能有不斷的挑戰出現,由衷的祝福他能克服困難,完成更大更遠的夢想!單打獨鬥的時代已經過去了,未來是發揮團隊力量的時代!有句話說:「一個人走,可以走得很快。一群人一起走,可以走得很遠。」正是團隊的最佳寫照。

我相信年輕的創業家,會憑藉著勇氣和智慧的力量,成為成熟的領導者。既然選擇去做,就全力以赴,沒有任何藉口,不留任何餘地。就像星際大戰系列電影裡的尤達(Yoda)大師說:「要麼做,要麼不做,沒有試試看。(Do or do not. There is no try.)」對我們所有的人來說,同樣也具有啟發性的意義!

在《星際大戰首部曲:威脅潛伏》(Star Wars Episode I:

The Phantom Menace）的一張電影海報裡，我看到前方站著一個9歲小男孩，他是從小被發掘的天選之子安納金天行者（Anakin Skywalker），後方顯現著高高大大的身影，象徵他將是個擁有原力的絕地武士。每當我覺得自己渺小或脆弱時，望著這張海報，就可以感受自己內在有著無比的力量。

　　我用這一張電影海報的意涵，祝福所有在人生路上，在工作職場中的人，不因自己的年紀小而以為自己完成不了大事，不因自己的經驗不足而裹足不前，每個人內在都有尚待啟發的能量和力量。讓我們用心靈的眼睛，看見自己是一位戰士，只要以良善出發，勇敢向自己的使命與願景邁進，終有一天會發現自己能發揮大大的力量，當自我活出實相時，每個人都是獨一無二的戰士！

第四篇

浴火重生天蠶再變
內在整合與生命蛻變

兩極是相互辯證的,它們互相界定彼此。對立的特質
並非是相互牴觸的,它們是一體的兩面,同時也是互
補的。

——佛德列克・所羅門・波爾斯(Frederick Salomon
Perls),完形治療創始人

❖❖◆❖❖

與其做好人,我寧願做一個完整的人。

——卡爾・古斯塔夫・榮格(Carl Gustav Jung,
1875-1961),人格分析心理學創始人

7 生命的挑戰與整合

我遇見妳

完形空椅對話

晤談背景	
當 事 人	30餘歲具有氣質與內在涵養的女性、聲音柔美、常覺得自己的腦袋瓜裝著糨糊，很難深入內在表達同理，在課堂上的練習時，她可以聽懂得、看得見，卻卡在心那兒，說不出口。
晤談議題	探索深度內在，整合內在自我。
晤談時間	45分鐘

▌ 引言

「我親臨現場，在場卻又彷彿不在場！」

生命就像一塊畫布，自己就是生命的藝術家。深藏在內心的寶藏，等著去探索與發現，這通往內心的藝術，充滿驚奇與讚嘆，每一幅都是獨特的瑧品，讓我們邁向成熟，也獻給我們與生命之美相遇的感動。

生命像一幅人生成長的拼圖，撿拾生活事件、生命經驗成為個人的生命圖像。拼湊人生圖像，可以隨喜自在，若是不敢嘗試，那麼事件只是事件，經驗只是經驗，生命可能只是七零八落

的碎片集合。如果勇於拼湊，可從每一小塊的圖像、顏色、和形狀，深入思索其意象與對個人的影響。內心經歷摸索與調整，心情感受也隨之起伏，最終有機會看見自我整合的面貌。然後，以微笑、淚水和喜悅回應生命，只是每個人的過程、時間、與歷程都不同。

　　如果生命改變是一場或好幾場拼圖移動的過程，移動的不只是圖片，更是靈魂的移動。遠遠看起來，也許是安靜的，可能是緩慢的，瞧見的以為是風平浪靜的海面。其實，深如海水的內在，說不定正上演著驚心動魄的人生戲劇，像是需要把卡麥拉鏡頭移得非常靠近，才看得見細微的表情，才聽得見心跳聲。生命的每一場移動皆不同，無論如何移動，總是獨特又美麗的，有幸親眼目睹，不得不謙卑起來，深刻感覺人的渺小、生命的偉大、以及靈魂的自由。

　　這是我從事助人工作以來，印象最深刻的一次晤談。首先，當事人是一位能自我探索與反思的大陸姑娘，她年輕卻好似有生命經驗的老靈魂。晤談後看見當事人的內在由衝突的矛盾，轉換成為整合和合一，讓我心中燃起對生命的尊重與最高的敬意。其次，對一位已經準備好面對內在生命的人，我能做的就是簡約（less is more），我退到背景（ground）並騰出空間，讓當事人成為形像（figure），我在場卻又彷彿不在場。晤談過程中，除了引導語外，在空椅對話中，我當替身（double）時只回應10句關鍵話語，讓當事人盡情與自由表達，透過自我對話，在內心起了微

妙變化與重大的改變。第三，我在傾聽當事人語言起落之間隱藏的深意，同時在其肢體細微轉換處洞察內在的含義。在生命的細緻流動中與當事人同在，彷彿深淵與深淵相呼應。

　　我在現場深深受到感動，同時也耗盡了身心能量，以至於會談結束後，當晚感到異常疲累而倒頭呼呼大睡，這是過去三十餘年專業工作中，不曾有過的經驗。對於助人者而言，如果話說得多會很累，那麼靜默專注的貼近心靈內在，耗盡的是更大的心神能量，這是我極為深刻的體驗。

▋ 理論觀點與技術應用

　　這次晤談結合完形學派的「空椅技術」（emptychair），及心理劇中「替身」（double）的概念。

　　完形大師 Perls 是第一位將源於心理劇（Psychodrama）的空椅法，應用於晤談中的當事人身上。Young（2013）指出[1]：「空椅是面向對方說出想要說的話或做想要做的事。具有宣洩經驗，幫助當事人強化人際和內在自我的情緒連結。經由創造與解構，整合對立面。」

　　藉由助人者扮演當事人的替身，形式由演出轉換為口語，表達出深層的內在經驗和情緒感受。游淑瑜、蔡瑋芸（2019）在替身經驗的研究指出[2]：「替身經驗連結二個行為向度：1.橫向聯繫作用：人際語言、非語言行動。替身會傾聽主角、輔角互動的口語與非口語，會引發身體感受，進入主角的經驗脈絡；2.縱向聯繫

作用：話語—身體感受。替身在場景中，經驗到身體、心理的感受，進入主角經驗脈絡，理解其置身所在，因而說出替身話語。」

　　晤談過程中，當事人的心情起伏和轉折很大，從不開心、討厭、彆扭、難過、困惑、生氣、害怕，到不太討厭、高興等複雜情緒。口語表達裡有顫抖、聲調高亢、緩慢低沉、時而啜泣等。最後，當事人以「我遇見妳」為標題，為此次晤談下了精采的註腳。讓我們藉由逐字稿的解析，一起品味生命整合的過程，看別人的故事，也會觸及自己的心，留自己的淚，無形中也可能療癒了自己。

　　羅伯・費雪（Robert Fisher）在《為自己出征》說：「我們設下障礙來保護自己所謂的自我，然後有一天，就被這些障礙給困住了，無法掙脫。」人們如何掙脫自己的障礙呢？當事人不只一位，妳、我、我們是觀眾，也是自己生命大戲的主角。

▋逐字稿解析

> 晤談前一天我在課程講解完形治療和空椅技術，引發當事人的好奇和興致，下課時與我談論有關她的狀況，覺得她自己好像有兩個我，一個是 A，一個是 B。當下我給了一些回饋，允諾隔天若有空，可以針對此議題深入探討。當事人表達想要處理這部分。

H1：昨天妳想要透過晤談進行A跟B的對話，我印象深刻的是，我講了一句話：「A，要給B帶上面具，但實際上A來自於B，A的出現又常常給B帶上一個面具，以至於B是不見的。」

C1：（點頭）

H2：妳想透過晤談過程去釐清一些自己內在的狀況。

C2：（點頭）

H3：如果妳要給A一個名字，或一個名稱，妳會想要怎樣去敘述A的狀態？

C3：給她一個名稱？

H4：請妳敘述A的一個特質，或者A平常說話的風貌或行事風格，或透過一個名稱代表A，反過來B也是一樣。

H1~H4：

首先在H2先確認晤談議題，接著H3~H4引導準備進入空椅對話。應用策略：先談A與B各自狀況，再談兩者的關係，以便讓當事人進入對話的場景中。

C4：（點頭。嚥了一下口水）A是職場女性，她很幹練，雖然專業比較窄，可是在自己的專業裡面，是非常出類拔萃也自得其所。她極少在專業上出現她會搞不定的狀況，只會說：「唉！這個狀況是個挑戰」，但是一定是OK的。（頭仰起、表情自信、身體姿態放開、聲音大）

H5：所以她能力很強。

C5：善交際，喜歡精緻而幹練的打扮。

H6：嗯哼。

C6：這是A。

H7：B呢？

C7：B不太會說話，嗯……B有很多的小情緒，小脾氣。B會覺得自己比較醜陋（抿嘴歎氣！），她對很多事情不太知道要怎麼辦。（低著頭、聲音漸小、說話猶豫不直接、身體姿態縮著）

H8：比較沒有主張？

C8：不是主張，是不太有應對的策略，常常感到委屈或者被壓抑。

H9：情緒上的壓抑？

C9：就是她經常會感覺自己不被允許出來，被壓在一個東西裡面，然後感覺自己被壓得很難受。

H10：所以是不能自我表達的？

C4~C6：

由當事人先簡略描述A的背景。敘述中可以了解A是個專業和社交能力皆強，專業表現和亮麗外貌很容易被看見。

C10：（……沉默5秒思考）還到不了表達的份上，（撓額頭）就根本就不能出、不能……。

H11：根本就出不來（自我表達）。

C11：（點頭）嗯哼。（撓額頭的手放下。開始互掰手指）

H12：嗯哼，還有嗎？

C12：B有一個比較嚴重的感覺是，她覺得……我是那個要被殺死，但是莫名其妙沒有死成，而活下來的孩子。

H13：九死一生嗎？還是說？

C13：不被允許活著，可是也意外的沒有死掉。

H14：嗯哼。

C14：就這樣了。

H15：剛剛妳說了A跟B的狀況。

C15：B很羨慕A，B一直能看到A，她很羨慕A。A到最近才知道有B的存在，可是，她好像不太能（……停頓5秒）就是她看著B，好像是一個完全未知的生物。

H16：所以是陌生的。

C16：非常陌生。

H17：所以A看見一個陌生的B。昨天妳有說，其實A來自於B。

H7~C14：

由當事人簡略描述B的背景。B自覺外貌不揚，表達有困難，情緒起伏不定，常壓抑自己的感受，對於表達內在感受是有困難的。同時不善應對與處理事情。

從C4~C14的敘述中，A是外顯搶眼、專業能力強、善於表達與人際互動。B是奇貌不揚、內隱的壓抑，有困難表達、與苟延殘喘的生命。相較之下，A是「強勢」，而 B 是「弱勢」，兩者形成強烈的鮮明對比。

C17：（點頭）

H18：但是，反過頭來A看B有一個面具？

C18：她已經不認識她了，她也不知道……嗯……（音調突然提高，肢體改變）因為A很聰明，能看得出來「我有一部分的確來自B」。但是，這是因為她聰明，而不是因為她能感受到。

H19：嗯哼。我們藉著一個過程，來進行對話好嗎？（點頭。……準備另一張座椅）我問妳，想要坐在A，還是B？

C19：（抿嘴、掰手…。吞嚥說）我現在其實靠近B一些，但是我猜A先說話，我會更知道說什麼。

H20：妳想從A開始。妳現在坐的位置是代表A，還是另一邊要坐A？

C20：換個位置是A。

H21：所以這個位置妳要當作是A。（…停頓3秒，等待當事人移動位置）

C21：（起身換位置）

H22：如果這個位置是A，剛剛是說B坐這裡嗎？（手指著另一張空椅子）

C22：（……沉默思索5秒後說）遠一些。

H23：妳來決定要讓她多遠。

C23：（挪動位置）

H15~C18：

當事人描述 A 與 B 的關係。由陳述中得知，兩者之間的距離靠得很近，心卻離得很遠，易言之，兩者都在，卻不同在。似曾相似卻又陌生得形同路人。似乎雙方都戴著面具看對方，看得到卻又摸不著，在關係中顯得冷漠，絲毫沒有聯繫。

H19~C23：

助人者引導空椅對話前的準備。同時把空間位置決定權交給當事人，選擇右邊 A 或左邊 B 的座位，再者確認 A 與 B 的距離。目的是尊重當事人自由選擇的權力，也象徵當事人承擔自己的責任。

H24：現在妳是A，待會妳們有一段對話，妳想說什麼就說什麼。當妳說完之後，麻煩妳移動到B的位置。

C24：（點頭）

H25：（手指著另一張空椅）當妳坐在那裡，妳就把自己當做是B。

C25：（點頭）

H26：表現出她的狀態跟樣子。

C26：（點頭）

H27：B聽到A在敘說或是表達的過程，聽到什麼和感受到什麼，想做什麼回應就回應給A。

C27：（點頭）

H28：過程中，有時我會在A的後面，有時我會在B的後面，我會視狀況來移動，這樣會不會干擾到妳？

C28：不太會。

H29：好，妳打算從哪裡開始。如果過程當中有必要的話，我會不時地扮演A的double或B的double。

C29：（點頭）

H30：我會看狀況。

C30：（點頭，嘴一直抿住）。（這個肢體動作表示有話想說，正考慮說或不說）

H24~C30：

助人者說明空椅對話的方式及引導對話前的心理預備，做
法是融入心理劇替身的概念，只是由演出形式轉換為口語
表達。

> 空椅對話：以下由A展開對話。

A1：（帶著一點嚴肅的表情緩慢地說）我之前有看到過妳。可是抱歉我真的不認識妳 **KP-1**（……停頓3秒）我聽到妳告訴過我，我們本來有認識（嘆息聲……停頓10秒）。但是我很難想像我們之前認識（……停頓15秒），妳知道（……停頓15秒），我說這句話可能不是太好，就是妳看我長得跟妳完全都不像 **KP-2**。對，但是，我也能看出來我跟妳有一些非常接近的地方 **KP-3**。我看的出來妳的感情非常豐富而我也能夠（……笑，有輕微自嘲的感情），我很擅長用感情，去體會文字裡面不同的情感，也擅長去聽懂音樂，我很擅長（……停頓5秒）知道別人高興還是不高興。嗯（……停頓8秒），但是當我看著妳，我完全沒有辦法想像妳有這個能力，真奇怪。我能（……停頓5秒）看得到妳的感情如此豐富，可是我完全不相信妳具備我今天具備的能力（……長沉默15秒）。我現在跟妳說話都不開心 **KP-4**，因為我很討厭拒絕一個人的狀態（……停頓3秒），我在生活當中是很少拒絕什麼的（音調語氣拉高，表情微有變化），我對大部分的人都很友好，除非我不想跟他說話。可是，我跟妳的狀況很奇怪，我沒有不想跟妳說話 **KP-5**，但是我好像對妳（……大歎氣！），妳讓我覺得我很不友好 **KP-6**。（……沉默10秒）我很瞭解我自己，我擅長把控自己的狀態，但是當我看到妳，及面對妳的時候，我發現我搞不明白狀況，我很討厭這樣子（無奈

的語氣）。妳知道嗎，我總覺得跟妳說話的時候妳都沒有反應 **KP-7**，妳從頭到尾都那樣窩在那裡 **KP-8**（微微生氣的語調）。我覺得可能是我說話太咄咄逼人，所以妳窩著 **KP-9**……（歎氣！）對，所以妳讓我很（眼看著下面……苦笑，撓頭）失控，很失功能 **KP-10** 妳知道嗎？（……苦笑，歎氣！）我注意到妳一直都不穿鞋這件事情真奇怪，妳為什麼不穿鞋呢？如果妳跟我一樣的話，我有那麼多漂亮的鞋子妳為什麼不穿？（長沉默15秒……，歎氣！）妳不覺得女孩子是應該穿高跟，然後，有比較漂亮優雅的狀態。（……停頓3秒）雖然我承認有時候…我這個面相只是…只是漂亮，我有時候覺得我不太跟自己在一起 **KP-11**。說實話，妳這個樣子我也很費解，我不確定妳跟妳自己在一起嗎 **KP-12**？（……停頓3秒）抱歉，最後的話我很困惑，因為我不知道（……停頓5秒），我不知道自己為什麼會在乎跟不跟自己在一起 **KP-13** 這件事情，我通常都不在乎的（……停頓8秒），這件事也不重要嘛，我剛也只是突然想到而已。（……長沉默20秒。歎氣！！）妳（……停頓5秒）妳不給點反應真的友好嗎 **KP-14**？哦！不過，我猜大概我剛剛這麼說話，妳的意思是妳不太想有反應嗎？我可以換個方式跟妳說（……停頓10秒），其實，……我並不太討厭妳啦，只是困惑妳的存在 **KP-15**，我沒有見過（……身體後仰靠到椅背）我沒有太面對過不太能控制的狀況。所以，可能（……停頓3秒），我不太知道怎麼辦的時候，會有一點點想攻擊妳 **KP-16**。

H31：想攻擊她？哦！

A1：

A面向著B，對一個認識的陌生人，有很多直接的內心自我表白，話語中隱含著不解、無奈、生氣等複雜情緒。A想靠近B，卻又靠近不得，對B的反應是匪夷所思的。A最後一句話說：「會有一點點想攻擊妳」，助人者當下心裡有點詫異和驚訝，也不解這句話的意義。只能帶著疑惑往下進行，伺機再詢問或澄清。

A2：（……靜默5秒，笑！）其實剛剛那些話説完之後，實話實説……我確實蠻（……停頓3秒，微露笑容）不討厭妳的 KP-17 。我這樣説，妳好像聽得懂一點（……停頓5秒）。好吧，可是我不懂（笑……長沉默……12秒），如果我像妳一樣不太説話，這個結果會怎麼樣呢？（……長沉默，思考12秒。兩隻手掌不停地戳著）剛剛這一刻我覺得跟妳距離近一點點 KP-18 ，妳覺得呢？還是説，我這樣一直不停的表達我的狀況和不停地問妳，節奏有點快？我不確定，因為我比較擅長説我的狀況。嗯，如果妳也想説，可以給我一個表示，哪怕是慢一點，我知道我可以等。如果妳沒有任何反應的話（……笑），不那麼自嘲的話，我好像也只知道，我想到和我可以做的。嗯，那妳要不要試試看？（長沉默……15秒。不太正視B）

H32：妳要對她説的話已經結束了嗎？還有話想要説嗎？

C31：大概吧。

H33：如果妳覺得OK，想要坐過去做回應，妳就坐過去。（當事人緩慢起身移動到對面空椅B的位置）

空椅對話：以下由B接著對話。

B1：（低頭沉思……起身把凳子往前靠近，……5秒鐘後又把自己的凳子向左側轉了一點方向並往後拉遠一些。……抿著嘴拉A的凳子往右前方靠。……5秒後又用腳將凳子往後推開一

A1~A2：

以上由A先啟動對話，A1~A2進入完形A與B的整段對話。
這一長段話語中，似乎很難抓住表達的要點與核心，留意要
傾聽的重點。仔細分解A1說話的內容，會發現A與B有相同
特質，也有差異性。A對B的反應顯得非常的無奈，似乎也
累積了很多的情緒，憤怒到極點想要拿B當出氣筒，無處安
放的憤怒像把利箭，想把B當作箭靶去釋放自己的情緒。但
在表達自己的內心話後，心情從不開心和討厭，轉而不討厭
了。也許表達過程，情感在不知不覺中得到宣洩。A2覺得彼
此的距離拉近了，轉而展現善意，主動邀請B在不勉強的情
況下表達心意，增進彼此的了解，一起努力改善關係。

A1~A2對話中出現與「關鍵人物」（KP）有關的有18次，
描述的重點都在兩人「互動關係」上，從我真的不認識妳開
始，兩人的特質有共通和差異，A想跟B說話，B沒有反應還
窩著，讓A覺得B不友好，可能是自己咄咄逼人造成B不想
回應，同時B的回應有讓A覺得失控失功能。KP-11~KP-13
顯示A在乎但也質疑兩人的關係是同在和友善的嗎？A原本
就不太討厭B，對話後更不會討厭B，顯示對話可能增進彼此
的了解，但在若即若離的關係中存有負面的情緒。

H32~H33：

助人者以引導語，準備進行空椅位置轉換。

些。……雙腳踢了兩下A的凳子，雙腳跟交叉上下擺動兩次，接著在地上左右晃動……15秒後，低著臉對著A說）其實妳老讓我跟妳說話，我彎彎扭的 KW1-1 。不是說我不想跟妳說話，而是說我覺得人為什麼要說話呢？反正我幹嘛，妳其實看得懂！（……停頓5秒）妳會看不懂嗎？（……停頓10秒）還有我現在這樣，是因為妳說過話之後，我覺得我們的關係好像還好 KW1-2 。（長沉默……15秒）妳知道在這之前，我一直都不知道我是哪裡來的？就好像突然有一天我就待在這裡了，然後也沒有人理我 KW2-1 。我每天看妳，妳也只是出去，回來又出去，回來妳也沒有看我，就很懷疑我是不是個生命體 KW3-1 。反正你們都看不見我 KW2-2 ，莫名其妙的就待在這裡。（……停頓3秒）我就自己跟自己玩了，一直玩啊，玩啊，玩啊，玩到有一天，我終於好像有點確認，我也是有肉的，我確實是會動的 KW3-2 ，我也可以（……停頓3秒），就是有一天突然覺得我跟妳好像是同一種東西，可是妳叫「人」我不叫 KW3-3 ，我覺得還怪怪的。可是妳有爸爸媽媽，（開始哽咽……10秒）我都沒有（低頭開始哽咽微泣……停頓10餘秒，雙久又踢了兩下A的凳子）。然後，妳忽然讓我跟妳說話，我都不確定我會說話。（哽咽哭泣著說）有一天我確實發現我的的確確在這裡，我看見妳脫鞋子，我學會了那個東西叫「腳」 KW4-1 ，我看到妳帶手鐲，我學會了那個東西叫「手」 KW4-2 ，我看到妳化妝的時候，我知道了我這個東西叫「臉」 KW4-3 ，我看到妳發出聲音，知道我可以說話，我看到他們跟妳說話，

我知道那個叫「爸媽」KW4-4。但是，都沒有人來跟我說話呀KW1-3。（長沉默……15秒。同時抿嘴、啜泣、掉淚，左手抬起又放下2次。）我現在是在跟妳說話嗎？有一天我自己確認到說，我就是很生氣的覺得說，我也是（……靜默3秒）我就自己認了，我自己認了，我就是人了KW3-4，反正我就是，我不管！然後我覺得誰知道我是不是人呢？誰知道我在不在呢？我這個樣子大概也蠻討厭的。我其實都不確定，我真的有在這裡，可是我卻要固執的覺得我在，然後，我覺得我是個人KW3-5，我想跟你們建立關係KW1-4。但是，說不定我本來就只是一個影子KW3-6，我本來就沒有在過，我本來就是我自己想像出來的，我怎麼知道？（……停頓5秒）妳說我不穿鞋，我試過妳的鞋，妳的鞋跟我的籠子KW5-1長得一模一樣，我在這個籠子KW5-2裡沒辦法多動一下我的手和腳，妳的鞋穿在我腳上，跟這個籠子KW5-3穿在我身上一樣。可是我不穿鞋，我的腳踏在籠子KW5-4的時候，有一點點冷，這個叫冷吧！那種冷的感覺，我就靠這個很執念的確認，我叫「人」KW3-7，我在。（……停頓5秒）後來有一天，我聽到一個人說話，我其實不知道她在說什麼，但是我好像有聽懂一點意思，就是妳的背後有一個影子KW3-8（相對於人，在籠子裡和影子的自我認同也很關鍵），妳從那個影子裡活出妳，然後我覺得我就是妳的那個影子KW3-9。可是，為什麼我要做那個影子？KW3-10為什麼只有妳可以活著，我不可以？為什麼我要被歸為影子KW3-11，我不能被歸為人KW3-12？妳說，妳失控的時候會很抓狂，

妳只是失控而已，誰給過我控制權？（……停頓10秒）我很想長成妳的樣子，但是我也完全不想長成妳的樣子KW1-5，我想長成妳那樣，是因為長成妳的樣子之後，我說不定也可以有爸媽，然後也有人把我叫人KW3-13（啜泣聲變大，雙腳踢著A凳子），我可以不用住籠子了KW5-5，我可以跟妳一樣，說漂亮的話，出去玩兒（……停頓3秒）。可是，我一點都不想活成妳那個樣子KW1-6，妳每天穿著那雙鞋子走來走去，走來走去，走來走去，（……停頓5秒）妳剛剛說，妳不知道妳有沒有跟自己在一起，我也不知道？但是我覺得我知道我的腳踩著籠子是冷的KW5-6，妳知道嗎？妳知道妳的腳放在那雙鞋子裡面是痛的嗎？可是我知道啊！我知道妳的腳有變形啊，妳的腳痛，它晚上有告訴我，它有告訴過妳嗎？妳會在乎嗎？妳的臉有告訴過我說，它想要直接面對太陽，它不想要塗在它上面一層一層的東西妳知道嗎？妳的頭髮有告訴過我說，它不想被電、去燙、去拉、去夾，它不想要弄上不是它的顏色，那個味道很難聞，妳知道嗎？（相對於A，B的感官很清晰）妳什麼都不知道，可是妳很漂亮的活著（思考一下，從這句和下一句來看，活著的定義是什麼？），我什麼都知道，可是我卻不能被稱為人KW3-14，然後我還要學著像妳一樣去說話，妳才知道我在說話。我有時候覺得妳挺笨的，妳知道嗎？妳蠢死啦！（啜泣聲調稍高）妳長在妳自己身上的東西是什麼感覺妳都不知道，妳還每天很高興的跑來跑去走來走去，覺得自己好厲害。我也覺得妳很厲害，可是我覺得妳有時候真的（……

停頓5秒），真的跟白癡一樣。妳居然還要我學會説話，妳才知道我在説什麼，妳有長心的嘛！（長心指B覺得A沒什麼感情，她好像沒有長出心來，沒有心，沒有感情。）我想什麼妳都沒有感覺的嗎？一個人怎麼會那麼蠢。妳們不是天天很得意的説，人是高級動物人很厲害的，人進化得很好。可是所有的動物都長心！所有的動物都有感覺！妳怎麼沒有呢？好吧，我也不能説，妳沒有，妳很會用，如果妳要用的話。妳就不理我，反正我也不是妳的工作對象（……停頓15秒），其實我很想聽妳告訴我，爸媽是什麼 KW4-5 。（……停頓3秒）其實我到現在一直都不瞭解這東西，可是我看到你們在一起（哭泣……靜默5秒）我都找不到（能跟我在一起的爸媽）。（……停頓5秒）我也想在籠子 KW5-7 裡找兩個東西，可以像你們一樣動來動去，然後説話，但是找不到嘛！我一點都不知道。（啜泣哽咽……停頓20秒）妳説我是爸媽生出來的，本來我也應該是吧。還是説，有人不是？妳知道我有時候在猜，他們不要我，要了妳，所以你們都看不到我 KW2-3 。（……停頓15秒，同時啜泣掉淚，手不斷擦拭掉下來的眼淚）他們讓妳按著我的樣子去長，可是他們不要我 KW2-4 。（……停頓10秒，拭淚歎氣！）

B1：

以上B說了一長串的話，看起來像是霧裡看花，看不清也摸不著頭緒。B開始說話前的肢體動作很有意思的，觀察這個動作其實深有意涵，椅子拉靠近一些，象徵想拉近A與B的心理距離，準備正視著A開啟對話。有意思的是，B的處境彷彿演一齣獨角戲，孤零一人在舞台上喃喃自語，進行孤獨式的告白，台下有學員觀看卻好似空蕩無人（A敘說時也一樣）。

B像是路邊一朵不起眼的小花，引不起路上往來行人注目的眼光，又像是一個趴在窗邊，帶著羨慕的眼光，孤獨一人望著窗外的花花世界，看得見世界卻又摸不著。好似拿著擴音喇叭向世界吶喊，周邊的人不知是裝聾作啞，還是故意冷眼漠視，完全無似於她的存在。當中一段話彷彿是努力拼湊一個有關自己的「人」形模樣，卻又無法拼湊成型，自己看不清形象容貌，別人瞧也不瞧一眼。B孤獨的告白能看見她慧心妙舌的一面，也感受到她被逼得如春蠶自縛的處境。

此情此景，助人者不僅要專注聆聽B內在的聲音和話語的隱含涵義，更要用細緻的心靈眼睛觀察肢體語言，用同理與溫暖的心，貼近深層冰冷的幽暗世界。儘管她面對被層層限制與關押的處境，愈要展現詭銜竊轡之心，約束越多，反抗越強。聽懂她無奈而苦悶的心靈聲音，或許能衝

雲破霧將其釋放。

另外，A2：「其實剛剛那些話說完之後，實話實說…我確實蠻…不討厭妳的。」和B1：「因為妳說過話之後，我覺得我們關係好像…還好。」為什麼A1與B1各自敘述一長串的對話後，說出了這句話？顯示出什麼意義呢？顯然A與B之前的關係，沒有太多的互動與溝通，彼此有話想說、想問，卻深藏內心，彼此揣測，可能是各自帶著刻板印象或偏見看對方，累積了不少的負面情緒和感受。好不容易逮到對話的機會一吐為快。儘管對話顯得緊張對立，卻是極為真誠的自我袒露，雙方都很勇敢的掀開各自心底的面紗，讓彼此瞧見得更清楚。

以下從B1中KW出現的順序和次數，進行整理與解讀：

敘述中出現了十四次關於「是不是人」的關鍵字（KW3）：1.很懷疑我是不是個生命體。2.我也是有肉的，我確實是會動的。3.妳叫「人」我不叫。4.我自己認了，我就是人了。5.我覺得我是個人。6.說不定我本來就只是一個影子。7.很執念的確認，我叫人。8.妳的背後又一個影子。9.我就是妳的那個影子。10.為什麼我要做那個影子。11.為什麼我要被歸為影子。12.我不能被歸為人。13.也有人把我叫人。14.可是我卻不能被稱為人。這些陳述意味著渴望被

當人看待，被當人尊重，有存在的實質意義。

陳述中出現七次有關「籠子」的關鍵字（KW5）：1.妳的鞋跟我的籠子長得一模一樣。2.我在這個籠子裡沒辦法多動一下我的手和腳。3.妳的鞋穿在我腳上跟這個籠子穿在我身上一樣。4.我的腳踏在籠子的時候，有一點點冷的。5.我可以不用住籠子了。6.我的腳踩著籠子是冷的。7.我也想在籠子裡找兩個東西，可以像妳們一樣動來動去。

籠子隱含黑暗中的囚徒，在侷限的空間中沒有自我和自由的空間。二次形容在籠子裡是冷的，意味著被漠視，有孤獨寂涼感，彷彿被打入冷宮一般。最後想在籠子裡找兩個東西：1.動來動去，然後說話。2.爸媽生出來的。顯示想要成為一個真實存在、活生生的人。

談話中出現六次與「關係」有關的關鍵字（KW1）：1.讓我跟妳說話，我蠻彆扭的。2.因為妳說過話之後，我覺得我們的關係好像……還好。3.都沒有人來跟我說話呀。4.我想跟妳們建立關係。5.我很想長成妳的樣子，但是我也完全不想長成妳的樣子。6.我一點都不想活成妳那個樣子。原來的關係是尷尬、難為情，互動與溝通是不順暢的。B渴望建立獨立又融合的實質關係。對話後感覺關係似乎沒有想像中的糟糕。

語詞出現了五次關於「樣貌」的關鍵字（KW4）：1.我學會

了那個東西叫「腳」。2.我學會了那個東西叫「手」。3.我知道了我這個東西叫「臉」。4.我知道了那個叫「爸媽」。5.我很想聽妳告訴我，爸媽是什麼。這些表達意味透過拼湊人的形象與樣貌，感受到自己是人的存在與價值感。然而，依舊是被漠視和輕忽。

話語中出現四次關於「沒被看見」的關鍵字（KW2）：1.沒有人理我。2.你們都看不見我。3.你們都看不到我。4.可是他們不要我。這些表達意味著被忽略和漠視，不被注意、關心和看重的。在的同時彷彿是隱形人般。

整體而言，除了肢體語言的差異，A與B的陳述重點也不同，A聚焦在兩人「互動關係」，B焦點在關係裡的「自我角色」：被禁錮、被漠視、質疑自己的樣貌、身分、與存在等自我概念。A顯得「強勢」，B則是「弱勢」。

H34：我來説幾句話？下面説的話，是不是妳內在的聲音，待會兒妳直接做回應。（蹲在B座位右後方）

H／B1（替身）：我想要告訴妳（A）的是，我講了這麼多話，總結只有幾句話，我需要被關注，我需要被看見。當我遇見妳的時候，妳仿佛是一座大山，而我仿佛是在大山山腳下的一粒小灰塵（B靜默的點頭），妳是那麼的舉足輕重，我卻微小到沒有讓人看見（B啜泣嘆息）。妳常常説妳想瞭解我，然而妳卻從來沒有真正的聽我説話（B臉部緊繃，嘆息，啜泣，戳著雙手），妳説妳想瞭解我，妳卻自顧在説自己的事情（B猛點頭）。我活著，可是我感覺我像空氣，從來沒有人注意到我（啜泣哽咽），妳知道嗎，我才是妳真實的內在（B大嘆一口氣），雖然我是妳真實的內在，可是我從來沒有活出真實的自己，這是我的痛苦，這是我的難過（B淚水從雙頰中流了下來）。

B2：（……停頓10秒，同時啜泣、哽咽、嘆息！）其實我都不太有底氣説我是妳真實的樣子，我只是會賭口氣這麼説（語氣緩慢以左手擦拭著臉頰的淚）。（……停頓5秒後嘆氣説）但是我又知道是，只是我沒有那個勇氣。（左手摳著右手食指……停頓5秒，低頭啜泣，嘆息著説）妳彎彎腰的話，其實可以碰到妳腳底下的沙子，但是妳（……停頓5秒）都懶得説。妳太在乎妳站直的那個姿態了。左手擦拭臉頰的淚水，（……停頓10秒後轉頭向助人者示意）我説完了。

H35：如果妳説完了，請再回到妳原來A的座位去回應。

助人者在Ａ或Ｂ對話時，分別在身後或側面，隨著聲音語調和肢體變化，時而站著或蹲著，靜默地聆聽與陪伴。接下來將以替身進入雙方的對話，試著將捕捉到的感受，以更深層話語來表達Ａ或Ｂ隱晦的內在，讓雙方能聽見彼此深層的聲音。換言之，替身代替Ａ或Ｂ來揭露更深的自我。意在幫助Ａ和Ｂ產生深度的覺察與反思，讓雙方看見彼此，聽懂對方，及有更深的連結。

H34~H35：

Ｈ／Ｂ1（替身）以「我訊息……」的方式來表達Ｂ的內在聲音，不帶著指責、評斷、批判的態度。助人者在對話時，心中直覺式的浮現出「大山」和「小灰塵」兩個顯明對比的圖像，當下表達出雙方的心理地位與關係，我相信這隱喻對當事人的整合，起了關鍵性的作用。同時說出被關注和看見的需求，表達深度的情緒，和活出真實自我的渴望。Ｂ在這段陳述中夾雜著情緒，語氣卻顯得和緩些。

位置互換：由B的位置移動到A的座位，助人者坐在A的左後方。因前段的敘述中帶著情緒，剛轉換座位時，臉部表情一時回不來，停留10秒鐘轉換心情。

A3：（低著頭沒直視B，但聲音語調是強的）妳剛才踢了半天，把我的凳子踢過去了，我現在能轉過來跟妳說話嗎？（……停頓20秒）我覺得妳這個人是不是有病？妳要跟我說話，然後不讓我看著妳，又說我蠢，（……停頓秒）也不知道誰蠢，（帶著微怒的語氣，手指著B說）妳在籠子裡沒人看到妳，妳出聲嘛！我會跟妳吵架也是我蠢，好吧，我蠢！（音調高、語氣強）。那我打開籠子妳出來玩？（……停頓5秒高聲說）鑰匙不是問題。（……停頓15秒，身體稍往前側身看著對方，語氣緩和說）妳想出來我就給妳拿鑰匙，（……停頓10秒，做吞口水狀）妳真的相信這個世界上有人想拿，但是拿不到的東西嗎？（……停頓15秒，頭低著，雙手戳握著，語氣平緩）我只是問妳想不想出來，（……停頓10秒，語氣肯定的說）妳想出來我去拿鑰匙。好吧，抱歉！（手摳著頭，苦惱的臉，低頭未直視B）妳害怕。可是，妳很想出來（深呼吸大歎氣！），所以我覺得感情很麻煩，是因為妳又想出來，然後妳又害怕，反正妳要出來，不要害怕就好了嘛！給自己找麻煩，或者妳丟一邊就好了，出來了再害怕嘛（……停頓5秒），這樣比較不像人是嗎？（……停頓3秒）好吧！那我去拿鑰匙，妳自己再糾結一下（歎

A3：

A轉身正式面對B，她的表達展現了主動的作為，雖然語氣帶著生氣和無奈，一方面歸責自己，又願意拿鑰匙開啟籠子釋出善意，似乎在無奈中接受彼此的差異。A的直來直往與B間接迂迴顯然不同調，這是雙方明顯的差異。最後，A覺察當下的間接與平日直接的不同，新感受中沒有太多負面的情緒，顯然情緒稍有緩和。

氣！），我只是覺（……停頓10秒，苦著臉嘆氣的說）我覺得在我的標準裡面說話，這麼繞來繞去挺麻煩的，我現在居然也會繞來繞去，還感覺蠻新鮮的。不過不討厭你。

H36：我插一句話。

C32：（點頭）

H／A3（替身）：當妳想面對我、聽我說話，卻又踢我的凳子、側臉不看著我，我覺得我也沒有被正臉瞧過，我也被漠視。其實我跟妳一樣，我是一座大山，但是在大山的背後，我也需要有人看見我，我跟妳是一樣的。我其實只是嘴巴會說，內心也跟妳一樣，我需要有人懂我（A抿著嘴聽著），關心我，不是因為我是強人，就可以漠視我內在的需要。

A4：（抿著嘴吸了一口氣）這個聲音說的對吧（嘆氣！！）。（低著頭……低著頭沉思靜默15秒，深嘆一口氣緩和的說）可是妳要我說這個話，會比較困難。嗯，（……靜默3秒）我現在想去做點什麼，比如說，去拿鑰匙把妳的鎖開了（……靜默10秒）。妳說我會用感情，但是我確實不希望我有感情（語氣和緩）。別人沒看到妳又怎麼樣？（頭更低著緩緩地說）妳有妳自己的感情。別人看著我又怎麼樣，我不敢要。（語氣稍強說）正因為她們都看著我，我連一點點的機會都沒有。（……靜默10秒）我已經被認定成一座山了，景色還不錯，我倒下來這是要地震的嘛！（神情嚴肅……靜默10秒）

H ／ A3：

替身藉由觀察到B的肢體語言，同樣以「我訊息……」的方式，來代替A表達內在深層的感受，尤其是在強者有為人不知的脆弱與渴望。替身的表達彷彿代替了A，卸下面具做真誠的袒露，觸動A正視內在的需求與渴望，聽見與接觸自己更深層的內心。

H／A4（替身）：其實當我看到別人都把我看成一座山的時候，只是別人遠遠看著我，也從來沒有人走進山裡面，好好的瞭解我、認識我（用力點點頭），我覺得我心中的渴望跟妳是一樣的，我也需要有人關注我（點點頭靜默聽著），願意瞭解我。當我一直在說妳……妳……妳，也聽到妳渴望回應我的時候，其實我也是害怕面對自己的內在，因此我會說很多話。其實我真想要妳知道我，如同我渴望我更想更多認識妳。（感動的抿著嘴，臉上表情起了變化，……停頓5秒，點點頭，長嘆一口氣。）

A5：（……停頓5秒，坐了吞口水欲言又止的樣子，……靜默5秒，歎氣！……靜默沉思10秒後緩慢地說）讓我們（……抿著嘴猶疑3秒），我（10秒後……長歎氣！……停頓5秒，慢慢從位置上起身下來，低著頭單腳蹲在B的座位前。深嘆一口氣……又深嘆一口氣，做了吞口水的動作（……停頓5秒），鼓起勇氣，長嘆一口氣緩慢的說）我（頻點頭……停頓5秒）可以開始彎腰了。（……停頓3秒）讓我們（……點頭遲疑5秒）從今天開始認識吧。對啊！儘管這一刻我也很害怕。

H／A5（替身）：我已經彎腰要仔細的看見妳，妳願意給我這個機會嗎？（A同時點點頭）讓我們有一個新的開始。

A6：（喘了一口氣，有點放鬆狀，又嘆息！）妳願意嗎？還是說我要退回去一點，妳會覺得好一些？

H ／ A4 ~ H ／ A5：

替身說出了外人對 A 光鮮亮麗、精明能幹外表的既定印象，卻忽略了內在也有渴望被關注與了解，及怯於面對脆弱內在的心情。替身這句話彷彿命中靶心，深深打中 A 的內心深處，觸發生命的流動。雖然 A 總是低著頭回應，情緒似乎也緩和許多。當 A 緩慢調整與改變身體姿勢的當下，已然放下傲慢與強勢的盔甲，從高高在上的大山姿態，移動身軀起身向前，蹲在 B 的座位前，展現出謙卑和虛己的態度，大山宛如成為山腳下的一粒小灰塵，瞬間 A 與 B 是對等平起平坐的，雙方有著一樣的視野，與更近的距離。此刻，平等的心理地位讓雙方有了真實的互動，尊榮好似被迎接回到心裡的家。

A5：「我可以開始彎腰了。讓我們從今天開始認識吧。對啊！儘管這一刻我也很害怕。」彎腰帶著極大的虔誠和敬意，此動作展現主動化解冰凍已久的關係，是整合之門的開啟，A 主動朝向 B 並與 B 合一了。這場景震撼人心令人動容，助人者也被此一舉動感動得眼眶泛淚，旁觀的學員們此起彼落的啜泣聲也隨之響起。生命美好交融的剎那，彷彿奏起永恆生命樂章的起點，真實體驗到人性的真、善、美。這種生命的交流與觸動是筆墨難以形容，沒有親臨現場是很難體會的。

A7：（連嘆了三次氣，對著助人者説）她可以接受我去打開籠子。

H37：妳是説妳可以打開籠子。

A8：她可以接受我去打開籠子。

H38：妳可以再坐到B位置去作回應，還是妳想要做什麼動作或説話？

A9：（……停頓5秒後，伸出右手，放在B的凳子前緣，平和地説）其實開鎖的只是我的手而已，不需要鑰匙。（……停頓5秒後，右手再往前伸出半個手掌的距離。依然低著頭沒有直視B，撫摸三次凳子後將手收回）

H／A6（替身）：我已經在觸摸妳，我也渴望妳觸摸我，我已經伸出了友誼的手，我也渴望妳用友誼的手觸摸我的心。（……停頓3秒）我等妳。

A10：（有點不安的靜默10秒，聳肩説）我有點害怕她碰到我。

H39：妳可以決定那個距離和決定妳想做的事。

A11：（低著頭沒有猶豫的，再次將右手往凳子筆直的伸出去撫摸著，左手掌扶著右手肘關節。……停留10秒鐘，左手去擦拭眼眶泛出來的淚水）嗯。人手的感覺怪怪的（搗著嘴説…停頓3秒小啜泣，夾雜一聲小嘆息）。

H／A7（替身）：我已經觸摸到妳的手，雖然有點陌生，然而我已

A7~A13：

助人者以引導語邀請A對B做出回應。此時，A能感受到B的渴望與需求而做出善意的回應。打開籠子象徵著跨出了束縛的約束，讓愛在生命中自由流動。

A9的回應顯示內在生命的接觸已不需要形式上的鑰匙，僵化與冷漠的關係在此刻溶化了。H／A6（替身）再度以「我訊息…」表達A內在深層的聲音和當下的心情。H／A7（替身）表達A帶著主動接觸與忐忑不安的心和B進行真實的互動。此刻，阻隔在A與B之間無形的高牆已然瓦解。

A12：「（哭泣說）我從來沒有這麼近的接近過一個人。我的房間還住得下一個人，妳願意來的話，就跟我一起住進來。」很關鍵的一句話，心情雖是五味雜陳百般複雜，心中迸現的是喜悅之情。接著兩度釋出善意，誠懇地主動邀請B同住在一起，A13展現極大的尊重態度，給予B自主權利。表示A與B的關係由尷尬轉為融合，沒有距離且合一。此刻展現的是生命的悅納及毫無掩飾的真誠摯愛。

經用心去觸摸妳，儘管我心裡面是害怕的、擔心的。

A12： 嗯，其實……其實是高興的！（……停頓5秒）感覺太奇怪了，然後害怕，但是，（左手摀著嘴說）其實是高興的。（……停頓5秒）剛才妳說的有點對，就是我比較白癡，表達高興都比較不會。（右手持續撫摸著凳子，……靜默停頓15秒，哭泣、嘆氣、哽咽，接著大聲哭泣著說）我從來沒有這麼近的（……靜默3秒）接近過一個人。（左手摀著嘴停留15秒……哭泣嘆息10秒……左手半掩撐著左臉頰，持續靜默5秒後，語帶誠摯邀請但哽咽著說）我的房間還住得下一個人，妳願意來的話，就跟我一起住進來。

H／A8（替身）： 妳想靠近我，我也很渴望妳陪伴我。

A13： （靜默5秒……輕聲說）對！前提是妳願意的話。（……靜默15秒，夾帶著哽咽和輕聲嘆息。右手緩慢收回來，緊接著深嘆一口氣，彷彿難以表達的話終於說出口。）

H40： 可以先暫時回座嗎？

A14： （點頭）

H41： 妳先暫時回來。

A15： （5秒後緩慢站起來回到A座位）

H42： 妳先平復一下情緒之後，再決定什麼時候回去B的座位。

H40~H42：

助人者觀察到也聆聽到 A 的聲音語調，在對話過程中展現
出善意的舉動，情緒是逐漸緩和下來，因此準備暫停對
話。H42讓當事人從一開始對話的波濤洶湧情緒，至此停留
有沉澱和緩和的時間和空間。

B3：（……靜默15秒，心情平復後，A再度坐回B的位置。伸手轉動凳子面對A的方向。助人者同步移動到當事人右後方）我沒有妳那麼會說話，不過，謝謝妳讓我出來，我（……靜默3秒，雙手掌互戳著）我和妳（……停頓3秒。平靜和放鬆的臉龐，緩慢的語調說），那我搬過去和妳一起住吧！

H／B3（替身）：我看到妳的主動，當妳彎下腰的那一刻，我的心是被感動和觸動的。我謝謝妳願意彎下腰來看我（點點頭），當妳主動握出妳善意的手，我也願意正面看妳，瞧妳（頻點頭），也願意跟妳在一起，向妳表達我的善意。

B4：（微抬頭）嗯！是。（露出愉悦的嘴角和笑容說）我覺得說話還是蠻有用的。嗯，（燦爛的笑著）我們住一起了之後，我可以（……思考3秒）我想（……停頓3秒）開始學說話了。

H／B4（替身）：我非常感謝妳，雖然妳是座大山，我也看見妳終於鼓起勇氣願意表達妳自己，也願意耐著性子聽我說話，聽我表達，看見我的存在（微點頭），我的心跟妳一樣，是開心的，雖然我沒有說出來。（頻點頭）

B5：嗯，對。……對。（雙手手指依然互戳著）

H43：（面對著B說）最後還有沒有什麼話想告訴她？

B6：（搖頭……清抿著嘴露出一絲絲含蓄地笑）

H44：沒有，那可以過去嗎？

B3~B5：

B3表達對 A 的感激之情，願意接受邀請搬過去一起住，是釋放善意的回應，表明兩者關係的融合與合一，是出於雙方共同的意願。B4也表達願意改變以前對 A 的表達方式。H／B3，H／B4（替身）同樣以「我訊息……」釋出善意和關係的溶化，心門同樣是打開的，願意主動表達內心的感受。這幾句話讓人為之動容，內在生命的兩個部份可以如此的美妙整合在一起。

B7：（頻點頭，輕鬆起身移動到A的位置）

H45：（面對著A説）還有話要跟B説嗎？

A16：（在平和溫柔中帶著肯定的語調看著B説）我很高興我們可以彼此看見，也很高興我生命中有妳從未消失。我很有點難過，那麼多年，妳一直獨自生活在那個角落的陰影裡面（微點頭），對我來說，真的非常感謝妳一直在，我們才可以彼此真的認識和走到一起。（抿嘴後……露出靦腆但燦爛的笑容）妳説，妳要開始學説話，我猜我也要重新開始去學表達，更有感覺的表達，（愉悅開放的笑容）我們可以一起呀。

H／A9（替身）：我有新的領悟，原來我一直以為妳是拒絕我，不願靠近我，我感受不到妳對我的關心跟支持，原來妳始終用孤單跟沉默在陪伴著我，我感謝妳！（A頻點頭）

A17：（停頓10秒……點頭，輕聲説出）我感謝妳！

H46：還有話要説嗎？

A18：（搖頭）

H47：妳覺得B還想回應嗎？

A19：B還是比較擅長用表情（左手摸著鼻嘴，點頭，露出笑容），所以，夠了，可以了。

H48：妳要過去做最後的回應嗎？

H43~A21：

助人者引導A想想有無尚未表達的話，接著準備結束空椅對話。A16帶著感恩的心表達，顯示A說要改變，當下即知即行，一如以往展現十足的行動力。

H／A9（替身）：「原來妳始終用孤單跟沉默在陪伴著我，我感謝妳。」說出A心中的話，為關係下了最佳的詮釋。這句話是助人者說出A沒有說出的話，且從不同角度重新架構A對B原有的觀點。B以肢體語言回應，A心知肚明接受了。此刻，妳泥中有我，我泥中有妳，A與B的關係盡在不言中。

B4：「我們住一起了之後，我可以⋯⋯開始學說話了。」和A16：「妳說，妳要開始學說話，我猜我也要重新開始去學表達，嗯⋯⋯更有感覺的表達，我們可以一起呀。」A與B都主動展現改變與學習的意願，可謂相得益彰，為彼此的關係注入新的活泉。

A20：（身體前傾，雙手捂著微笑的臉，靦腆中晃了兩下腿……停頓
5秒，平和溫柔地說）不用，我覺得我有B的一部分了（輕鬆
的身體望後靠，轉頭看著助人者）。

H49：所以，已經不用再說了（A笑著點頭），可以到這裡告一個段
落？

A21：可以。

H50：妳站起來之後轉一個圓圈，回到原來妳的座位。

C33：（起身回到原來的晤談位置。坐定後拿起衛生紙擦拭著淚痕）

H51：現在的心情如何？

C34：（愉悅平和的說）很高興。

H52：很開心。

C35：（微笑點頭）

H53：我們一起來回顧剛剛那一段的過程。我注意到幾個很微小的動
作，一開始A跟B在說話的時候，有好多次歎氣的聲音。

C36：A跟B。對，是的。

H54：A有很多的歎息聲，如果歎氣會說話，妳認為A的歎氣是想表
達什麼呢？

C37：嘆息是說，我不知道該拿妳怎麼辦？妳這麼陌生，這麼奇怪，

H50~C35：

助人者引導當事人回到原來的角色，轉一圈讓 A 和 B 兩個角色轉回到當事人，類似卸角的作用。最後，了解對話後當下的心情。

這麼不在我的理解體系裡面，可是，我要跟妳說話，真的好難喔。

H55：所以，歎氣可能表示在困難關係中，想表達卻是無奈或不知道怎麼跨出去？

C38：對，對對！有無奈、力不從心、有陌生。

H56：忐忑不安。

C39：忐忑會小一點。

H57：我也注意到B在第一次回應時，是用腳去踢凳子的（點頭露出尷尬的微笑）。從B的角度來看，腳的動作如果有意涵的話，是想表達什麼？

C40：腳其實在表達兩件事情，一是我跟妳很親近是有感情的，才會這樣去動（微笑同時腳晃動兩下）。另一個是（……停頓5秒）我不太好意思看妳，也不太想跟妳說話，但是不想和不太好意思，是建立在我跟妳有感情的基礎上。

H58：我是感覺A跟B都有類似的心情在。

C41：我覺得是有的。

H59：哪些類似的心情，A和B是一樣的。

C42：她們倆位有一個共同點，就是本身是矛盾的，A的內在是矛盾的，B也一樣。然後A和B其實都不太擅長於表達自己，A不太

H53~C40：

助人者進行歷程回顧與反思。助人者回饋在空椅對話中的
觀察，發出嘆息聲和用腳去踢凳子的肢體語言，邀請當事
人解讀其中的意涵。當事人表示在互動的關係中，有困難
與無奈的感受，同時最深層的關係仍是親近且有感情連結
的。這深刻意味著原本合一的關係，只是受到彼此不了解
的無形高牆所阻隔，或如身處透明玻璃的兩邊，可望而不
可及。至此，高牆倒了，玻璃牆也消失於無形，恢復原來
一體的關係。

擅於直接表達自己的感受，B比較會用動作和表情，但她的表情和動作也是彆扭的。A更彆扭不太會表達自己的感情。

H60：我注意到A一直說外在的東西，很少講內在感受。B是要拐個彎，間接的去做表達，我感受到兩個人類似的點。有一幕讓我非常感動的是大山蹲下來。那一幕非常觸動我，我在旁邊真的很感動，眼淚都打轉要流下來了。（……停頓3秒）當妳回過頭再看這一段時，妳看見A的什麼？

C43：我剛剛在過程中，一直有個特別大的感受，就是A的行動力好強。A是能主導她的情緒，比如：不安、忐忑、不敢、她也害怕。她就是怕歸怕，我就豁出去了，她對於自己情感指向的目標性非常強，可以不畏懼自己的害怕，而不僅僅是不畏懼外面的阻擋。

H61：她是帶著勇氣來面對B。

C44：嗯。

H62：我看見的是力量。

C45：對！A這一塊挺強的。

H63：嗯哼。在第二次對話的時候，我也看見B帶著新的力量出來。第一次是用腳把A蹭開，第二次用手把它（椅子）拉到正面。妳覺得B這個動作的改變，有沒有什麼深刻的意涵？

C46：（帶著不好意思的微笑說）B可以更直接一點的面對自己的情

緒，不用再拐那麼多個彎。

H64：可以更直接。

C47：直接背後其實是力量。她終於可以更直接一點去面對。

H65：妳們兩位A跟B的對話，每一次對話都蠻長的。來回對話大概只有兩次。

C48：（點頭）

H66：我在對話當中突然感受到，妳們都是帶著力量和勇氣，而且有共識要在一起，要合二為一。

C49：（點頭微笑）對。

H67：我為妳感到高興。整個過程讓我非常感動。再回過頭來看看A跟B，從原來的狀態到現在，此刻的妳在這段過程中，有什麼新的覺察和看見？

C50：（……抬頭思考5秒）我現在最真實的感受，是那種選擇、分裂，帶來的選擇矛盾不再存在了。這件事情蠻奇怪的，我跟別人講的時候一直會說，並不一定是非A即B的。當我發現我有A跟B的時候，一直徘徊在A對，還是B對？到底要A還是要B？只有到剛剛那個過程結束時，真的出現「哦，我真的不用選這個東西」的聲音。

H68：我心裡有個感受，一開始是我感覺A跟B好像在繩子的兩端

H58~C49：

助人者指出A與B的相似與差異，並表達對話關係與心情的回饋，A和B都展現出勇敢面對的力量。H63反映觀察到的肢體語言（同H53、H54、H57），請當事人去解讀肢體動作的意涵，A與B兩人都要學習直接表達感受。

（用雙手比出手勢），各自往一邊跑、分別拉扯緊繃（當事人頻頻點頭）。現在是兩個人趨於同一個方向。也許前進速度會有不同，但至少現在方向一致（雙手伸直握拳露出食指，一前一後移動著）。也許收微靠近一些，或是靠近又分開些，或是更靠近（雙手食指併靠一起往前），我看見從左右分開到靠著，有符合剛剛的狀況嗎？你們在同一個方向前後的距離有多靠近？

C51：（點頭）符合，但是更精確一點的說，之前她們在繩子兩端（舉起雙手左右張開），繩子中間的我，一直搞不明白會在哪邊。如果在A那邊，可能就往A，她又不知道該拿B怎麼辦？在B那邊，她就得往B走，又不知道該拿A怎麼辦。現在她們倆是同一根繩子（雙手合併舉出食指朝著前面移動），同時往同一個方向往前走，矛盾就不再存在了。

H69：妳覺得我們談到這邊差不多了嗎？

C52：（點點頭說）其實是遠遠超出我的設想。

H70：我想A跟B都在妳的內在。在妳離開座位之前，有沒有想對A或B，或她們兩個說些什麼話？

C53：（……靜默5秒，大嘆息一聲說）我沒有想到妳們倆真的可以走到一起，當我看到妳們走到一起之後，啊，我覺得好奇怪，接下來我會說這句話：「我知道我是誰」。

H71：這太有價值，太有意義了（當事人頻點頭）。我覺得要感謝妳

自己給A跟B一個機會（當事人露出喜悦的笑容），在妳身上同樣看到A跟B的勇氣。

C54：（雙手合掌在胸前説）我很感謝陳老師，很感謝大家。我沒有想到這個過程時間會這麼長，我也沒看到大家的不耐煩（面向學員們舉起雙手合掌感謝）。

H72：妳在謝謝大家給妳的支持。

C55：（用力點頭）

H73：OK，我們就談到這邊。

H67~C54：

結束前助人者要引導當事人進行反思與覺察，這是重要的時刻。助人者用繩子作為隱喻，表達 A 與 B 的內在，由不同方向的拉扯，到同一個方向合一的前進。當事人豁然開朗矛盾消失了，「我知道我是誰」是生命整合後，在起跑點的鳴槍聲！

▌ 晤談歷程摘要

在晤談中感受到當事人內在的優勢者A（topdog）與劣勢者B（underdog）存在者明顯的對立與不對稱，同在卻疏離陌生。佩特魯斯卡・克拉克森（Petruska Clarkson，2000）認為[3]：「Perls將個體支配性的部分稱作是『優勝者』，而將較未覺察或是背景部分稱作是『劣敗者』。優勝者命令、給於劣敗者指示，或者是責求劣敗者。劣敗者相反地則是顯得無助而受到壓制；他會透過他的消極與無助，蓄意破壞優勝者的決策。」這鮮明地映照出當事人在A與B空椅中，極其精彩的心理對話。

下面將晤談歷程內容整理成表格，分別從當事人的內在A與內在B，兩者的對應特質、互動關係、渴望與需求，及空椅對話前後不同的對照，了解當事人內在的生命轉折和整合。

	當事人　內在A	當事人　內在B
個性特質	C4：職場女性，她很幹練，專業窄，出類拔萃也自得其所。 H5：她能力很強。（A點頭） C6：善交際，喜歡精緻而幹練的打扮。 C18：A很聰明。 A1：擅長用感情……擅長去聽懂音樂……擅長知道別人高不高興……擅長把控自己的狀況。 A4：我已經被認定成一座山了。 C42：A的內在是矛盾的，B也一樣。……A不太擅於直接表達自己的感受，……A更彆扭不太會表達自己的感情。 H60：我注意到A一直說外在的東西，很少講內在感受。 C43：A的行動力好強。……A是主導她的情緒。……她對於自己情感指向的目標性非常強，可以不畏懼自己的害怕。	C7：B不太會說話，很多的小情緒，小脾氣，覺得自己比較醜陋，……多事情不太知道要怎麼辦。 C8：是不太有應對的策略，常常感委屈或被壓抑。 C9：感覺自己不被允許出來，……自己被壓得很難受。 H11：根本就出不來（自我表達）。（B點頭） C12：嚴重的感覺是要被殺死，……莫名其妙沒有死成，而活下來的孩子。 C13：不被允許活著，可是也意外的沒有死掉。 C15：B很羨慕A。 A1：看得到妳的感情如此豐富。 C42：A的內在是矛盾的，B也一樣。B比較會用動作和表情，但她的表情和動作也是彆扭的。 A19：B還是比較擅長用表情。 H60：B肯定要拐個彎，間接的來去做表達。（當事人點頭） C46：B可以更直接一點的面對自己的情緒，不用再拐那麼多個彎。

	當事人　內在A	當事人　內在B
渴望與需求	A2：如果妳想說，可以給我一個表示，哪怕慢一點，我知道我可以等。 H／A3（替身）：我也被漠視……我也需要有人看見我，……內心也跟妳一樣，我需要有人懂我，關心我，……不是因為我是強人，就可以漠視我內在的需要。 H／A4（替身）：需要有人關注我，願意瞭解我。……我也是害怕面對自己的內在。……我真想要妳知道我，如同我渴望我更想更多認識妳。	B1：我自己認了，我就是人了。……我叫「人」……我想跟妳們建立關係…我為什麼要做那影子？……誰……給我控制權，我很想長成妳的樣子，但是我也完全不想長成妳的樣子。……長成妳的樣子後，我說不定也可以有爸媽。……有人把我叫人……不用住籠子……說漂亮話，出去玩兒……我很想聽妳告訴我爸媽是什麼，……像你們一樣動來動去。

	當事人　內在A	當事人　內在B
未整合前關係	C15：最近才知道有B的存在，……看著B好像一個完全未知的生物。 C16：（對B）非常陌生。 C18：已經不認識她了。……A很聰明能看出來「我有一部分的確來自B」。	C15：B很羨慕A，B一直能看到A，她很羨慕A。 B2：妳彎彎腰的話，其實可以碰到妳腳底下的沙子，……妳太在乎妳站直的那個姿態了。
	H／B1：妳仿佛一座大山。……妳那麼舉足輕重。	H／B1：我仿佛是在大山山腳下的一粒小灰塵。……微小到沒有讓人看見。妳想瞭解我，……卻從來沒有真正的聽我說話……自顧在說自己的事情。……我像空氣，從來沒有人注意到我。……我才是妳真實的內在…我從來沒有活出真實的自己。……痛苦……難過。
	C42：她們倆位有一個共同點，就是本身是矛盾的……。然後A跟B其實都不太擅長於表達自己，A不太擅於直接表達自己的感受，B比較會用動作和表情，但她的表情和動作也是彆扭的。A更彆扭不太會表達自己的感情。	

	當事人　內在A	當事人　內在B
	A與B的空椅對話	
坦誠表述觀點	A1：之前有看過妳，……真的不認識妳……我長得跟妳完全都不像，……我跟妳有一些非常接近的地方。……跟妳說話都不開心，……我沒有不想跟妳說話，……妳讓我覺得我很不友好，……跟妳說話的時候妳都沒有反應，妳從頭到尾都那樣窩在那裡，……我說話太咄咄逼人，所以妳窩著，……妳讓我很失控，很失功能，……妳不給點反應真的友好嗎？……不太討厭妳啦，只是困惑妳的存在。……我不太知道怎麼辦的時候，會有一點點想攻擊妳。 A2：剛剛說完話之後，實話實說……我確實蠻……不討厭妳的。……這一刻我覺得我跟妳距離近一點點。 A3：我現在能轉過來跟妳說話嗎？……妳出聲嘛！……我打開籠子妳出來玩？……鑰匙不是問題。……妳想出來我去拿鑰匙。……那我去拿鑰匙。……妳要出來不要害怕就好了嘛！……我現在居然也會繞來繞去，還感覺蠻新鮮的。不過不討厭你。	B1：妳老讓我跟妳說話，我蠻彆扭的。……妳說過之後，我們關係好像……還好。沒有人理我……很懷疑我是不是個生命體。……你們都看不見我…我也是有肉的，我確實是會動的。……可是妳叫「人」我不叫，……都沒有人來跟我說話呀，……我自己認了，我就是人了。……我卻要固執的覺得我在，然後我覺得我是個人。……我想跟你們建立關係，……說不定我本來就只是一個影子，……很執念的確認，我叫「人」。妳的背後有一個影子，……我就是妳的那個影子。……為什麼我要做那個影子？……為什麼我要被歸為影子，我不能被歸為人。……我很想長成妳的樣子，但是我也完全不想長成妳的樣子，……也有人把我叫人。……我一點都不想活成妳那個樣子，可是我卻不能被稱為人。……我很想聽妳告訴我，爸媽是什麼？……你們都看不到我……他們不要我。

關係冰融與和解	A5：（身體緩緩向前移動，慢慢從位置上起身下來，低著頭單腳蹲在B的座位前。）……我……可以開始彎腰了。……讓我們從今天開始認識吧。對啊！儘管這一刻我也很害怕。 A7，A8：她可以接受我去打開籠子。 A9：其實開鎖的只是我的手而已，不需要鑰匙。 H／A6（替身）：我已經在觸摸妳，我也渴望妳觸摸我，我已經伸出了友誼的手，我也渴望妳用友誼的手觸摸我的心。我等妳。 H／A7（替身）：我已經觸摸到妳的手，雖然有點陌生，然而我已經用心去觸摸妳，儘管我心裡面是害怕的、擔心的。 A12：（哭泣）我從來沒有這麼近的接近過一個人。高興……害怕……。我的房間還住得下一個人，妳願意來的話，就跟我一起住進來。 H／A8（替身）：妳想靠近我，我也很渴望妳陪伴我。 A13：前提是妳願意的話。 B3：嗯，沒有妳那麼會說話，不過，謝謝妳讓我出來，⋯那我搬過去和妳一起住吧。 B4：我們住一起了之後，我可以……開始學說話了。 H／B4（替身）：我非常感謝妳，雖然妳是座大山，……妳終於鼓起勇氣願意表達妳自己，……耐著性子聽…我表達，看見我的存在。 A16：很高興……彼此看見，……我生命中有妳從未消失。有點難過……妳一直獨自生活在那個角落的陰影裡面……真的非常感謝妳一直在……彼此真的認識和走到一起。妳說，妳要開始學說話，我猜我也要重新開始去學表達，更有感覺的表達，我們可以一起呀。 H／A9（替身）：原來妳始終用孤單跟沉默在陪伴著我。 A20：我覺得我有B的一部分了。

整合關係	H66：對話中突然感受到，妳們都是帶著力量和勇氣的，妳們有共識要在一起，要合二為一。 C50：我現在最真實的感受，是那種選擇、分裂，帶來的選擇矛盾不再存在了。……一直徘徊在A對，還是B對？到底要A還是要B？……結束時，真的出現「哦，我真的不用選這個東西」的聲音。 C51：……之前她們在繩子兩端，繩子中間的我，一直搞不明白會在哪邊。如果在A那邊，可能就往A，她又不知道該拿B怎麼辦？在B那邊，她就得往B走，又不知道該拿A怎麼辦。現在她們倆是同一根繩子，同時往同一個方向往前走，矛盾就不再存在了。 C53：我沒有想到妳們倆真的可以走到一起，當我看到妳們走到一起之後，……接下來我會說這句話：「我知道我是誰」。

▌當事人晤談後回饋

「過去的許多年，我常困惑於人生的意義是什麼？我有不錯的工作、生活，可是我極少感到內心湧動起來的快樂。當我成為完形諮商的當事人，去討論內心的兩個部分：A與B。A可以好好生活，可是沒有樂趣，她只是完成『好好生活』這個任務，對自己經歷的一切，沒有悲和喜。B不同，B總是在經歷快樂、難過、關切、悲傷，她的心總是不可忽視的在湧動。可是我害怕B，我覺得她如此的『不現實』。

作為當事人體驗到最多的是『被理解』。無論當我是A還是B，助人者都可以『聽懂』我的話，比我自己表達的還要更深入、貼切和有力量。這種『理解』讓我心裡的兩個部分都很願意說得更多。如果說人心是孤島，那麼因為感知到理解，孤島絕不願意放棄交流。**承載理解的是『溫和』，助人者溫和的態度像是清泉，將理解托著，蜿蜒送至內心間。**然後，就是一系列奇妙的反應。我至今都只能用『奇妙』來形容一場足夠好的諮商。

改變的發生不是生硬的撬開與鬆動，而是在尊重、理解、溫和、關懷、陪伴等等，一系列諮商技術和助人者人格狀態的綜合作用下，發生一場種子破土而出的歷程。那顆之前不知道在哪裡的種子，遇到陽光雨露之後，順著它自然賦予的本能而破土生長。

它生長之後我的身上發生了什麼變化呢？首先，多年不再寫日記的我（不寫的原因，是那些年我能寫出發生的事，卻無法寫

出我真正體驗到的），又重新開始記錄些什麼，我的心與我的筆再度實現了重合。

　　有一天與朋友聊天，她說她先生告訴她，精緻的咖啡館是夢想，可是我們得瞭解邋邋繁雜的廚房才是現實。我說：『我覺得咖啡館和廚房合起來都是現實。』說出這句話的時候，我有短暫的驚訝，因為這種現實與理想的割裂，在我的身上也曾多年思考仍不得融合。活著食之無味，追夢則恐懼而無法生存，主體夾在中間，只能選擇活著，卻活得實在是痛苦。

　　晤談那天話說出來，我就恍惚看見我做為**當事人那天的Ａ和Ｂ她們融合了，所以我的世界裡，夢想與現實不必再分開。**夢想、理想……，一切我們生而熱愛的事物，都是我們現實生活裡絲絲入扣的一部分。

　　最後，我是否不再感到痛苦與選擇的掙扎呢？不。我依然偶爾會陷入選擇Ａ還是Ｂ的掙扎裡。不同的是，經由晤談後，我已經領悟到認為Ｂ難以生存，其實是源於心底的恐懼，所以我才人為的把她分了出去。同時，**當天以及之後帶來的Ａ、Ｂ融合的經驗，在我心裡鋪下了『第三條路』，一條同時享有漫漫星辰與堅實大地的路。**而事實上，這的確才是我們的真實，不是嗎？每一個時刻，天似穹廬、四野共在，人只需要相信這個真實：『活著、走著、行動著、創造著』。

▌結語

　　我是誰？自古以來就是宗教、哲學、心理學常思考與討論的問題。古希臘時代，德爾斐太陽神神廟上的神諭：「認識你自己。」佛教觀點：「我是誰？我是塵世中的一個平凡的人，來自塵世，歸於塵土。人生如夢，生於斯，歸如塵土。」

　　精神分析大師西格蒙德‧弗洛伊德（Sigmund Freud，1856~1939）認為：「一個嬰兒剛生下來是有『本我』而沒有『自我』的，只有當他開始探尋『我是誰』這個概念的時候，他才開始真正的成為一個『人』。」

　　知易行難！知道該面對自己，但真正要反觀內在直視自己，猶如攀越巔峰般的困難。當事人的內在帶著無比的勇氣，開啟通往內心黑暗世界中的兩個自我。在空椅 A 與 B 對話中，雙方以真誠的態度，呈現真實而感人的對話。那一幕走進入內心的最底層，既深且遠，非常的感動人。不知不覺中，我的眼角情不自禁地流下眼淚來。

　　我陪著當事人面對自己的內在，人性的真實光輝透過縫隙，緩緩移動到生命暗處的角落。感動當事人如此勇於地面對自己的內在。當大山高高在上，從座位上緩慢彎腰屈膝蹲下的剎那，代表將驕傲的面具徹底的移除，彎腰屈膝象徵的是內在和解的開始，代表主動釋出善意和邀請，彎腰屈膝代表著謙卑與平等，彎腰屈膝代表著真誠與和善，彎腰屈膝代表著溫柔與力量。「彎腰

屈膝」不單單是一個動作，更是承認對方的存在，放下對立，願意與對方接觸、連結，開啟一個人內在整合的鑰匙。

助人者能做的僅僅是貼在當事人身邊，傾聽與陪伴，隨著當事人的對話，亦步亦趨的深入內心，讀懂深藏不露的心語。心語在哭泣、納悶、質疑、憤怒、不解、指責、委屈、哀求……。所有心語的訴說，是情緒釋放的宣洩，心語的陳訴，是原諒自己與解脫的開始。助人者靜默專注的同在、溫柔平和的陪伴、同步的聲音語調、深度聆聽與尊重接納的態度，心思意念隨著議題深入內心，在當下亦步亦趨的貼著，雙方自然地心流合一的往前流動。

透過心語的表達，融化了無形的心牆，透過心語的交流，搭起了融合的橋，透過心語的訴說，讓溫柔的陽光緩緩照入久未開啟的暗室之門。以前，內在的兩個我，住得很近，心卻很遠。整合後的兩個我，我泥中有妳，妳泥中有我。當事人在結束後，為對話下了精彩動人的詮釋：「我遇見妳」。

國際能量療癒師與精微能量解剖權威辛蒂．戴爾（Cyndi Dale）在其著作中提到[4]：「『療癒』的重點不是讓人完整，而是讓人回想起自己本來就是完整的，並且恢復完整。」此刻，什麼都不必說，就說了什麼。聞到整合後自由的味道，鮮活生命的迸現，生命真的很美好！

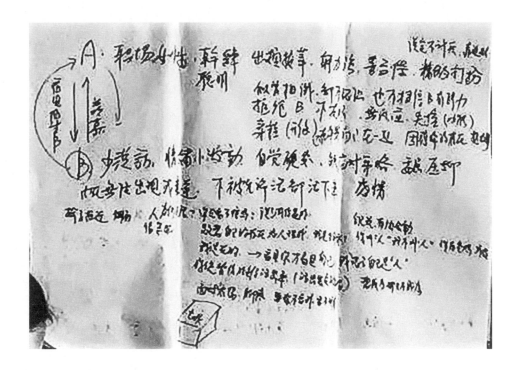

自我是一種不斷在改變的組織過程。是「在過程中
的我」（I-in-process）。自我是整合者、生命的藝術
家，在我們生活及成長的過程中，扮演了發現並且創
造其意義的關鍵性角色。

——佛德列克・所羅門・波爾斯（Frederick Salomon
Perls），完形諮商學派創始人

◆◆◆◆◆

問題不在於「世界」是什麼樣子，而在於「你」是什
麼樣子。

——岸見一郎，古賀史健，《被討厭的勇氣—自我啟
發之父阿德勒的教導》作者

❽ 自我形塑與蛻變

渴望活出內心喜悅的樣貌

督導─挑戰與面質

晤談背景	
實 習 助 人 者	一位在大陸公務機構服務的年輕女性，個性溫和、有活力，具積極學習的心，希望藉由專業學習，讓自己成長，同時幫助自己和他人。
晤談議題	當事人想要探索自我，活出內在與外在一致的真實樣貌。
晤談時間	60分鐘

▍引言

「我是誰？」自古以來就是個大哉問，這問題持續讓人們進行深切地探索與反思。

從哲學的思考、心理學的分類，有許多不同的說法。愛因斯坦：「人生就像騎自行車，為了讓自己保持平衡，你必需向前邁進。」（Life is like riding a bicycle. To keep your balance you must keep moving.）。美國社會心理學家喬瑟夫・魯夫特（Joseph Luft）和哈利・英格漢（Harry Ingham）於1955年提出廣為人知的「周哈裡窗」（Johari Window）[1]：

1. 你知，我知的「公開我」（Public）、
2. 你知，我不知的「盲點我」（Blind），
3. 你不知，我知的「隱藏我」（hidden），
4. 你不知，我也不知的「未知我」（Unknown）。

從「我」對自己瞭解的程度，和「他人」對「我」瞭解的程度，組合成的四個區塊來認識自己。其中盲點我可以深入自我探索，未知我可視為潛能的我，兩者可以加以拓展與開發。

我們在成長過程中不斷地建構自我意象（Self-image），在不同的面相中轉換與融合。我看了好多年的鐘錶雜誌，特別喜歡機械腕表所展現的時尚與精緻工藝的藝術境界。機械腕錶有些可和人比擬之處，錶面的設計（指針、月項盈虧、雙時區等設計），如同人的五官外貌、身材體型，他人透過外在所形成的第一印象或刻板印象。錶內機械運作（機芯發條結構、擺輪游絲系統、恆定動力擒縱系統、振動系統等）產生動能，彷彿個人內在特質展現其獨特性。發條釋放動能可帶動齒輪推動錶針，錶內與錶面要靠中軸心來串聯，讓腕錶可以順利地運行。中軸心就如主要的人格特質與外貌的整體融合，將展現個人的核心風格，如同腕錶的復古風、軍事風、飛行風、航海風等，有各自的風貌呈現。

英國作家維吉尼亞·伍爾芙（Virginia Woolf，1882－1941）：「人不應該是插在花瓶裡供人觀賞的靜物，而是蔓延在草原上隨風起舞的韻律。生命不是安排，而是追求，人生的意義也

許永遠沒有答案，但也要盡情感受這種沒有答案的人生。」深入瞭解自我是一條充滿挑戰的人生旅程，旅程中內在會經歷探索與整合、衝突與融合、分裂與整合、老我與新我、後退又前進、膽怯又勇敢。這條探索之路沒有終止，直到死亡來臨的前一刻。

　　一位參加助人工作專業訓練的學員，在實習期間將晤談內容謄錄為逐字稿後，接受我的督導。當事人對事物的觀察細膩，內省與反思能力高。由於晤談議題很內在又很深入，對一位初學者而言，是極大的挑戰，晤談中既要敏銳聽懂當事人表述的意涵，又要精準掌握議題的脈絡和深度，相當不容易。實習助人者回憶晤談過程，覺得對當事人陳述的內容感到很迷茫，引導當事人探索的過程感到很慌亂，整個晤談歷程中很難跟上當事人的步調，對議題也難以聚焦。通常這是新手助人者的狀況，是學習專業路上的必經的磨練與挑戰。

　　此外，不只是新手助人者可能面臨如此窘境，凡晤談議題與自己熟悉的領域或生命經驗落差很大時，有晤談經驗助人者仍可能感到卡關難行。此時，真誠表露自己的困難（或處境）、靜下心來聆聽，同時也請當事人協助我們瞭解他，以及他的需求和渴望，讓助人者與當事人彼此間的距離慢慢拉近，議題才有機會得以清晰顯現和釐清。

　　追尋自己的人生答案，可能永遠沒有答案，沒有答案也是一種答案。回首人生走過的路，重點不在答案而在追尋的旅程，也許追尋本身就是答案。每一天都是獨特的，只要心意更新而變

化，外在可能隨環境的人事物而不同，但本質的內在是不變的，也許答案是活出自己喜歡的模樣和獨特的自己！我們一起和當事人進入這趟由內到外連結的探索之旅。

▌理論觀點與技術應用

在督導過程中，督導示範以「面質」（Confrontation）技術，來挑戰當事人的矛盾與盲點，同時指導實習者如何精準回應當事人。面質或挑戰（challenge）的定義[2]：「點出個案的不適應想法、不一致或沒有覺察、不願覺察或無法改變的矛盾。」亨利·克勞德和約翰·湯森德（Henry Cloud & John Townsend）指出[3]：「confrontation拉丁語的意思是把你的臉轉向某人，從正面看人。意思是要你『正面』去對待你的人際關係，是『面對面』正視彼此的關係，朝『連結』關係，使關係更好的方向前進。」衍伸為：「把臉轉向自己的內在，正面瞧自己，正視內在與自我的連結關係，朝更好的自己發展。」

對生手或經驗不足的助人者，在使用面質和挑戰技術時，有許多擔心與不安。由於用字遣詞的關係，可能讓當事人覺得被挑釁或批評論斷，因而引起當事人的反彈或退縮，破壞助人關係的信任感與安全感。反之，應用得當能幫助當事人揭開隱藏的面紗、釐清矛盾之處、浮現隱而未現的內容，拓展當事人的視野，真實的面對自我，觸發其改變，產生新的思維和感受，進而採取新的作為。

　　打個比喻，獨木舟（當事人）要平穩地往前行，划舟的人（助人者）要懂得划槳。舟、人、槳要同時配合，才能往目標前進（晤談目標）。前進時需要左右手交錯划槳，在平衡狀態下持續前進。划槳的人一手是面質挑戰技術，另一手是同理及溫和堅定的態度，左右兩手交錯使用，獨木舟才會平穩地往前移動。若只有同理和溫和堅定的態度，沒有面質就無法突破議題；若只有面質挑戰，缺少同理，當事人可能畏縮不前或產生排斥。兩者缺一，獨木舟將原地打轉無法前進。

　　依我個人的經驗，使用面質技術時，有三個重要的條件，說明如下：

　　1.能聽懂當事人陳述的核心要點：聽到不等於聽懂，聽懂是要很精準的掌握話語的內涵意義，並能過濾掉非議題核心與脈絡的資料，單單精準地掌握核心要點，反應或回饋給當事人，才能獲致反思與覺察。

　　2.以深層次同理心作為保護的鋪墊：應用深層次同理心，能貼近當事人內心深處，又不造成威脅。以柔道來比喻，把對方摔倒在地板，地板是一個護墊，護墊猶如同理心，在摔倒時有疼痛的感覺，卻不至於受傷。在揭開面紗、綑綁、束縛、矛盾、與盲點時，需要給予安全與放心的護墊。

　　3.對當事人的反應要展現尊重、理解與接納的態度：助人者的態度與技術使用，能幫助當事人獲得深度的反思與覺察。如果只是分析問題、找出原因、獲得解決問題的方法，只是在處理

「事」，若將焦點放在「人」，尊重、理解與接納是開啟當事人改變的關鍵之一。

這是實習助人者與當事人的第二次晤談，首次晤談的議題是個人發展，及與原生家庭的關係。本次晤談聚焦在內在自我深層的探索，晤談後以逐字稿來接受我的督導。督導者（Supervisor，以下簡稱S）感受到當事人的外在與內在，有一些盲點和矛盾之處，覺得本案例適合以面質技術來協助當事人突破，因此在逐字稿的批閱中加入面質技術的示範與指導，提供實習助人者學習。同時，為確認面質技術的使用對當事人的幫助和影響，於是建議實習助人者邀請當事人，一起來進行三方會談。在徵得當事人同意後，三方一起透過視訊方式，針對逐字稿與批閱內容，逐一進行討論，同時記錄當下的反思和回饋。

以下的逐字稿解析，除了督導者的批閱內容之外，僅呈現在三方會談中，從當事人角度，對實習助人者和督導者的回應和引導，所做的回饋。我已徵求實習助人者與當事人同意，將督導與當事人回饋內容寫進本篇逐字稿裡面。

逐字稿解析

H1：正式開始前跟你再次重申，這次對話將要被錄音。錄音只作為督導的用途，我們將嚴格遵循保密原則，請問你同意嗎？

C1：同意。

H2：不知道妳今天坐在這裡有什麼問題想要解決呢？

C2：（……停頓28秒，靜默沉思）我覺得說起來有點搞笑。這個問題確實很困擾。我不知道我自己喜歡什麼樣子的自己，前段時間無意中發現我工作時會板著一張臉，之前我是不會的。為了不擺著臉，我就擺個鏡子到座位隨時看。當我隨時能看到之後，發現我臉上的神情，看不到自己想要成為的那個樣子。

H3：擺了鏡子後，妳發現鏡子呈現了和妳希望成為的自己差距蠻大。

> **S1**：助人者要思考當事人隱含的議題是什麼？是理想的自我形象與現實中的我有落差嗎？以此作為假設。H3的回應做了不錯的同理。可接續著回應：「妳似乎處在探尋理想自我的過程，鏡子裡看到的不是妳想要的樣子，妳不知道什麼樣子是自己喜歡的。」

C3：我已經不知道我希望成為什麼樣的。那天在我工作前，先去換

教師資格證，就是教師資格證是三證換一證，我去教育局排隊換證時，我看著坐在視窗裡政府女公務員臉上，覺得是很醜陋的表情。那時我的期待是要活成一個臉上沒有這種表情的人，是那種微笑的、柔和的，有一點點典雅，我就心滿意足了。這也契合那時候的我。那時我身上除了古典範兒，也沒有別的東西。可是，最近我看著鏡子裡，即使出現那個神情，我也知道它不是我的。

H4：大學沒畢業的時候，妳以為人有一張臉就夠了，或者說那個樣子的臉可以代表妳的豐富性，可是你現在發現不是。

S2：換個方式回應：「妳對自己的形象似乎混淆與模糊，即使現在出現微笑、柔和典雅，但那似乎不是妳原來的味道。」想想 H4 與 S2 的回應有何不同？

C4：不是。我最近一直在想這個問題，之前也想過和說過，就是沒有看到一個我真正喜歡和想成為的女性的樣子。我見過很厲害的女人，也見過很美麗的女人，我見過各種美貌不同美感的女人，也有不同的厲害勁兒的女人。但是都不是我想要的。我最近發現什麼變化呢？就是我之前以為那個樣子是固定的，現在覺得人不是固定的，可能是在不同的情境下有不同的臉。換句話說，人在不同的情況如果是活著，就會有不同的表情，我希望每一個狀態下的自己是我喜歡的。當我想到這個問題時，我

發現在什麼狀態下的樣子是我喜歡的，又好像不是這個問題，我就陷入了很大的茫然。就不是我高興的時候是這個臉，我難過的時候是那個臉是我可以滿意。如果不是，那我自己喜歡的人到底是誰？

> **S3**：留意當事人連續幾句的關鍵字，都是以「我」為概念的核心，助人者要留心傾聽「我」的內在聲音。

H5：聽妳說，感覺是一個人從一個小姑娘，單純的認為這一種是好的。慢慢的可能隨著自己年齡和閱歷的增加，發現世界上有各種各樣的面孔，每個面孔都不一樣，他很迷茫，沒有發現自己最想要的那個面。

> **S4**：H5回應：「隨者年齡和閱歷……。」似乎是助人者的猜想。若回應：「妳希望能夠鮮活展現自己，在每一個狀態下有不同的面貌，而且喜歡每個當下的自己。同時，妳對自己喜歡的自己是什麼樣子感到不確定性？」請問助人者：S4與H5回應有何不同？

C5：或者說我想要的是一個動圖。

H6：然後他就會在想，就是那是不是在不同的環境下，會有本身就

會有不一樣的面孔。現在你最迷茫的是你沒有一個環境下，妳喜歡的面孔是確定的，是妳可以接受的？

> **S5**：H6的回應若接在C4之後，比較能接續重點。留意C5出現一個抽象名詞「動圖」。先引導當事人將抽象概念的語意，轉換成具體化的內容，有助於澄清與瞭解當事人。例如：「妳說的動圖指的是什麼？」

C6：我覺得不是環境和面孔。不是這樣一一對應的，如果是一一對應的，我可以辦得到。但是那樣的話，人還是不是活著的？人只不過是手上有很多張牌，我固定在這個程式下打這個牌而已。我發現是這個問題。但是我不知道，如果我不是手上拿著一摞牌，我是一個活著的人，那我要活成什麼樣子，是我自己所喜歡的。我只知道我現在不是我所喜歡的，關鍵是我放眼望去，我也看不到。我真的那麼喜歡我，只是能區別出來，有些人在我的感覺裡他是活著的，而有些人是樣板。

H7：是一張牌。

> **S6**：「多變的面貌是呈現在外的，妳更在乎的是自己內在裡什麼生命樣貌是妳最喜歡去活出來的。」H7的重述是表層意思，在此轉為積極的回應。

C7：很多張牌。

H8：妳想要一個鮮活靈動的自己。（這句回應很棒，能根據C5動圖及C6、C7的陳述來回應。）

C8：我覺得至少要活成這樣。只是鮮活和靈動我未必喜歡。我是一個鮮活靈動的什麼樣的人？比如說你不是只有思考，在思考時的神情是千變萬化，我覺得這就是一個活的人。我原來不覺得，但問題是，當我現在覺得是這樣之後⋯⋯。

> **S7**：思考一下，C8「千變萬化」跟C4「不是固定」，這兩個關鍵字是對比的，其中的意涵是什麼？

H9：找不到目標了。

> **S8**：再加一句「在覺醒之後，想要更清楚自己是有生命力的形象。妳心中渴望的理想我是？」認知同理後加上提問，進一步引導當事人深入思考。

C9：如果我是一張又一張的臉，我還可以選。可是，我是一張動圖，動圖的根源不在於什麼環境對應，根源在於我的核心是一個什麼樣子的人，自然會有什麼樣的東西。我就是不知道我的

核心想成為什麼？我們對於成為一個什麼樣的人的描述都是外在的，很優雅、溫和、平靜的人。

S9：這句話隱含當事人想從內在做自我探尋，由內在去活出外在的樣貌。助人者可以帶著這個假設，在後續晤談中驗證。

H10：是外在的。

S10：緊接著說：「找不到自己，讓自己感到不安和困惑。對於內心中理想的我，仍然是模糊不清的，不知如何拼湊一個鮮活而有彈性的自己？」留意督導者到目前為止的幾句話，都是依據當事人口語表達的隱含意義中，掌握到的主軸和脈絡來進行引導的。想想H10和S10回應對接下來的晤談會帶出什麼不同的影響。

C10：所以當一個人覺得他不喜歡，它是沒有辦法定位一個目標。

H11：就會讓妳覺得很迷茫。因為妳否定了現在的自己，又找不到前進的方向。

S11：詢問H11是根據什麼來判斷與回應？

H對S的回應1：助人者反思後說：「這是自己內在現狀的投射。」

C11：我倒不覺得我否定了現在。我很清楚地知道現在的我，但我不想我剩下的餘生是現在的樣子。

> **S12**：「未來的妳不想停留在現在。不喜歡現在的狀況，並不表示會否定自己。」思考一下，這句回應對當事人的幫助是什麼？

H13：其實我能感覺得到，我是一個很想把自己的生活過得有生氣的人，很多人會覺得我的生活，就是妳說的那些外在的評價，有那些東西就夠。但是，我追求的可能要更深層一點。

> **S13**：在H13回應前加上一句：「似乎妳想以一個不一樣的我，讓自己的餘生活出自己喜歡的生命樣貌。」這回應仍然環扣在議題上。

C13：我不確定它是不是叫「深層」的這個形容詞？

H14：內在一點？妳剛剛有一個詞觸動我，就是「活著！」很多人活著，活著就活成了他的身份。比如說，他是一個什麼樣的工作的人，他媽媽的身份，孩子的身份，夫妻、丈夫等等的身份。

> **S14**：在H14：「就是活著！」接續著說：「妳已經清楚確認的自我是什麼？妳想要的不一樣的自我可能是什麼？」提醒助人者想想看，加上這句回應，會帶來什麼效果？

H對S的回應2：可以更積極的引導，探索自我的任何可能性。

C14：反正他會活成一個品牌。比如說，那是一個賢慧，這是一個能幹的人，然後你能在她的臉上看到標準的身體。我倒不覺得一個人應該是沒有標準的神器，但是我覺得……。

H15：妳想要更鮮活一點。

> **S15**：H15是很好的回應，能用精簡的字詞回應當事人語詞內涵。後面接續著說：「內在特質與外在面貌都是正向鮮明的，能活出個人的獨特性和彈性。妳不想活出『應該如何』的樣貌，要的是感到生命的鮮活。如果妳真能這樣活著，你的人生會有什麼不同？」這個回應是協助當事人更深入地思索內在的意義。

C對S回應1：督導的提問會讓我談轉彎之後的事情，轉彎雖然可能先從現象面切入，但去思索後迷茫感會減少。

C15：不是固化。

H16：就是哪怕比如說妳真的是一個賢慧的人，那妳臉上的表情也不
應該是……。

> **S16**：在H16回應前先說：「固化的意思是…?」先引導
> 具體化，以澄清和理解當事人固化的意涵後，再接續著晤
> 談。

C16：對，他應該有一萬種不同的賢慧，如果他是一個活人。

H17：而不是那種程式化的。

> **S17**：在H17回應前加上：「妳想在不同的情境下，展現
> 多樣與多變的樣貌。）

C17：不是一種賢慧，所有都是那張臉。

H18：或者說她的賢慧裡面會參一些調皮，參一些生氣，一些更鮮活
一點的面孔。

> **S18**：H18是很棒的認知同理回應。

C18：對呀，而且它是隨時在變化。

H19：這個就沒有標準答案了。所以妳一直在迷茫。

C19：沒有標準答案，我不迷茫，我找不到我的答案，我找不到我的答案。（急切的拉高聲亮説）

> **S19**：當事人重複兩次「我找不到我的答案」，與C9：「我就是不知道我的核心想成為什麼？」這兩句似乎前後呼應而有所關連。助人者要從話語中，聽到關鍵點並聚焦脈絡。

H對S的回應3：我明白了，這就是陳老師常説的5K傾聽法，聽重要的關鍵字詞。

H20：妳是什麼時候開始在思考這個問題？

> **S20**：H20的提問將引導到認知和時間層面，容易導向過去而進入彼時彼刻。試著這麼說：「面對一個不確定與模糊的自我想必是困惑的，更讓妳不知如何繼續往前走？如果妳是一棵樹，妳知道這棵樹會長出枝與葉，但妳不安於此，想要為自己這棵樹命名，當妳清楚命名後，樹根會紮得更穩，樹幹昂首挺拔，枝與葉會更隨風自在。」先同理當事人後，再加上提問，使用隱喻來引導當事人朝向更深

入的探索。

C對S的回應2：這提問能讓我更清楚自己描繪不清的內在狀況。

C20：我不知道我什麼時候開始思考，但這問題第一次被我明顯地表達出來。是在某個城市參加團體的時候。我坐在一堆各種年齡段的女性中間，第一次用語言表達思考，我知道那個思考應該潛伏很久了，只是之前沒有組織過。我説：「你看我們這個社會説是女性，獨立男女平等，但是我看到的是很多女人是把自己活成了一個男人那樣，除了長著一個女性的身體之外，言談舉止、神態全部是男人一樣，我沒有見到一個女將軍是什麼樣子？我只見到一個有女性軀體的男將軍是什麼？我見到的是一個有女人身體的領導，她做的事情、表情跟男人沒有差。可是一個女性本來正常來説，應該真的可以成為一個女將軍，帶著自己的特點在掌管著一切。同樣什麼有醫生、護士那個啥啥啥啥，我沒看到，我沒有看到。」這個問題最近只是更縮小範圍，我沒有看到我能活成我自己。這個人就是我，他不會是別人。然後我所做的事情帶著的就是我的特點，而不是我在用誰的方式做？就算我跟張老師學諮詢，那也應該是我在講。可是事實上不是。我自從開始混心理學這個圈子之後，我的語言表達，慢慢的已經不是我自己的本人。我原來不是這樣説話，我發現我找不回去又無法重新形成新的，就卡在一個我不喜歡的位置。磕磕巴巴，語調生硬，還很沉重。

S21：當事人的敘述已進入深層的內在。可以這麼回應：「在朝向未來的此時，現在的樣貌，妳卡在不喜歡的位置，想要更鮮活地活出有內在的生命力和力量的自己。」想想這回應對當事人接下來的談話，有哪些幫助和影響？

H21：感覺起來妳是在找自己。

S22：C20「我沒有看到我能活成我自己」是很關鍵的話，H21這句能呼應C20，是很棒的回應。可在H21接續說：「改變了自我同時又失去了自我，難以接受改變後的我。回不去舊我，又沒有新我。妳在找一個有自己核心味道和新的自己，同時內在特質要和外在展現出來的是一致的，有自我的獨特性。」加了這句彷彿讓當事人再進一步往內再探索。

C對S的回應3：這句回應的話很精準，很觸動。

H對S的回應4：督導者連續兩句的提醒，讓我看到掌握核心要點的重要性。不只是回應當事人，還要積極的引導。

C21：對。

H22：妳想要一個你想像中的自己，但出現的不是你想像的，妳想要一個貼著自己標籤的妳。

S23：H21~H22 連兩句的回應能貼近當事人的心思意念。

C22：更確切一點的說，我一邊在看清楚現在的我到底是什麼樣子？有多少個組成部分，有多少情緒巴拉巴拉巴拉的。另一方面我希望能看見一個我想要的未來，問題是現在我看不到我想要的未來（這句話隱含當事人處在不確定和模糊的感覺），我不管怎麼拼湊，我都拼不出那個未來。在拼的過程當中，我慢慢明白一件事，就是我想要的那個未來的我不是湊出來。但是，然後我就瞎了，我有兩條路，要嘛我要拼出一個喜歡的我自己，要麼去找一個大概我喜歡的那個樣子的人，然後朝他靠近再靠近，就好像當年我們學播音的時候，我會先找一個喜歡的主持人模仿模仿。可是，我兩個都找不到，我知道我不是湊出來的，我也找不到我喜歡的，甚至在想像中的那種。所以，我發現其實想像有時候也很蒼白，就是我只能想出來一個一個的樣板，出來一個完整。

H23：當我聽妳這樣說，感覺妳是一個內心很豐富的，對自己的未來有很多期待。

S24：接續 H23：「同時努力想要尋找明確的我，似乎很困難又讓你陷入困惑。從現在望向遠方，似乎未來的自己站在那裡，妳隱約看見未來的不同面貌，像川劇的變臉秀

> 那般，但似乎還沒有哪個面貌出現的時候，妳會大聲喊
> YES。」這回應是先給予當事人同理後，以隱喻方式呼應
> 其內在的樣貌。

C對S的回應4：這個回應非常貼切。很多面貌都不錯，但沒有哪個
是最喜歡的。

H對S的回應5：可以用隱喻的方式貼近當事人的狀況，加上一點點
幽默，這是可以學習的。

C23：要求。

H24：要求這樣的一個狀態。我不知道從妳想像當中，妳期待妳未來
會是一個怎麼樣的活著的狀態？

> **S25**：H24的提問很棒，積極引導聚焦未來的期待，沒有
> 陷入過去。

C24：我找到的形容詞都不是，我可以給你描述幾個形容詞，第一個
詞，我是鮮活，鮮活的意思就是在我跟人互動的過程中，我的
反應是可以自然發生，而不是我需要在腦子裡想一想，在這個
場景之下，我應該用我的哪一個面出來回應才是合適的。第二
個詞，我還是比較喜歡我是溫潤的。溫潤就是沒有太鈍，又像

一把刀橫著去割人的那種語言感情和表情，和任何負語言這樣的東西。我想了一下，會覺得我…我也不會是完全溫潤。我有很多尖銳的想法和行為，尖銳是我的旗幟分明（意思是性格鮮明是自己的一部分），而不是朝向別人的刀槍劍戟（意思是不想對別人尖銳和排他）。你知道我見過的人要麼旗幟鮮明，加上刀槍劍戟，項目溫中沒有氣質（意思是要不就是溫和沒有特性，外顯溫和卻沒有立場，別人說什麼就是聽話或順從）。除此之外，其它的就不是特別重要，也不能說不是特別重要，因為沒有那個，我會覺得很沒有趣味。那個不是很主幹的東西，比如說有風情啊，有那種小狡點壞壞的，也有那種穿旗袍的端莊典雅。我覺得這些是我很喜歡玩的東西，或者我哪天來勁了，也可以穿箭袖的男裝，跑古草原去騎馬，這些對我來說不困難。現在的我也會在各種各樣的時候呈現這些小花邊。可是就是那個中軸（意思是最鮮明的性格的本質或原則），既溫熱又鮮明地堅持著自己，在場合或者跟人互動的時候，他是自己自然的呈現。

H25：對。

S26：C24這一段長話中有很多隱含的意義，助人者要仔細聆聽並給予當事人積極的回應：「似乎覺得內在與外在一致，才會活得自然而不用隱藏。當我聽到妳說這段話時，有一種感動和感受，彷彿有一位坦誠面對內心的自

我，儘管不是那樣的完美，卻還努力讓自己活出真實，好大的勇氣和力量呈現在我眼前。好像妳不想要的是偽裝應付的我，而是很真實又自然純樸的我。妳期盼每一個當下的我，能跟自己同在，妳的表現出於妳的『自然』而不是『應然』，同時妳是外圓的溫熱和內方的堅持，能統整又融合，具備生命活力與熱度。」

督導者以肯定和讚賞的方式回應當事人，彷彿一面鏡子映照給當事人，讓她透過回應更深刻的與內在接觸，這是賦能（empowerment）的概念。督導者依舊是從晤談中重複出現的關鍵字感受到深層的內在，不僅僅只是聽到一段陳述而已。

C對S的回應5：聽到這句話很感動，好像經由晤談看到自己的力量。

H對S的回應6：我看到督導者的回應是帶著誠懇的態度，以讚賞式回饋方式回應當事人，我能感受到正面話語的力量。

C25：而不是好像那一刻的自己不是自己，自己不存在。

S27：C25聽起來是很哲理的話。要留意這句話有深層的涵義。

H26：比如説我在跟妳説話的時候，我不是打了個腹稿，然後在腦子裡過了一遍，我想説1.2.3.，然後我再告訴妳。可能是我邊説的時候，壓根沒想到2.這樣的自然。

S28：「似乎我不是我，無我又是我。」同樣以哲理的話與C25相呼應。

C對S的回應6：聽到這句話覺得跟S很投機，親近度增加了。

C26：你説你在打腹稿，不是那一刻你消失了，你想一下，張老師這種情況下會怎麼説，然後你怎麼説。可是，我經常會處在這種情況，就是我消失了。我會試想如果是她會怎麼辦？然後我按照那個方式或種情況，怎麼做會比較好一些，然後我去做，可是做出來的行為，其實不是我想做的，也不是我喜歡的行為。

H27：妳突然有一種感覺，就是你最開始的時候是一個一個小小的種子，然後妳在發芽，發芽的過程中呢，有一些模板（意思是範本或榜樣）的東西進來。比如説，妳學朗誦時有模仿的物件，學諮詢時有張老師或是誰誰誰，可以模仿的物件。但是，你現在長出來，發現妳跟張老師不是同一科的植物，我跟那個我原先模仿的對象不是同一類的植物，我得長成我的樣子。可是糟糕了，我一直按照他的樣子去，然後我找不到我的樣子。

S29：「你不想成為別人，就算是想著他人或模仿別人，重要的是能活出自然有彈性的妳。此刻妳正展現出真實的一面，坦誠和勇氣，有內在力量的自我，就在我眼前，很美啊！」當下以讚賞式回饋，激勵當事人勇於面對自己。同時回扣C24：「鮮活……自然發生」，前後連貫起來。

C對S的回應7：若我在晤談當下聽到這段話，可能會覺得自己不匹配，內在會覺得我沒有督導說的那麼美啊，外在僅僅會說謝謝。這跟我個人內外不一致的議題有關。但根據前面的談話脈絡，這段話是能接受的。

H對S的回應7：慢慢能感受到陳老師是如何在脈絡中聚焦和回應。

C27：有點像，但不完全。因為在我模仿的時候，我就知道我只是要吸收一部分東西，可是你剛剛在講的時候，我就很想說有意思的地方在哪？我很喜歡的主持人是董卿，我在模仿董卿的時候，就知道我最後不會成為她。然後，自然而然的我，果然沒有成為我的主持，我的播音，我的朗誦，完全是我自己很是我自己，別人辦不到，我也成不了別人。那個狀態也是我自己喜歡的。那確實是我的朗誦，是我的播音。

H28：不是妳在模仿，或者是demo。

S30：「似乎妳的想法是可以仿效，但不是複製。如果模仿指的是一個邁向真實自我的過程，終究會回到自己，妳還是走在一個真實自我的路上。」從改變歷程觀點來回應，引導當事人思考模仿只是過渡階段，終究會由模仿轉化成為擁有自己特色的我。

C28：不僅不是我在模仿，而且很能代表我。那的確是我的東西，我的內在所呈現出來的主持和朗誦的風格。我並沒有泯滅掉我的任何一個部分去朗誦或者去主持。但作為一個人這件事情上，我泯滅了，我沒有辦法同時既柔和又堅定。我要維持我的個性，就沒法柔和，我要維持我的堅定，也沒辦法柔和，如果我要溫和，剩下的兩個部分，至少要去掉一個。當然根據場合不同去了。可是那不是我喜歡的。

S31：這段話看得出當事人內在呈現矛盾，沒有整合的部分。

H29：這個過程是在模仿，還是妳感覺這是一個階段。

S32：C24末句提到「既溫熱又鮮明地堅持著自己」是羨慕他人有並存的特質，和C28說「我沒有辦法同時既柔

和又堅定，⋯⋯至少要去掉一個。」是目前自己的二分狀況。根據這兩句話，H29可接續回應：「妳的內在好像沒有並存的概念。我有不同感受，妳聽聽參考一下。當我聽到妳說『我沒有辦法』時，是真沒辦法，還是妳設了框架，把自己給框住了？柔和、堅定和個性如果可以並存，不正是符合前面你所說，可以展現不同面向的真實自我嗎？」

這個面質以「參考看看⋯⋯」提供回饋而不妄下驟論，旨在幫助當事人能自由選擇，去更深的探索和反思。有足夠的同理與信任關係再進行面質，讓當事人願意敞開心門去正視與接納內在的矛盾。很多當事人會說：「我沒有辦法」。聽到這句話助人者常在這裡卡住，不知如何繼續引導。反思一下，當事人是真的沒辦法？還是陷入一個卡點，只能用「沒辦法」來回應？或者是逃避真實的問題，不願意探索自己呢？

C對S的回應8：我聽到這句，會問自己：「是我不能並存？還是我不想要？」我疑惑也很好奇，督導者是從哪裡掌握到我說的弦外之音？這回應能幫助我深入的反思。

H對S的回應8：我沒能抓到並存或融合的概念，僅能回應話語的表徵意義。同時在面質時學到，以當事人的話，客觀地再回應給當事人，以產生反思。

C29：我不覺得這是一個自然而然會跨越的歷程，就是它不像樹在吸水一定會長。我覺得如果我不自己去找水，找土著光，就停在這，甚至我可能會慢慢的死。或者比如說，像我在跟你說剛剛這段話的時候，我在說我自己內心真的想要說的，可是我就沒有辦法有我自己想要的表達狀態。如果我想要有我喜歡的表達方式，我都說不了我剛剛說的話。我也不知道是卡在哪？到底是卡在現狀未統一。我們都學過「意象對話」[*]，到底是卡在我現在的次人格未統一，所以我合不到一塊，看不到未來；還是說，跟現狀統不統一無關，我就是看不到未來；還是說我需要一些統一的元素？

S33：留意 C22 和 C29 提到「我希望能看見一個我想要的未來」和「看不到未來」，意味著心中渴望整合，與 C28，C29 提到並存／整合／融合狀態的深切期望是一致的，只是當事人卡住了。據此，助人者要協助當事人找到整合的方法。（C22 我不管怎麼拼湊，我都拼不出那個未來…我兩個都找不到……出來一個完整。C28 我沒有辦法同時既柔和又堅定……剩下的兩個部分，至少要去掉一個。C9 卡在現狀未統一……次人格未統一，所以我合不到一塊，看不到未來……我需要一些統一的元素）。

---

[*] 意象對話是北京林業大學朱建軍教授，以佛洛伊德與榮格的理論觀點為基礎，吸取了夢的心理分析技術、催眠技術、人本心理學、東方文化心理學與佛學等思想而創建。他認同榮格主張夢是潛意識的語言，是在運用意象的象徵意義表達豐富的內心活動。意象對話由治療者引導當事人做想像，藉意象的象徵意義相互交流，瞭解其潛意識心理衝突，從而修改意象以達到治療效果。

H30：能感覺到妳現在的困惑。因為剛剛妳在說那兩段話的表情，我也能感受到妳喜歡的那個狀態，確實那個狀態和這個狀態的表情，和妳想表達這話的表情，特別合不到一起。

S34：H30回應很到位，先做情緒同理，再反映晤談當下所看見當事人的狀態。若接續著說：「內心有感想說，外在卻不易展現出來，似乎有落差，也好像有卡點在。然而此刻的你，不正是內在想說，外在也表達得很清楚！」這句話像一面鏡子照映當事人，使其能瞧見自己。

C30：可是，這兩個明明都是我的東西，如果是我從別人臉上搬了一個神態，我說我講話的時候沒有那個什麼，也就罷了，那明明就是我自己的事。

H31：我有一個困惑，就是妳想要的那個神態，是比較優雅的、溫和的，這樣的神態去說一件悲傷的事情…。

S35：H31末句「說一件悲傷的事情」，是助人者聯想到什麼嗎？試著回應：「感覺面對自己腦袋想的和要說的無法連貫起來，是非常困頓和疑惑的。倒是想想看，同時存在不同的真實我，一定是互斥不能相容嗎？」先同理回應C29~C30，再以面質技術來協助當事人釐清心中的矛盾點，打破慣性思維。

C31：一個優雅的人演唱會有悲傷。

H32：我是說，很難。

> **S36**：接續上一句：「優雅是內在特質，演唱時融入詞曲裡有悲傷，是演唱的情景。保有內在自我，卻又能恰如其分表達悲傷，不也是多元面向的我？」面質回應融入隱喻和疑問句提問，協助當事人看見更深處的自我。想想這面質會帶出什麼效果？

C32：不啊！比如說你見到一個很優雅的人，會有「對啊！」，他也會有悲傷的表情，可是悲傷的表情並不會變得不優雅。但是我的悲傷表情，和我的優雅表情是完全兩個人。人家是一個優雅的人，有悲傷的表情，也有興奮的表情。

H33：就是。在妳這很難把它整到一起。

> **S37**：接續說：「你希望優雅跟悲傷可以共存的很自然，或者內在與外在是一致的。當下我有一種感覺，內在我是真實存在，本質是不變的。同時，不一致的外在自我，只是應對環境時展現出來的社會我。兩者真的不能相容並存？或者妳自設框架讓自己陷入困境中呢？」督導者帶著真誠的語氣再一次面質當事人，可以更深度的去探索和釐

清內在面貌模糊不清的自己。面質之後還要留意當事人回應的內容，再繼續驗證前面的假設。H31~H34的回應很精簡，若要引導當事人突破卡點，力道似乎不足。從督導者S33~37的回應，助人者學到什麼？

H對S的回應9：先做足夠深的同理，加上提問和面質，能感受到一股力量，這力量不是硬梆梆的或強迫似的，是當事人足以承接並勇敢面對的。

C對S的回應9：這句話挑戰得很到位，一層層的剝開直指問題核心。

C33：或者說自然而然的變成5678個，然後我不接受這個狀態，我至少不接受他，或者說我至少不期待他一直是這個狀態。

H34：剛剛說到妳朗誦的時候，很明顯的知道妳不會成為董卿。這個區別在哪裡？就是在作為一個人的這一塊。

S38：助人者好像也卡點了。H34若先回應：「所以妳把自己給卡住了嗎？」讓當事人反思與探索可能的卡點，可能敲開心門深處的門鎖，沿著這路徑走下去，又是更深層的探索。

C34：我不知道。我諮詢模仿張老師的時候，我也知道我不會變成他，就知道我不會變成他，這件事情我是很清楚的。

H35：可是在技術上去模仿，是可以接受也可以做得到的。

> **S39**：H35具行為同理的重述，回應很貼切到位。

C35：對呀！

H36：就是把這個人撇開，其他的事情是分得清的。但是作為一個人，這樣一個整合沒有辦法找到你既想要模仿他，又不能成為他的這樣一個對象。

> **S40**：H36回應到整合的重點，很好。可接續著說：「模仿與學習是一個歷程，妳很清楚在過程中不會變成別人，這樣的妳，也是活出真實自我，妳要自我否定歷程中的自己嗎？」以真誠的態度和語氣使用面質技術，才能帶出效果。想想這句回應和H36的差異在哪？

C36：我是找不到這個物件，但是我想找物件的源頭，還是剛剛我們討論的內容，就是我合不成我自己，我才會想找個模仿。

H37：如果妳找到一個物件，是不是有可能會知道妳合成的自己，大概是什麼樣子有一個參照物，妳大概可以去看。

S41：H37的回應是中肯和適切的，若加上提問就是積極的引導，例如：「如果明天醒來，突然發現自己合成了。請問妳是做了什麼改變而跨越了卡點，才達到理想中的真實我？」應用跨越問題的焦點提問，跳脫問題本身。前面進行了多次的面質，一次又一次地解構當事人的框架。到此，加上這具關鍵性的提問，將引發當事人深切的反思。彷彿剝了一層又一層的洋蔥。如何在面質時，讓當事人坦然接受矛盾與不一致，猶如剝洋蔥時不會流眼淚。

C37：對！

H38：然後，妳就能知道自己是想要什麼樣子的。

C38：我最大的問題不是找不到那個參照，最大的問題是我在想像中都沒有那個參照，我完全不知道為什麼合不起來，完全不知道合起來是什麼樣，也完全不知道要怎麼合起來？

S42：C38反映的正是卡點。H35~H38這幾句的回應能貼近當事人，感覺到同步。

H對S的回應10：謝謝，我也看到自己做得不錯的地方。也學到不跳進問題裡，要抽離出一點空間和高度，才能看清當事人陳述的要點。

H39：說到這，我有種感覺，妳對自己是一個要求特別高的人。

> **S43**：H39是認知同理，如同鏡子般回應當事人，很棒。可以接續說：「不僅如此，妳強調缺少參照或介質，完全不知合起來的我。我倒想知道，此刻在表達自我的妳，有可能是合起來的我嗎？解鈴還須繫鈴人，或者妳自己本身就是參照和介質呢？」督導者這句話如同開門「喀」的一聲，讓當事人省思領悟，在鏡映中釐清與確認。

C對S的回應10：督導者的話，讓我發現自己有朝外的責怪，當自身就是參照，就沒理由責怪外面。這回饋彷彿讓捆鎖自然地鬆脫下來，也能輕鬆自在的面對。

C39：我喜歡用的詞是要求特別刁，我不覺得我的要求很高，但是用一個承諾的詞，就是很要求、很刁鑽。

H40：嗯，好像別人的要求高，是一個俗人的要求高。妳的「刁鑽」是很多人不去考慮的，但是對妳來說是很重要。

S44：H40的回饋很到位，能同理當事人。若要繼續跟隨議題來面質提問，再剝掉一層洋蔥來釐清，可以接續說：「即便在困惑中，妳仍然努力地尋找自己。在妳特別的要求下，我感受到妳具有獨特的個人特性，深一層來說，在特性底下可能是嚴謹或苛刻嗎？」這個面質的用詞非常直接，回頭看看，有同理和理解的厚實鋪墊，應足以讓當事人帶著勇氣和力量來面對。

H對S的回應11：這樣的面質看起來太直接，我會覺得很可怕也很擔憂，不敢隨便去面質。我覺得尊重和接納的態度非常重要。

C40：對呀，如果說要求高的話，我可能會需要我優雅到一個什麼地步。然後我獨立成一個什麼地步，其實我沒有。不只是有一些很奇葩（意思是奇怪且另類）的要求會在。

H41：其實我不覺得妳這個要求很奇葩。

S45：H41「我不覺得…」的回應可能是助人者的個人想法，焦點已從當事人身上回到自己，可能由客觀變成主觀。試著用下面的回應，看看有什麼不同：「要求會在的人是誰呢？妳可能是握有開門的鑰匙，卻認為鑰匙不在身上嗎？」這個面質再一次的挑戰當事人，直接面對潛在的

矛盾，讓當事人反思是否是自我設限的框架設定者。這面質彷彿當下棒喝，肯定對當事人造成影響和震撼的。

H對S的回應12：<u>我發現我有陷入自己的想像，回應不太精準，錯失可以用提問方式積極引導。</u>

C41：其實我自己也不覺得，但是你要放在。

H42：噢，放在大眾的視野裡面，很少有人會提這個事兒。

C42：還這麼拗，就非要……。

H43：覺得這是妳想要的狀態。真的是想像中很美好啊！就像一個優雅的人，他不用時時刻刻是優雅的狀態，不用優雅的狀態去端著的做，每一件事情他也生氣，也發小脾氣，可能他哪天也去放個鞭炮。

S46：回看C24，C28，及S32回應等句，當事人呈現二分無法整合的狀況。H43換句話說：「有個想法參考看看。如果卡點是『非黑即白』的二分想法，妳會怎麼面對？太極圖裡，有黑、有白卻能融合成為一個圓呦。真不能融合嗎？還是在堅持中隱藏著自己的任性呢？」面質融合隱喻的目的，是直搗黃龍協助當事人再往前跨出一小步，挑戰二分的思維，面對最核心的要素。

C對S的回應11：這句話一問，似乎就沒法逃了，必須要正視自己的內在。面質很直接，隱喻很容易懂，這裡正是根源之所在。

H對S的回應13：督導者的隱喻面質太經典了，我沒想過面質可以這樣說的。

C43：你剛描述時，我倒想起我們傳統文化裡經常講的一句話，嬉笑怒罵皆文章，我就很喜歡那種狀態。

H44：我有一次在看看書的時候，就宋O嘛，我有一個感覺，這才叫貴族。他可能有各種各樣的生活狀態，但是，總歸那種才叫貴族，哪怕他有時做一些工作，很辛苦的日子過。我覺得這個狀態真的才是一個人真正的狀態。

> **S47**：在H44回應前先說：「所以妳可以不理會別人怎麼看你，這就是妳的獨特性或特質。反過來說，妳卻不能迴避自己面對內在的自我。」又一次的面質，看看當事人回如何回應。H44最後一句話是很精準的回應。

C44：才是活成了我自己的那種樣子。

H45：你再找這樣的狀態。確實現在這個社會，很少有人去找這個狀態，很多人都活成了你說的標籤或招牌。

S48：H45是很棒的同理與回饋，聚焦在重點。

C45：誰知道？

H46：這樣的一個要求，在大眾看來是比較少見的。我猜，確實找起來也沒那麼容易。

C46：從外界找很困難，我可以接受，為什麼我在想像中也建構不出來。照道理說，我們的想像應該是可以做。

S49：回看C29：「我合不到一塊」、C32：「我的悲傷表情，和我的優雅表情是完全兩個人。」、C36：「我合不成我自己」、C38：「我完全不知道為什麼合不起來，完全不知道合起來是什麼樣，也完全不知道要怎麼合起來？」，沿著脈絡下來，加上C46：「為什麼我在想像中也建構不出來」，這句話是否隱含一點「自我指責」的味道在裡面？

H47：妳現在想像不出來，可以想一些辦法？剛剛妳有一些形容就是那個狀態。

S50：「好像妳的不安來自於找不到建構的方法。也許妳很清楚不假外求，只有回到內在。通往內在之門的鑰鎖，也只有妳呀！在清晰未來的自我過程中，猶如拼湊自我認同的拼圖，如果有一天拼圖完成，是因為妳把最後的兩三片擺上，這兩三片會是什麼？」應用面質技術挑戰當事人，同時透過隱喻式的奇蹟提問，引導當事人建構未來的自己。

C47：但是，我想不出來那個樣子的活著的樣子。

H48：妳沒有鮮活的一個狀態，給妳去做參考？

C對H的回應1：講過去的話，可能會覺得過去我做到過，但那是我演的啊。

H對S的回應14：督導者的回應，我反思自己的問句仍在打轉中，還跳不出問題來，還是陷在當事人的問題中，不知如何引導。

S51：接續C47：「想不出來的確讓妳很苦惱。妳曾有展現既柔和又堅定的自己，還有自己喜歡的個性，那是什麼樣的經驗？妳是怎麼做到的？」如果助人者想引導回到過去，可以在同理中，透過焦點提問找出過往的成功經驗。

C48：我跟你説，我想得出來一個男人那個樣子，但是我想不出來一個女人，或者説我見過極少數的男性，是很貼近的那個人。比如陳老師，你見過陳老師滴溜滴溜地跑下車去看酒吧有沒有開門的樣子。你也見過他很堅定的在房間門口，不會請我們去房間裡面坐的樣子。你也見過他掏心掏肺的教我們技術的樣子。可是始終是他，他那種很溫和自始至終都在。他至始至終的溫和，又是完全不同，它是完全不一樣的。我跟你説過我的一個朋友，就很有點嬉笑怒罵皆文章。雖然他並不是在任何一個情境下，都像陳老師一樣，帶給我們那種溫和感，那麼地守恆。但是，嬉笑怒罵皆文章，這句話放在他身上絕對不為過。縱使我見過他們，我還是沒有辦法構思這樣的自己，或者那樣子的女人。所以我就不知道問題卡在哪了。照道理來説，想像這種東西是我很擅長。

> **S52**：助人者聽到當事人的回應，要馬上連想到C4的一句關鍵話：「我沒有看到一個我真正喜歡和想成為的女性的樣子。」連結前後的這兩句話之間的對照和關聯，可能隱含有深刻的涵義。

H49：對，妳除了性別以外，其他的要素都夠齊，可以再完善。

S53：若回應：「突然有個念頭和假設冒出來，不一定符合妳的狀況，也許妳想想看。我假想，妳早已具備女性特質，只是外貌彰顯不出內在，透過外在別人無法認識真正的你，然而妳的言行舉止卻十足表現出內在美的特質。所以，是別人不具慧眼呢？還是外在遮掩住內在的光芒呢？」這句話是督導者當下直覺的感受，回扣到S1：「理想的自我形象和現實中的我有落差」的自我認同假設是有關聯的。S1大膽假設，在S42~S52逐步的小心驗證。

C對S的回應12：我聽到這個問句，會很有討論的興致，挑起我一窺究竟的念頭。

C49：一個要素不夠。他們倆不是我想要成為的人。我想要的溫和不是陳老師的溫和，我想要的嬉笑怒　皆文章的美感，也不是我朋友的那種美感，雖然他的美感在我看來很美也很吸引我，但是太凌厲，他的光芒是會讓很多人站在他身邊，就抬不起頭來的光。那不是我想要的美，但是他真是個活得很美的男性。

H50：對啊，想像不出來，哪怕用現實中的人去拼湊。我隱約覺得有個點就是性別，比如妳想要的優雅、風情，雖然是花邊，對你還是蠻重要。這樣的一個女性的存在。就像妳之前說，你在團體說的那段話，妳見過一個女性身體的將軍，可是女將軍是什麼樣也沒見過。我不知道你有沒有想像的出。（C搖頭）妳想像不出來？

S54：性別也許個議題，可能也有關聯，但此刻晤談的焦點不在此。除非議題釐清的差不多之後，時間還夠的話，可以約略談一下，或留待下次再談。

C50：我曾經做過讓我特別傷心的意象。在一個蒙古包裡，男將軍在大塊吃肉，大口喝酒，談縱橫天下事。將軍的女人是那種灰不溜秋的，就像老媽子一樣，為他倒酒，説話畏畏縮縮的，侍女是極為漂亮的。可是他們行使的功能也就是舞女，讓這些男人在喝酒的時候，賞心悦目一下的風景。然後呢，我怒了，怒了之後呢，那個意象就變成了女將軍和活潑潑的侍女。我感到悲哀的地方就在於，我突然之間發現女將軍抬手投足，跟剛剛的男將軍一模一樣穿著鎧甲。他們確實當了將軍掌握了蒙古包，可是他們已經徹底地繼承了男人是蒙古包的主人的事實。這個意象就是頭，幾個月之後我參加了團體，突然就説了這一段話。

H51：聽起來這是一個整體社會性別悲哀。

S55：提醒H51的回應，若切入性別議題可能會把談話範圍拉得很大。根據議題脈絡繼續回應：「似乎外在的角色有所不同，但本質可以不變，女將軍失去了女性本質，表現出來是角色的表象。這是種深層的感慨，讓妳要尋找身

> 為女性自己的味道，都沒有了一個想像的素材。」這是深度意涵的回應，也許能觸動當事人的內在，引發反思的漣漪。

C51：我就活在這樣的一個時代。

H52：所以妳要去找到這樣的一個，妳就真的不光是走的路少…。

> **S56**：助人者若要從大環境文化的脈絡，回應當事人所處的狀況，試著同理的回應：「妳似乎哀嘆身處於無法活出真我的年代，一個讓人迷失自我且活在表象裡，沒有真實底蘊的自我，是一種別無選擇無奈的感嘆！」

C52：可能想這個問題的少。我很喜歡我媽媽很多的特點，但是我要是活成我媽的樣子，我也活不下去。

H53：妳真的很女人。

> **S57**：更積極的回應：「不管如何，妳都要活出自己的真實樣貌。沒有第二個妳，妳是唯一且獨特的。談到這裡，我一直都感受活在當下的妳，內在光芒照亮外在，我猜別人也用外在的自己，來面對妳的外在。也許他們內在的真

實，正讚嘆著妳的內在光芒，同樣的也沒法表達出來。若是如此，妳還在意什麼呢？若別人隱藏自己，妳卻毫不掩飾地展露妳真實的一面，這豈不是妳想要的自己嗎？」

這個面質提問，直指當事人內在的核心點，**翻攪其最深處的內在基座**，從生命的基座中徹底翻攪，猶如蝶蛹要穿透蛹的層層包裹，才能天蠶再變，有了新的樣貌和生命。想想這回應能觸動當事人什麼？

H對S的回應15：我蠻震撼的，督導可以用很正向的觀點回應當事人，同時在當下面質當事人，完全聚焦在當事人身上。我想不到這麼多詞，更不知道也不敢用面質的方式回應當事人。

C53：她身上純粹的女人的一些特質，真的就很朝氣活現的，而且真的都活不下去。我覺得一個完整的女性，至少不會活成一個片面的所謂的女人，或者就算我媽媽是一個完整的女性，她理想中就是那個樣子，可是那不是我理想中要的。我最討厭的事情，就是我喜歡的幾種元素不相容，或者我找不到相融的方式，或者說融點在哪？。（同C22，C28）

H54：妳剛剛的描述中，對那個人是有要求，就像妳的問題在於現階段找不到相融的點。

S58：回到前面S46，思考一下太極陰陽與黑白的比喻，它是怎麼個融合呢？從這裡做連結來回應，繼續聚焦在議題的脈絡中。

C54：我想要什麼元素基本上是知道但合不起來。（同C22，C28，C53）

H55：然後妳現在找不到這個相融的點有點著急。

S59：H55是非常貼切的情緒同理。

C55：不只是著急、憤怒，嚴重一點的情緒甚至會有哀傷。還有對自己的恨……。

H56：這個東西很深層次。所以妳那種憤怒哀傷其實都挺…挺重的。

S60：C55表達出強烈的負面情緒字眼，從嘴裡說出來，表示她與內在當下連結與接觸。可以積極的回應：「你承受種種複雜又深重的情緒，我聽了很不忍。同時我也疑惑，這會不會是妳的自我責備與控告，或是妳在自囚呢？」督導者非常直接面質，直搗黃龍攪動核心，強烈的用詞彷彿是一把利剪，讓當事人緊握著利剪，用力地剪開層層包裹的內在纏索。

C對S的回應13：督導者這樣說，讓我感到脈絡非常的清晰，看見督導者形成假設並且試著驗證。這面質很貼合內在的狀態，讓我勇敢的正視自己。

S對C的回應：正視自己是接納自我，是整合的起點，此刻象徵著破繭而出。

C56：我一直覺得個人的東西是不複雜的。它不需要花多少精力去找參照和去想為什麼這樣，又為什麼那樣子之類的。純粹個人的東西，你覺得是就是了，要就要了，喜歡就喜歡。可是我覺得我思考的這個問題是很個人的東西，為什麼就出不來？

H57：人是最複雜的。這是個人的問題，不是妳朗誦學某個技術的問題。由於時間關係，七點鐘還有其他的事情，現在你還有什麼想說的話嗎？時間已經不多了。

S61：談到這裡，C56末句還說：「為什麼就出不來？」助人者想想意味著什麼呢？回看C22，C28，C29，C36，C38，C46，C47，C48，C53，C56這幾句話，談的都是想要卻無法整合成一個未來的自己，這是卡點，也是要突破之處。試著這麼說：「妳覺得很個人的東西不複雜，似乎那比較是一種純粹的、直覺的，而妳現在用力思考，是想不出來的。有人選擇化繁為簡，有人選擇鑽牛角尖。妳呢？」面質當事人以釐清自我狀態，瞭解選擇的方式。

C對S的回應14：督導的語氣沒有責備，而是鼓勵探尋的方式，能幫助我反思，更貼近內在的我。

C57：不知道。要不妳問點什麼？

H58：我比較關心的是妳現在的狀態，會影響平常的工作生活嗎？

C58：我不確定算不算，我不喜歡我現在工作生活的很多樣子，我剛才說過，但是它到底是本來就是我不喜歡，還是受了這個影響了我不喜歡。說完全沒有影響，也覺得可能不是。但是受它影響變成這樣，似乎也不是。

H59：就是本來就不喜歡這個狀態。然後想到這個問題之後，就把這個問題上升了一下。

S62：C55，C56，C58顯示當事人給自己卡住了，處在迷霧中找不到出路，感覺心中是憤怒、哀傷、困惑、著急、焦慮、不安。助人者若跟著當事人表面的話走，肯定也會在晤談中迷路。助人者可做如下的回應：「別人怎麼想不重要，你自己怎麼想才重要。你說是嗎？」這回應是從問題中拉高高度，幫助當事人從不一樣的視野看自己。如果當事人說：「是」，可接續著問：「談到這裡，你怎麼看你自己呢？」可聚焦在自我意象的探討，從這點深入釐清。但須視當事人當下的回應再決定如何接續。

C59：可能我現在有些狀態本來就很不好。只不過是在不太好的裡面，多加了一個問題所帶來的情緒而已。但是，並不是它導致，也不是少了它就能怎麼著。

H60：也就是說對妳的生活有影響，但是沒有那麼大，在可控範圍內。

C60：可是不可控不是因為它。

H61：那今天時間差不多了，妳看談到這裡可以嗎？

C61：我其實會覺得有點被截斷。

H62：對，因為我是考慮到七點鐘有事，現在時間已經差不多了。如果妳還有想說的話，你可以繼續說。

C62：我覺得不是收尾，這種感覺是這個人不是我要的，但是那個人是什麼樣子我不知道？收尾要什麼樣子，我也不清楚。但是，我覺得不是今天談話的尾巴。

H63：明白了，妳是覺得因為時間關係直接中斷談話，這樣的收尾讓妳覺得很突兀。

C63：會很奇怪。

H64：那妳期待是一個什麼樣的收尾呢？

C64：在問題上的收尾，而不是時間上的收尾。

H65：今天時間確實到了，如果我們有下一次的諮詢的話，妳希望下

一次我們從哪一個話題開始？是繼續從如何收尾這樣帶給妳不好的感覺開始，可以嗎？

S63：H61~H65，助人者突然提到會談要結束，H61 的回應有點突兀，晤談出現一個斷點，可能讓當事人感到錯愕。若要結束會談，要提前預告時間。所以，C61~64 當事人對晤談中斷表達感到驚訝與不解，好像沒有收尾，問題沒有獲得滿意的解決。還好 H64~H65 做了個澄清，並引導至下次的晤談。

助人者在結束會談前，要預告還有多少時間可以談，或者提前在結束晤談前五到十分鐘提醒。也可以和當事人一起針對問題的探索，有哪些心得或收穫來做個收尾、統整、或是給予正向反饋，或是佈置一個作業，或應用焦點提問方式，來結束晤談或延續到下次繼續晤談。例如：未來的一週，如果奇蹟發生了，你直覺感受到自己活出融合的一剎那，會有什麼感受？你的身體感覺如何？你臉上的有哪些神情？你的動作姿態如何？有誰會看見妳的改變？他們會對你說什麼話？

C65：可以。

H66：那今天就先到這。

▌晤談後當事人對實習助人者的回饋

「我感受到實習助人者的關注，很真誠也很鼓勵，一點都不覺得我談的問題很奇怪，這讓我有認真談下去而不中斷的勇氣，有很多地方都有同理和理解到。雖然最後好像沒有一個明確的結果，這本來也不是一蹴而就的事情，能起到梳理和明晰一點的作用，其實很滿意了。」

▌三方會談後當事人對督導的回應

「督導對我的回應及面質技術的應用，沒有執著於我的問題和說話的內容。對我所**談的議題形成假設，並在稍後晤談中加以求證**，沒有進入我談話的問題裡。**督導能聽懂我的問題點時，產生的力量非常強大。督導溫潤的態度和堅持的語氣兩者之間的融合**，給我很大的收穫和啟發。」

▌實習助人者接受督導後的反思

「這段晤談是在剛學習助人理論與技術後，為了實習而找當事人進行晤談。晤談過程中，我的內心有慌張、有擔心。傾聽中抓5K只憑感覺，聚焦議題和脈絡性不夠深入。督導的回饋讓我看見自己對當事人的某些詞句抓不住（例如：C14活出一個品牌。……品牌是有其獨特性的）。**先要有自己的假設，然後在晤談中去驗證。面質很具有挑戰性，要做到沒有攻擊性的語氣，同時又能幫助當事人沈澱與反思，真的很不容易。**

　　時隔兩年再回看逐字稿，看著當事人面對自己問題的思考與深入的探索，覺得當時是完全接不住這樣的主題：『想成為什麼樣的人。』特別巧的是，這段時間我自己和自己折騰的主題，也是『我到底是誰，我要成為什麼樣的人？』再一次的讓我深刻感受到，**助人者自己能走入自己的內心有多深，才能引領當事人走進內心有多深**。我相信此刻的我，若再面對同樣的晤談議題，會更有信心去承接，也更有能力去挑戰。

　　溫故知新！再次回看恆霖老師對逐字稿的批閱，憶及老師精準的督導回饋及詳細的解析，眼睛濕潤好幾次，感動依然存在。老師批閱中，對當事人的回饋總能做到聚焦在當下議題、此時此刻當事人呈現的人格特點、敏銳當下的情緒、及引導問題的具體化，讓當事人更為清晰明瞭，甚至於每一個問題中，當事人的每一個情緒點，都非常細膩的關照到。」

█ 結語

　　《地海巫師》書中有一段話，巫師歐吉安（Ogion）告訴徒弟格得（Ged）[4]：「等你從四葉草的外形、氣味、種子，認識四葉草的根、葉、花在四季的狀態之後，你就會曉得它的真名，明白它存在的本質了，這比知道它的用途還重要。你說說看，你的用途是什麼？我的用途又是什麼？到底是弓忒山有用？還是開闊海有用？」又走了約莫半哩，歐吉安說：「要聆聽，必先靜默。」

　　當你看完本案例的督導後，是否發現專注聆聽非常重要。然

而，如何聽懂更深層的內在聲音呢？「要聆聽，必先靜默。」這句話我很有感。最近一年我有深刻的體驗，白天我將手機音量調到最大，對比周遭吵雜的環境，音量顯得小聲，稍不留神，會錯過訊息或接聽電話。夜晚臨睡前，打開手機聽睡眠音樂，又感受聲音太大干擾睡眠，需要將音量減低80%，才能安然入眠。

　　與當事人晤談，我們的心要寧靜如夜晚，才能聽見細微的聲音，如果心是浮躁又吵雜，則容易分心無法聆聽到當事人細微的內在聲音。夜深人靜時，是讀取生命內容的美好時刻。心靈安靜時，是傾聽生命故事的關鍵時機，內心的寧靜彷彿沙漠裡的伏流，看不見卻有靜默流動的力量。安靜讓心靈彼此更靠近。

　　向內自我探索彷彿進入一個幽暗的世界，路途中看不清卻又必須繼續往前走。我感覺當事人像是進入見山不是山，見水不是水的階段，看是自己又不像自己，是自己又彷彿不是自己。看得清楚彷彿不是真實，看的模糊彷彿又是自己。「成為自己」的旅程，是一生的功課與挑戰，追尋和形塑的過程很不容易，會有挫折（敗）感、懊惱或喪氣，甚至想要放棄。然而，只要整合成形，就會感到無比的快樂跟成就，過程中需要的是勇氣和毅力，及永不放棄的態度和精神。這個探索過程就像Jung所說的：「一個人畢其一生的努力，就是在整合他自童年時代起就已形成的性格。」

　　當事人好像要唱一首大家傳唱已久的歌，但不知道怎麼唱，才能把這首歌唱出自己的味道，心裡好困惑又著急。S22：「妳

在找一個有自己核心味道和新的自己，同時內在特質要和外在展現出來的是一致的，有自我的獨特性。」感動當事人是如此的勇敢面對極為深邃的內在，這一段探索旅程是生命的精華，也是人性光輝的展現。晤談中不只是當事人要面對自我軟弱和勇氣的過程，助人者也要面對接案的不安，和對使用面質技術的擔憂，這是專業成長必經之路。正如本篇的實習助人者省思：「助人者自己能走入自己的內心有多深，才能引領當事人走進內心有多深」。助人者願意面對，直面，正視晤談中的擔憂和恐懼，就會發現自己的生命一步步成長與茁壯，同時能顯現在助人專業中。

面質像是一個探照鏡，引導當事人進入內在深處，面質就像一把開門之鑰，得在安全的氣氛與信任關係下開啟幽暗之門，逐漸地接近當事人心中想要尋找的答案。愛因斯坦：「生命會給你所要的東西，只要你不斷地向它要，只要你在要的時候講得清楚。接受過去和現在的模樣，才會有能量去追尋自己的未來。」易言之，當事人的內在─想要活出真實的面相─是一段探索與相遇之旅。當理想我與真實我齊聚一堂時，美好的生命就此綻放。Virginia Woolf：「一個人能使自己成為自己，比什麼都重要。」許多人在追求名牌，其實自己就是「名牌」，有名有姓，且活出自我的獨特性，就是經典名牌。人若遠離自己的核心味道，就活得不自在不快樂；當核心味道能鮮活地展現出來，既真實也踏實，內心將發出愉悅歡呼！

曾經有個中年女性當事人告訴我，她有一張15多年前拍的

生活獨照，當她第一次看見這張照片時，對著照片注視許久，然後微笑從心底發出，她很喜歡照片裡的自己的樣貌，和散發出來的韻味，她覺得那就是她自己。鏡頭捕捉到的，是外在的模樣，和內在的靈性。過了15年，她每回看到這張照片，心裡的微笑依舊。親愛的你，如果將真實的自己梳理得越發鮮明，當有一天遇見那樣的自己，會打心底觸動了自己，然後跟自己說：「喂，這就是我！我在這兒呢！」然後，也許，那個自己就會恆在，除非，你讓他消失。

哀傷的陰霾意味者令人憂傷的失落，停滯不動的焦慮
表達出被遺棄的感覺，得意的光芒會出現在當事人向
我們描述所愛逝者的語言中。所有治療性的改變都起
始於經驗中強烈情緒升起的那一刻。

——羅伯特・奈邁耶（Robet A. Neimeyer），美國
　　田納西州孟菲斯大學教授，曾任美國死亡教育與
　　諮商學會理事長

◆◆◆◆◆

每個人的心裡都臥虎藏龍，這頭臥虎是我們的欲望，
也是我們的恐懼，有時候我們說不出它，我們搞不定
它，它讓我們威脅，它給我們不安，但也正是因為它
的存在，才讓我們保持精神上的警覺，才激發你全部
的生命力，與之共存。

——李安，《少年 Pi 的奇幻漂流》導演

9 穿越時光隧道

從傷心旅程到幸福列車

心理劇與完形未竟事務

晤談背景	
當 事 人	聰明幹練的企業高階主管，想要發揮更優質與專業的領導力，因此參加企業教練認證培訓，期望能應用所學，面對工作挑戰、激勵部屬發揮潛力和提升績效，發揮個人更大的影響力。
晤談議題	實習晤談期間，覺察有自己個人的未竟之事，可能影響晤談效能。希望藉由個人議題的督導，突破內在障礙，對未來的助人工作帶來實質性的效益。
晤談時間	50分鐘

▌引言

　　每個人在生命的過程，或多或少都會經歷失落與未竟事務，負面的情緒如痛苦、哀傷、挫敗、難過，陪伴著我們一起成長。在生命的旅程中，會出現許多大大小小，充滿複雜情緒的事件，成為生命中的「空缺」和「暗處」，長大後會不經意地隨著回憶列車走進時光隧道，彷彿回到身處在暗夜，孤獨地面對那歷歷在目的景物。像一齣齣重複播放的八點檔連續劇，劇情再熟悉不過

了，卻又沒辦法下檔。然而，孤單不會讓我們落單，孤獨反讓我們平靜安穩。

傷痛很遙遠，然而也輕易可碰觸；那傷，彷彿沈入無底的深淵，捲曲在心靈深處；那痛，在身，更是在心。時間是最好的藥，卻經常無法治癒。這些空缺與暗處，如影隨形地跟著我們一起成長，想要拋掉又難以割捨，想要面對又想逃離，如果任由傷痛在背後任意拉扯，將成為生命成長的絆腳石，反之，面對傷痛也可能是我們突破暗黑自我的動力。

在陽光照不進去的地方，潛藏著一個黑暗的世界，何時能夠穿越呢？當勇敢敲開心門，吹起挑戰的號角時，彷彿清晨的陽光升起，和煦地照亮大地。當光照見生命中的黑暗，讓我們看清楚一切，藉著填補、修復、擁抱空缺和暗處，我們才能放下、解脫、釋懷，帶著新的力量，穿越傷心旅程，踏上幸福列車，生命得以繼續安穩往前走。

縱使過去的記憶依然存在，仍然可以帶著力量繼續往前走。當旭日東昇，黑暗不是消失離開，而是被灑落的陽光溫暖著。我們可以選擇與生命的空缺共處，同時不被暗黑掌控人生。生命有趣和可貴之處，就在於空缺跟暗處的存在，看似矛盾卻是老天爺給我們成長與突破的恩典。沒有一個生命是完美的，沒有一條路是平坦的，然而過去無法代替現在，也無法決定未來，每一個人都可以扛起自己的責任，讓甜美或傷痛的回憶，成為沒有負擔的行囊，踏著輕盈的腳步勇敢的邁向未來。當我們同時接受擁有與

失落，光明與黑暗，人就完整了，也將邁向自由！

　　以下的生命故事，都可能是我們自己的彷彿或如是。當事人在實習期間發現自己有早年的未竟事務，可能影響助人晤談。因此在課堂上強烈表示已準備好面對內在的議題，希望透過個人議題的督導，能突破接案的瓶頸。當事人的準備度與自發性隱然成為一個劇場，不同的人員和工作已準備就緒，就等著布幔開啟。我是助人者，也是督導者和心理劇的導演，不同角色交替出現。

　　助人者或督導、當事人或主角、演員或觀眾，如何在劇場中同台演出呢？如何一起詮釋生命的劇本呢？我的內心浮現出《給我你的手》詩歌的旋律：「給我你的手，給我你的手，讓我們縮短摸索的距離。給我一首歌，給我一首歌，且讓我走進你心靈的世界。分享的快樂加倍的多，分擔的重擔格外的輕。」

▋ 理論觀點與技術應用

　　范豪斯和科特勒（Van Hoose & Kottler，1977）指出[1]，「在督導的倫理與法律議題中，提到臨床督導的三個主要目標：1.增進受督導者的專業技能與知識，2.確保受督導者的個案福祉，3.作好專業把關的功能。」簡而言之，督導的目標是提升受督者的專業知能，以促進個案的福祉。

　　督導時有三個重點：1.助人技巧：對於技巧使用的適切性（技術的選擇、應用的時機等）給予教導；2.晤談歷程：對於晤談議題的引導與切入，脈絡的了解與掌握，時間拿捏等，協助反思

其歷程；3.個人議題：對於助人者在歷程中出現的個人議題（例如：生命經驗、未竟事務、移情或反移情等），對晤談雙方造成的影響等，獲致深度覺察或處理。

督導方式有個別督導，團體督導，或其他形式的應用。這次督導以個人議題為主，運用心理劇來處理「未竟事務」。由於當事人警覺到個人議題可能影響到接案狀況，此狀況正如完形的觀點[2]：「完形想要得到完成，如果完形無法完成時，我們將會被留滯在未完形的情境中，這些未完成的情境，會一再地催促我們去完成它們。……當個體被打斷的需求所產生的未完成的完形，……將他先行擱置日後再予以解決，會耗去個體相當大的能量，……無法完全專注在眼前的狀況。……一個人透過完全的覺知、生機盎然的接觸而誠實面對自己與存在的本質時，成長和改變會是自然且無可避免的結果。」

完形學派大師Perls的理論觀點，主要受到精神分析學派、存在主義和現象學、整體論、威廉·芮施（Wilhelm Reich）的身體治療、東方禪宗思想、及心理劇（Psychodrama）大師莫雷諾（Jacob L. Moreno，1889~1974）的影響。Perls強調：「當事人對環境立即的覺察，不去推論一些形成某一行為的原因。」透過心理劇的進行，不只是「重演」故事情節，而是在演出過程中，情緒獲得宣洩，產生覺察與反思，深刻體驗力量就在當下，生命力的轉化由此而生。

心理劇是由Moreno在1921所創，融合心理治療、團體和戲

劇表達的行動方法，以演出的形式將過去事件、生活經驗、生命歷程、心思意念、未來夢想等帶到此時此刻。藉由生命故事的表達、將深層內在的感受浮現出來。心理劇的過程會經歷「暖身」（warmup）、「演出」（action）、「分享」（sharing）三個階段來進行。導演（director）、主角（protagonist）、輔角（auxiliary）、舞台（stage）、觀眾（audience）、則為五個基本要素。

　　心理劇強調「此時此刻」的重要性，而且透過行動將過去和未來事件放入「此時此刻」的劇中去經驗。游明麟指出[3]：「心理劇借用完形的『未竟事務』（unfinished business）的概念，未竟事務是一種能量，這種能量會蘊含在人的心中，待其完成才會以新的完形，取代舊的完形。在心理劇中會將主角帶入過去或未來，其目的就是讓未竟事務有一個宣洩的出口，讓未竟事務完成後，主角新的行為、新的行動才得以發動。」

　　斯坦（Stein，2020）認為[4]：「如果我們能建立起良好的治療關係，鼓勵案主得到新的成就，並提供精準的洞見，補上的失落之發展經驗，或幫他們消除痛苦的早年自卑感與挫折，刺激出顯著進步，這會創造出嶄新的正面替代經驗，取代案主記憶或想像中的負面記憶或景象。」我們與當事人共同經歷一段破繭而出，脫胎換骨的生命經驗，藉此反思自己的生命故事。

▌逐字稿解析

H1：現在坐在這邊心情如何？

C1：有一種準備好要穿越時空隧道的感覺。

H2：哇！非常有意思的說法。如果你給時空隧道取個名字會是什麼？（在白板上寫下關鍵字）

C2：這是一個傷心的過程，傷心的車站。（帶著哀傷的語調）

H3：車站的站名是？

C3：我的童年！（聲音哽咽沉重，語調顫抖）

H4：我已經看到你的眼眶裡眼淚在打轉。談到童年可能會談得很深，我們旁邊有些學員在這裡，談論的深度你要自己拿捏。因為時間的關係，我不一定會處理得很深，除非時間或者當下你覺得OK，我們才可能會往下走，所以你自己來決定好嗎？

C4：好。

H5：暫時停留在這邊，你去接觸自己的眼淚，感受眼淚裡頭有些什麼？（與此時此刻的情緒接觸）

C5：很無助，很害怕！（語調緩慢，微有哭泣聲）

H6：還有呢？

C6：很不解，不了解。

H1~C3：

助人者跟隨當事人的關鍵用語，從命名開始直接破題，引導進入過去生命經驗的敘述。

H4~C4：

晤談一開始，即明顯看到當事人表情中有情緒浮現。基於專業倫理考量，和保障當事人的隱私，提醒當事人要拿捏好公開揭露個人隱私內容的尺度。

H7：不了解一些東西。（CE）

C7：嗯！不了解事情怎會是這個樣子？

H8：有很多事情不了解。除了無助、害怕以外，還有哪些心情？我猜想還有很複雜的情緒在裡頭？

C8：就是我必須偽裝。（語調緩慢）

H9：是，如果有機會，你願意讓它都出來嗎？

C9：嗯！（點頭）

H10：不一定要說什麼，想哭，就讓它出來吧。

C10：嗯！（哭泣……。出現吞口水的動作，淚水沿著臉頰流下）

H11：有些東西好像又吞回去。

C11：嗯！

H12：那些東西妳願意讓它出來嗎？（……停頓10秒，觀察當事人的反應）妳可以用妳自由的方式，哪怕妳繼續讓眼淚流出來也是OK的。

C12：（……靜默5秒後說）我父親已經走了，其實已經走很久很久了，我以為我忘了，我始終覺得我忘了。最近，那個……那個片段又來找我（啜泣），我覺得我必須很勇敢、很勇敢的告訴我自己事情已經過去了。雖然已經過去（哭泣），我必須走下去，我必須再走下去，我的人生還沒有過完，我必須調整我自

C8~H11：

C8這句話展現對自己的真誠，且有深層的含意。只是情緒當頭，以情緒處理為優先。H9觀察到當事人的眼眶帶著淚水，聲音語調與平時不同，邀請她將其表達出來。H10鼓勵表達情緒。H11客觀反映觀察到的動作。助人者聯想到完形界限干擾或接觸中斷的「迴射」[5]：當人的感受與想法在其原生家庭中未受到肯定，或是因為表現出自然的衝動行為而被懲罰，人們就學到了迴射。

己（聲調顫抖），不然我會不知道為什麼還要再活下去，因為那個片段太慘忍了！

H13：那個片段不斷地重複，妳覺得過去有些未竟事務還沒有完成。 CE

C13：（低頭啜泣說著）其實我很後悔，在我爸爸快走的時候，我很想問他，為什麼要這樣對我，我很想問他到底為什麼？都是你的孩子，為什麼有這麼大的差別？

H14：你覺得父親對待孩子們有差別待遇。 CE

C14：（點頭……拭淚）

H15：（等待與陪伴當事人情緒的流動，然後慢慢說出）對妳而言，妳感受到什麼，父親用不同的方式對待妳？

C15：我的感受是「我不夠好」，這個我知道，可是你不能動手打我（哭泣聲轉強），你打我，我很痛，我想跟媽媽說（大聲哭泣），為什麼你們大人的事（…大聲哭泣），要怪到我身上。

H16：妳受到委屈了。 EE

C16：是！……太痛了，那個太痛了（哽咽啜泣……）。我想跟媽媽說，但這事不可以，不可以講！

H17：所以，妳限制了妳自己。 BE

C17：不可以講（……停頓3秒）。講了我的家庭會破碎，我知道媽

　　媽一定受不了。

H18：妳讓擔心壓制了妳的內心！ `EE`

C18：對！（哭泣）我媽到死都不知道，都不知道爸爸這樣對我！

H19：妳覺得很沒有尊嚴。 `CE`

C19：我很沒尊嚴，那麼小的孩子，一個巴掌、一個巴掌的打下去，
　　　　我是你的孩子耶！（哭泣聲夾雜著生氣和憤怒）

H20：感覺妳很傷心 `EE` ，爸爸怎麼可以對自己的孩子痛下毒手 `CE` 。

C20：我是你的孩子耶！憑什麼你對弟弟妹妹都不會，為什麼對我是
　　　　這個樣子？

H21：妳覺得很沒尊嚴，心也被打碎了 `CE` 。

C21：不只是心碎，我覺得我為什麼要活在世界上。如果你不愛我，
　　　　你可以不要把我帶到這個世界上。（……啜泣哽咽）

H22：妳感受不到爸爸的愛！ `CE`

C22：我覺得只是把我養活，變成跟我媽媽之間的聯繫，然後，他只
　　　　是想…讓別人覺得我很強，好像他把我養的很好，可是他不愛
　　　　我，可是他不愛我，（……停頓5秒）我打從心裡覺得他是遺
　　　　棄我的。

H23：所以被遺棄好像是關係的斷絕！ `CE`

C23：對，他遺棄我，因為他只是養了我，可是他沒有愛我。

H24：嗯，妳不像是個孩子，可能是洩恨的工具！ **CE**

C24：沒錯（語氣稍緩），我不知道為什麼，我還在這個家庭，我們家有五個人，可是我好像是個單獨的個體，我媽很愛我，她非常愛我，她給我所有她全部的愛。可是，爸爸不一樣，（……停頓5秒）他在大家面前是一樣的對待，可是只要媽媽出去他就開始挑剔我，然後，媽媽進來回來了，他會回來原先的樣子，只要媽媽出去他就是動手打……。

H25：所以妳蠻生氣 **EE** 爸爸戴著不同的面具對待妳！ **CE**

C25：我不了解，為什麼一樣是他的孩子。我曾經問過我自己，難道我不是他親生的嗎？可是他說是啊，我媽媽也說是啊！

H26：被遺棄的感覺一定很痛 **EE** 。

C26：對，我很痛！而且我也想知道為什麼？（聲音語調緩和下來）

H27：嗯，爸爸走了，沒辦法再從他嘴巴裡知道事情的真相。

C27：我知道沒有辦法，可是這個讓我真的常常有一種氣。

H28：對爸爸很憤怒、認為他不應該這樣，連帶讓妳沒有尊嚴、受委屈的活著，心裡會有種不能對爸爸生氣，好像是不應該的！ **CE**

C28：我知道生氣是不應該的，我知道很多事情，他是對我有所期待的。

H4～ H26：

專注地觀察當事人，並緊緊跟隨其語言和非語言訊息，進行由淺到深的同理，雖然當事人的回應有部分是在認知層面，仍然持續的情緒同理。助人者耐心的陪伴與不急躁的回應，是讓當事人能安心進入內在探索的關鍵。Rogers（1986）[6]：「同理心是治療中最具有功效的因素，因它具有釋放功效，肯定能將最具恐懼感的個案帶回到正常的生活中。一個人若能有被了解的感受，那麼必可回復到原來的我。」

H29：當這個念頭出來的時候，妳也會責怪自己，我怎麼可以這樣？
`CE`

C29：（點頭狀）對！我怎麼這樣怪爸爸呢？就算他打我罵我，他仍
然是我父親。

H30：所以，妳選擇獨自忍受痛苦`EE`、在暗夜中哭泣`BE`。

C30：對！我不敢跟我媽媽講。（語氣和緩）

H31：即便這麼多年，從來沒有跟媽媽講，擔心如果講了，媽媽跟爸
爸之間可能會有紛爭。我剛剛聽到你這樣講，好像家庭的和諧
是你一個人的責任`CE`。

C31：對，我覺得我是關鍵。

H32：嗯，你一定是關鍵嗎？如果以爸爸媽媽的角色，維繫家庭的和
諧是每一個人的責任。

C32：好像是這樣，但是（……靜默3秒），我覺得他們好像賦予我
很多的責任。

H33：也許他們是對妳期待高，把責任放在妳身上。我關心當下的
妳，在妳哭泣的聲音，我知道有很多的憤怒、委屈、不解，從
過去一直伴隨妳到現在，妳忍受很深的痛苦，也沒有機會再去
對父親表達，可能心中還有很深的哀怨在。可能還有自我責
怪，也有責怪父親的，或許也會責怪老天爺怎麼對我不公平，
讓妳經常處在很挫敗的經驗當中。`EE`

C26~C31：

C22談到當事人夾在父母中間，似乎是維繫家庭的關鍵。H29~H31對一個孩子而言，太過沉重了。又出現對父親生氣好像是不應該的內疚感，只好隱忍不說獨自承受與面對。所以C31自認為在家中居關鍵要角，C32似乎被迫承擔責任。H32這提問的目的，是讓當事人脫離關鍵角色，減輕責任的承擔，反思自己的角色，回到家庭中的女兒位置。由於當事人仍然有情緒需要釋放，因此屬於家庭角色與位置的釐清，暫時先點到為止，後續再視當下晤談狀況，決定是否需要繼續延伸此議題。

C33：嗯。他不會問我為什麼，我父親經常用就是一個拳頭、一個巴掌打下來。

H34：似乎是一種暴力。 `BE`

C34：（……委曲啜泣5秒）我不知道為什麼，我不明白？

H35：似乎是嚴重的行為對待，尤其對一個弱小的孩子，是很無力感的 `EE` 。（……停頓15秒，等待當事人情緒緩和下來）現在的心情如何？

C35：我覺得我講出來，好像一個面具被解開，我有一種解脫的感覺！（情緒得到宣洩與舒緩）

H36：一開始妳坐在這邊，我聽到你講第二句話時，眼眶就開始泛紅，又談到偽裝，在剛剛那一刻，我感受到妳真誠的在面對自己，我覺得那是一個很偉大的力量，很大的勇氣。（給予肯定與讚賞以激發當事人繼續探索）我們談到過去已經無可改變。然而妳可以決定如何穿越過童年的時光隧道。我想知道妳現在的心情，是想能夠回到當下，還是需要在情緒上再多停留一些？（評估當下的情緒狀態，以決定是否往下走）

C36：（……停頓約10秒鐘）應該可以回到這邊。

H37：剛剛看到妳哭的時候，我有很多的不捨。這讓我回想起我的童年也有類似的經驗。我們家三個孩子，我覺得父親對待三個孩子也很不公平。父親好像只看成績，我是老大，可是常常挨

H1~C35：

當事人從一開始就帶著面對情緒的準備來晤談。當事人的
準備度和信任感是晤談能否順利進入主題的很大關鍵。
C5~H26當事人的陳述中夾雜著複雜的負面情緒，助人者在
此時此刻做什麼呢？在當下助人者多以情緒同理為主，輔
以認知同理，讓當事人盡情的表達與宣洩，但不掉入故事
細節中。就如Rogers（1980）所言[7]：「時刻敏銳感受當事
人不斷變化的感覺，當事人正在經歷的恐懼、憤怒、溫柔
和困惑，它意味著暫時進入當事人的內心世界，機警靈敏
地隨之起伏，不做任何批評論斷；感知當事人很少覺察的
那層意義，但絕不試著揭露那些完全意識不到的感受。」

此刻完全聚焦在當事人，不去探究過去父親為什麼要粗暴
的對待弱小的孩子，也不去探究父母之間的關係，及C29
可能隱藏著內疚和自責的非理性信念，緊緊貼者心痛的當
事人。當情緒緩和下來後，再引導當事人面對自身的疑惑
及想解決的議題。

罵,我的弟弟妹妹,看我被打被罵,就乖乖的念書,成績表現又更突出,我又被比下去。我常常問自己為什麼要這樣被對待。小學六年級我曾去撞牆,我不知道為什麼要活下去?我知道父母對我期待很高,可是不知道,為什麼他們要對我罵,對我打,我也不解?我知道沒辦法改變我的父親。現在我從另外的角度來看,他們沒有我受的教育高,仍然用傳統的方式,對孩子期望很高,可能誤用對待的方式。我常想老一輩的人可能也是這樣長大的。他們沒有心理學的背景,也沒有什麼溝通的能力,他們以前怎麼被對待,現在就怎麼對待孩子。(……停頓3秒)我分享的是,我覺得過去自己內在有個受傷的小孩,我決定讓他有信心,我決定做自己。當我開始學習助人專業時,主動開始寫信給我的父親,信中提到從我小時候開始,他怎麼對待我的,我分享內心的感受,不是回過頭來要指責他。是讓他明白當年對待我的時候,我的心情是如何,一年之後解凍了。(自我揭露技巧)

C37:你說你主動……。

H38:主動寫信給我的父親。現在我跟父親的關係反而漸入佳境,因為他重新認識我,我只是決定主動去和解關係。

C38:(望著助人者,帶著遺憾與哀怨的聲音說)老師,可是我父親走了。

H39:對,所以現在聚焦妳身上,父親走了就算妳主動他已不在,就

H37~H38：

聆聽當事人的生命故事，同時觸動助人者過往類似的經驗，和情緒壓抑的過程。當事人在被同理與盡情表述後情緒稍為緩和之際，助人者決定以自我揭露技術回應當事人。特別是揭露中的「主動改變」顯示出人有自主權可以決定未來關係的樣貌，目的是協助當事人從反思中帶出轉變的力量。談話至此，助人者感受到當事人有未竟事務，評估用心理劇形式來處理當事人的議題。

算妳主動他也不一定能夠做得到。所以，我們要用一種象徵性的方式，讓妳可以完成妳的主動跟決定。

C39：嗯，OK！

H40：我剛剛的分享你感受到什麼？

C40：我感受到或許這個經驗不是只有我一個，我感受到那個經驗有可能，我其實可以用另外一個角度去看。

H41：如果你決定用另外一個角度去看，你會怎麼看？

C41：我想，我父親他只是覺得我特別調皮，特別跟他不一樣，所以他特別想要管我吧，他怕我走錯路或者教養的不好，可能會影響到弟妹，所以他用另外一種他認為的方式對待我。

H42：我是長子，在孫輩中年紀最大。父親對我的要求期待很高，只是不知道用什麼方法來對待孩子。我猜想按照妳爸爸過去的傳統思維，可能當時沒有能力看見一個有創意的孩子，看見一個很不一樣，有獨特性想法的孩子。對他來講，可能有很多的擔心、害怕，也許在打妳的過程當中是為了保護，可是那是他的角度，不是你的角度。（……停頓5秒。當事人點頭）爸爸走的時候妳多大？

C42：他在12年前過世了！

H43：12年前。如果有個機會，我們一起來完成一段對話，你願意試試看嗎？

H39~H43：

H39為心理劇進行鋪陳。

H40助人者自我揭露後，回到當事人身上，檢視當事人的感觸、反思、或轉念。

C40普同感（Universality）*出現。

H41引導重新框架（reframing）**。

H42延續自我揭露旨在強化重新框架，用「我猜想……」彈性的語氣表達，讓當事人可以選擇接受與否。

H43徵求當事人意願，而不是強求。這是表達尊重很重要的態度。

---

* 普同感是當事人突破既往以為問題只發生在自己身上的巢臼，在表達事件和心情感受後，發現原來自己不是唯一遇見問題的人，同樣會發生在許多人的身上，將會減低焦慮與孤獨的感受。

** 是家族治療取向和焦點解決治療常使用的技術。協助當事人以新的眼光和視野，重新詮釋問題或事件，賦予新的觀點和意義。

C43：我有一個畫面，始終沒辦法忘記（微泣哽咽）。他們有3個孩子，在我很小的時候，爸爸媽媽坐在三輪車上面，各自抱著一個孩子，我獨自站著他們中間。（……聲音漸大，伴隨著哽咽啜泣）當時車子是一直晃，我好害怕，我想跟我爸爸説，你可不可以牽我的手。我想要回到那個時候，你可不可以拉著我，只要拉著我，我站在前面，你只要拉著我，我會知道你愛我！（……掩面哭泣）

H44：從你的表達當中，感受到當時的你有多麼的無助和害怕。▣

C44：我很害怕（聲音稍大），我想回到那個時候，我爸爸的大手可以牽牽我的手就好。（哭泣）

H45：好，我們來還原一下那時候的場景好嗎？

C45：好。（哭泣著點頭）

H46：（環視教室的空間和物品）在這個空間有什麼樣的東西可以代表三輪車？

C46：三輪車（轉頭側身看著周邊空間）…或許就一個椅子吧！

H47：上面要坐2個人，爸爸跟媽媽同坐是嗎？

C47：對！

H48：現在先請妳站起來，妳想把三輪車擺在哪個地方？

C48：它就是一個黃包車。

C38~H45：

憶及過往遺憾的傷痛，主動想回到過去童年未竟事務的場景。那數十年前的場景，彷彿一張清晰照片深深定格在腦海裡，五味雜陳的傷痛像是被護膜封存無法抹去。當事人自主性的表達顯示面對未竟事務已全然做好心理準備。此刻準備進入「暖身」階段。以下助人者的身分轉成導演的角色，直到演出結束。

H49：上面坐了幾個人？

C49：爸爸和媽媽。

H50：妳來決定他們坐的位置在哪裡？

C50：他們坐在三輪車那裏，這是我。（移動位置，以手勢來表達空間與人物關係）

H51：請妳先站到這邊來。在場的人有誰妳覺得可以扮演爸爸跟媽媽的？

C51：KK請你扮演我爸爸（輔角1）。

輔角1-1：（助人者請KK面對當事人說）我不是KK，我是你爸爸。

H52：妳要讓爸爸坐在哪裡？（當事人以手指著位置的方向）…誰來扮演媽媽？

C52：FF你來扮演我媽媽（輔角2）。

輔角2-1：（面對當事人說）我不是FF，我是你媽媽。

H53：媽媽坐哪邊？

C53：（手指前方位置）

H54：妳找個人來扮演妳自己。

C54：HH，你可以扮演我嗎？（主角）

H46~C50：

建構過去未竟事務的場景，進行舞台的空間布置。

主角1：（面對當事人說）我不是HH，我是小時候的TT（當事人）。

H55：現在我們已經重回現場，那個現場是怎麼樣在進行互動的？

C55：爸爸媽媽抱著弟弟、妹妹（手指位置），我站在前面，車子很晃動，我想要爸爸的大手，爸爸的手很大可不可以牽我。

H56：我剛剛第二次聽到妳說，非常渴望爸爸可以牽著妳的手！（CE）

C56：對，我很渴望。（微泣）

H57：妳期望爸爸的手是怎麼樣牽著小時候TT（主角）的手？

C57：（面對輔角1，拉起他的手走到自己身旁）爸爸你的手可以借我。

H58：爸爸手上的孩子要抱著嗎？有沒有象徵性的東西可以代表孩子。

C58：（拿著桌上一個小物品放在三輪車上）爸爸是站著，這樣子，他可以牽到我。

H59：除了期望爸爸牽到手外，有希望聽到爸爸說什麼嗎？

C59：TT（主角）不要怕，爸爸在你旁邊。

輔角1-2：（助人者示意輔角1複誦這句話）TT（主角）不要怕，爸爸在你旁邊，不要怕，爸爸在旁邊。

H51~主角 1：

引導當事人進行人物安排，「選角」和「入角」，準備進行
「演出」。

H55~C70：演出。

C60：（掩面哭泣10餘秒⋯⋯）爸，我等這句話等很久了，你為什麼沒有早一點告訴我。（停頓約10秒⋯⋯）我等很久你知道嗎？（⋯⋯停頓了30餘秒，掩面啜泣，擦拭眼淚，擤鼻涕⋯⋯。側臉對著爸爸說）爸爸，你的大手握著我很舒服你知道嗎？（嚎啕大哭的說）但你從不牽我，你從不，你只會愛弟弟跟妹妹。我很渴望你知道嗎？（當事人一進入場景情緒自然流露而淚崩。⋯⋯靜靜等候與觀察當事人10餘秒，等待當事人情緒緩和。）

H60：我先請小時候的TT（主角）先離開位置。（主角往後退三步的距離）

C61：好。

角色互換：當事人移動站在TT（主角）原來的位置上一回到小時候的自己。

H61：有什麼話想對爸爸說。

C62：（轉身面對爸爸並握住手，慢慢說）爸爸其實我很崇拜你，你像山一樣的存在（停頓啜泣），可是我覺得你沒有照顧我，你讓我很孤單的長大，你知道嗎？我很渴望你的大手一直牽著我，不管我面對什麼你都可以牽著，可是你沒有⋯⋯你連離世都沒有。即便我對家庭做了那麼多，你沒有一句鼓勵的話，你知道嗎？其實，我很渴望你的大手一直牽著我。我多希

望有一天你可以肯定我，給我一句：「TT你做的很棒，我以你為榮！」你都沒有，（……啜泣）你連一句肯定的話都不想給嗎？我很努力你知道嗎？努力做弟妹的榜樣你知道嗎？你沒有，沒有，你連走都沒有告訴我一句讚美的話，你讓我傷心知道嗎？（……啜泣5秒說）你讓我太挫敗了，我不管做什麼，我覺得我都沒有辦法被肯定，沒有辦法被肯定，你會影響我多深你知道嗎？（……停頓10餘秒）一個大手怎麼那麼難牽住？你就不願意伸出來對我，那麼難嗎？為什麼？你看那麼多人，甚至鄰居的小孩你都會稱讚，為什麼你就不願意那樣對我？那麼難嗎？（啜泣著說……）太難了是嗎？……（停頓約30秒，語氣稍緩和的說）你知道我做很多事情都是為了要得到你的肯定，你知道你的肯定，對我來說多有價值，你知道嗎？你是我一直追求的，我想要得到你的肯定你知道嗎？沒有，你到走都沒有給我……（哭泣說）我到底該怎麼辦？怎麼做才能得到肯定，你可以告訴我嗎？你可以給我一個肯定就好嗎？我願意，我願意，我願意做任何事情你知道的……。（這一長串的話，情緒彷彿雪崩一般傾瀉而下）

H62：你想聽爸爸對你說一些話嗎？

C63：（點頭……）

H63：（助人者轉身面向輔角1）爸爸，你對小TT（主角）有什麼話想說？

輔角1-3：你知道嗎？你永遠是我心裡面最美的寶貝，是我的「掌上明珠」（當事人聽到這句話的同時，聲音哽咽，眼眶泛淚，接著哭泣聲漸大，牽著手掩面哭泣），我對你造成的傷害，我心裡很痛。（抿著嘴哽咽10餘秒……帶著溫柔的語氣說）雖然我對你有很大的期待，我非常愛你，你是我最……最……最愛的寶貝。

C64：（掩面哭泣對著爸爸點頭）爸爸謝謝（……掩面啜泣10秒），謝謝你帶我來，來到這個世上，我是愛你的，你知道嗎？我希望你在天堂可以好好的安心，（……哽咽5秒）我真的會努力做好每一個時刻，直到我跟你在天堂見面，我會幫你照顧好弟弟跟妹妹，我知道這是我的責任，你放心！你的肯定我會收起來！……（停留10餘秒，語氣稍緩說）謝謝你！（背景音樂《掌上明珠》輕輕響起）

H64：（助人者轉身邀請輔角1）還有想說什麼？

輔角1-4：我……非常以你為驕傲，你做的真的很棒，謝謝你把家照顧得這麼好，照顧媽媽，照顧弟弟跟妹妹，我更希望你把自己照顧好（當事人哭泣點頭），然後爸爸想跟你說：「對不起」，以前我自己也不知道我做了這麼多對你不對的事情，我希望你可以原諒我，能夠原諒你自己。

C65：（望著爸爸疑惑地說）爸爸，不是我的錯嗎？

輔角1-5：不是你的錯，真的不是你的錯！請你原諒爸爸沒有看見獨

H60～輔角1-4：

這段演出讓當事人回到小時候的自己，當事人與父親（輔角1）的對話，彼此互吐心聲。當事人表達被肯定的渴望，父親表達心中的愛、虧欠、感謝與關懷之情，給予童年的TT正面的肯定，其中父親「掌上明珠」四個字是關鍵性的表達，此刻當事人受傷的心痕被愛觸摸，在諒解與感恩中關係開始冰融了。

這一段對話應用心理劇「角色互換」的核心技巧，脫離以自我為中心的角度，進入第三者或小時候的自己，去感受其認知思維與情感，能體驗深刻的同理和發展出同理心的能力。

從小孩的角度而言，牽著父母親的手是心中小小的渴望，卻是父親大大的愛的表現，牽手意味著關係親密的連結。由此可以顯見愛的力量，因為父親愛的表達，女兒的怨與痛，瞬間轉化為愛與感謝。從父母的角度而言，表達愛意的方式很多，如何敏銳覺察愛的需求和語言，是親子雙方學習的功課。

一無二的妳（當事人哭泣），我希望能夠更多的看見特別的妳，因為妳真的是我的「掌上明珠」（當事人哭泣，以手拭淚），爸爸真的非常非常愛你，我希望我牽著妳的手，我們把原本斷掉的關係重新牽起來。

C65：我會原諒你爸爸，原諒你不知道我獨特的存在，所以你會這樣對我。我會放下，我真的會放下，因為我還有路要走，我知道……。（語氣漸緩和）

輔角1-6：有一天，我們再見面的時候，看見的是開心的TT（主角），看見的是美麗的TT（好），我可以牽著妳的手，我可以好好地抱著妳，我們一起騎腳踏車！

C66：（哭泣著說）爸爸，我可以抱抱你嗎？

輔角1-7：可以！

C67：（……相擁著哭泣說）爸爸，謝謝，謝謝你帶給我生命，我應該早點告訴你，我多感謝你，……謝謝你，我知道你付出很多，謝謝！（語氣漸緩，鬆開擁抱的雙手，牽著手望著爸爸）

H65：還有話要說嗎？（當事人搖頭。助人者請她離開TT／主角的位置，回到原來的位置。……助人者轉身示意，邀請小時候的TT／主角，回到演出的位置上，牽著爸爸的手，請當事人在旁觀看。再一次透過角色互換，從不同角色重新體驗和詮釋關係。）

C65~C67：

當父親表達願意牽著手，把斷掉的關係重新修復並連結起來，當事人也表達原諒與放下，彼此表達感恩相擁而泣。這一幕當事人正經歷「矯正性情緒經驗」（corrective emotional experience），長期壓抑難以表達的情緒，如同水庫已達滿水位，若不洩洪將危及壩體安全，經由引導情緒彷彿水庫洩洪般得到宣洩。

矯正性情緒經驗是人際心理治療（Interpersonal Psychology，IPT）提出來的觀點，讓當事人從失落創傷事件和記憶，透過心理治療修復與情緒宣洩後，得以發揮內在的復原力，恢復到能展現生命的自主性。尤其情緒宣洩能填補失落創傷的記憶痕跡，同時修復破損關係，重建生命經驗。這過程就像進行「清創」（Debridement）[8] 的醫療處置，清創過程讓人痛苦，卻是復原的開始，猶如進入「完成完形」的過程。

此刻，整個劇場裡，所有的人已被感動得流下眼淚來。

主角2：（站在原地一手拉著爸爸的手，一手撫摸著胸口，眼眶強忍淚水，一直說不出話來……停頓了一分多鐘。當事人一邊觀看一邊哭泣。助人者走到TT左後方，將手輕放在背肩上，詢問此刻有什麼感覺？TT依然說不出話來，眼眶泛淚同時強忍著淚水……約一分多鐘。TT撫著胸口，似乎心痛到說不出話來，持續哽咽……約兩三分鐘）。

H66：（轉身面對爸爸）請爸爸先說些話。（當事人同時抬頭望著爸爸）

輔角1-8：（面對著TT／主角）……不要怕，不要怕！爸爸會牽著你的手，爸爸都一直在妳的身邊（當事人在一旁觀看，邊聽邊啜泣），我會永遠愛妳，永遠跟妳一起走，不論妳未來面對什麼樣子的環境，道路，遇到面對難題，我都會陪妳。（此時《親愛的小孩》背景音樂聲漸強響起。）

H67：（邀請TT／主角轉身面向爸爸）有什麼話想對爸爸說？。

主角3：（啜泣哽咽著說…）爸爸，其實我很愛你，所以很希望能多給我一點愛（手撫摸著胸口），我希望你看到我，（……靜默3秒）知道我的存在，而不只是（……靜默3秒）你的責任而已。

H68：（對著TT／主角說）如果爸爸可以對你多一點愛，你期待他怎麼樣愛你，用什麼方式愛你？

主角4：爸爸，我期待你在抱弟弟跟妹妹的時候，也可以用另外一隻

H65~H70：

在演出中處理未竟事務，父親表達愛意和陪伴，TT/主角表
達內心渴望被看見及受到保護。這一段是當事人在旁觀看
父女之間愛的傳達，彷彿在重演中回顧童年，觀看的過程
心再次被觸摸，愛意在雙方中流露，再次的將未竟事務的
縫隙填補起來，對當事人而言深具意義。繼續朝向完成完
形的路上前進。

手護著我就好，不一定要牽著我。（哽咽顫抖的説）

H69：（對著輔角1爸爸説）用你的另外一隻手，表達任何的形式，對他的愛跟保護，⋯⋯用你當下的感覺去做就可以。

輔角1-9：（⋯⋯爸爸用他的手放在TT／主角心口上）

H70：（望著TT／主角説）爸爸（輔角1）把手放在你的心，當下的感受是什麼？

主角5：（語氣和緩地説）心不痛了，⋯⋯心不再痛了，（⋯⋯靜默5秒）爸爸，謝謝，我真的很愛你！（當事人微泣著點頭）

H71：（邀請當事人站到另一個可以看見爸爸把手放在TT／主角心口的位置。請當事人注視著爸爸／KK與主角的肢體動作）當妳看到爸爸用一隻手牽著TT（主角）的手，用另一隻手放在TT（主角）的胸膛，，此刻妳看到這個場景，有什麼感觸想説？

C68：（聲音平靜緩和的説）我好幸福喔！我覺得真的很好，我很安心，我覺得我是世界上最幸福的小孩。

H72：你還希望他們有什麼互動嗎？

C69：這樣夠了，對我而言，夠了！

H73：我們請爸爸和小時候的TT（主角），回到剛剛的座位。（面對著當事人説）剛剛我們還原過去的場景，現在還需要繼續嗎？

C70：不用了。

主角 5～C70：

主角 5：「心不痛了……我好幸福……我很安心……我是世界上最幸福的孩子。」透過這幾句話，看見父女關係產生正向的連結，過去的傷口癒合了，當事人似乎已「完成完形」。從 H60 開始到 C70 的對話，當事人把過去未曾表達過的內心話，勇敢而坦誠地對著父親說，反之，父親也用不同於以往的關愛語氣和態度，回應當事人。對話過程是父女倆人會心（encounter）的重要與動人時刻。助人者從當事人的情緒緩和及自我表達的內容，從口語和肢體語言中評估，演出中已處理未竟事務並完成完形，當事人也表達演出到此為止是可以的。

H74～輔角 1-10：

進行「卸角」的引導，脫離角色的扮演，結束整段心理劇的演出。

H74：我們回到長大後現在的TT（當事人）。（助人者轉身對著小時候的TT／主角，你告訴他：「我不是小時候的TT，我是HH。」）

主角6：（面對當事人）我不是小時候的TT，我是HH。

H75：（對著媽媽說）你告訴他我不是媽媽，我是FF。

輔角2-2：（面對當事人）我不是媽媽，我是FF。

輔角1-10：（面對當事人）我不是爸爸，我是KK，我也很愛你。

H76：剛剛演出的過程中，我的眼淚也無法隱藏（哽咽著說……停頓約5秒），那是很真誠流露的過程，我看到妳很真誠，好勇敢，我很感動！

C71：我想把過去那一段，讓我自己也放下。我想讓爸爸好好的在天堂，他不會感受到我的怪罪，責怪，我覺得這些終將過去！（語氣平緩）

H77：最後，我想邀請妳和天堂的爸爸說幾句話好嗎？（手指著天花板方向，和當事人一起抬頭仰望）如果爸爸在這個空間當中，你覺得他會在什麼位置。

C72：他可能在上面吧！（手指著上方）正看著我。

H78：妳希望站著或坐著對他說話？

C73：我想這樣子（眼看著上方）跟爸爸說話，因為他對我像天一樣的存在。

H76~C74：

回到現實情境中，讓當事人以長大的自己，用復原的力量和天上的父親進行最後的溫馨對話，為過去畫下句點，為未來展開序幕。

心理劇之所有這麼有力量又迷人，對著過去或未來、存在或不存在的人事物，進行演出和對話，好像不那麼的真實與現實，卻又能產生治療效果，豈不讓人感到匪夷所思嗎？

亞當‧布拉特納（Adam Blatner，M. D.）認為[9]，「莫瑞諾的心理劇根據的是個人的特定議題，…從角色理論來探究人際現象，結合超越現實（surplus reality）的技巧。…應用身體活動（physical activity）、具體化（concretization）、昇華（sublimation）、宣洩作用（catharsis），或以隱喻的方式象徵性的來解決內在衝突，以達到治療效果。…」

建構或重建劇場就是具體化場景，身體活動透過演出過程中的口語表達或肢體語言，得以讓過去被壓抑的情緒和被消耗的能量，得以讓表徵或隱含的情緒釋放出來，轉化為正面情緒和能量，當情緒獲得宣洩和昇華後，當事人便能以整合後嶄新的新面貌，面對未來的生活展現亮麗的生命光彩。

H79：好，你直接對爸爸說。

C74：爸爸，我不再那麼怪你了，當時你沒有牽著我的手。但是，我有感受到你依然愛我，我依然是你的「掌上明珠」，也希望你在天堂能夠好好的跟媽媽在一起，不要再吵架了，我真的希望你們都過的很好，不管在哪裡，我也會過得很好，你們放心！

H80：現在的心情如何？

C75：我覺得輕鬆很多，好像我比較完整了，以前我始終有一塊是黑暗的，很黑暗的，我感覺現在好像沒那麼沉重了。（微笑、肢體放鬆）

H81：如果剛剛你上來時很沉重，1到10，10是非常沉重，1是非常不沉重，剛開始有幾分，現在有幾分？（量尺技術，檢核晤談前後的心情變化）

C76：我本來不覺得是沉重的，因為我的生活和工作，還有我的家庭很幸福，丈夫很疼愛我，生活是幸福的。因為最近我的來談者，談到家庭及親子關係，觸動了我這個議題，就是滿滿的沉重感，壓得我喘不過去。所以，我覺得是10分到11分，有一種（……停頓思考5秒）感覺人生怎麼那麼難！

H82：現在呢？

C77：嗯，我覺得可以完全釋放，或許父親當時有他的無奈，有其他的考量是我不知道的。對！我長大了，放下對我是最好的選擇！

H83：也是愛你自己。

C78：對！

H84：也是回報你的父親。

C79：沒錯！我謝謝他帶給我生命。對！他讓我這個生命有很多奇妙的旅程！

H85：我看到堅強、勇敢、真誠的TT。

C80：我會把真誠留在我身體的每一個角落！不管生活再困難，我都可以勇敢的去面對。

H86：請問一下，那部童年的列車穿越隧道了沒？（手指著白板）

C81：它穿越了，已經走的很遠很遠了！

H87：在哪裡了？（筆交給當事人，請她畫在白板上）

C82：它消失在盡頭，離開了海平面，快讓我看不到它了。

H88：已經穿越隧道了。如果你重新賦予它意義，那麼這段（演出）妳怎麼去看？

C83：它就是一個影像，代表我過去的一段時光，很遠很遠的點，甚至快沒有影像，只看到點而已。

H89：（手指著白板說）童年是傷心的旅程，你覺得未來又會是怎樣的旅程？

H80~C80：

演出是很耗體力、精神、和能量的，彷彿參加奧運的選手，比賽結束後要做緩和運動，同時也釋放了競賽的壓力。這段聚焦在當下的感受，了解心情的變化，她的內在小孩長大了，身心全然放鬆了。當事人宣洩情緒後，放下也放鬆了自己，面對過去生命中缺憾的壓力，得到了紓解與釋放。C75，C77，C80「完整……完全釋放……放下……真誠……勇敢」這些字詞的表達讓人感動萬分，毫無疑問的，過去的空缺填補起來了，此刻的當事人彷彿裝了新的引擎，充滿著力量蓄勢待發。看見新酒裝入新皮囊，迎接新生命的到來。

C84：（邊說邊拿著筆書寫）我希望它是載滿幸福的列車。

H90：好，這是過去的童年站，未來你要到哪一站？

C85：我希望我始終很幸福。

H91：過去是傷心旅程，你期望未來有哪些可以裝載在列車裡？

C86：（邊說邊寫）是勇敢的、慷慨的、大方的。

H92：妳已經是了。

C87：嗯！我覺得是新奇的，我會保有新奇，隨時充滿能量的人，很熱情的對待別人。（邊說邊寫：新奇、能量、熱情）

H93：過去上課時，我都感受到你講的這些。

C88：真的嗎？

H94：大家一起去度假上課，妳帶了好棒的葡萄酒（笑聲），昨天又送了我一個醒酒杯（開心的笑），讓我很感動！

C89：老師，謝謝你！你也是我的醒酒杯，你催化了我很多的東西，觸動了我察覺人的敏感度。老師之前有告訴我，有些人不容易做到同理，透過課程才知道我以前是假裝去同理，我這裡（指著心）是沒有touch的。我現在會有溫度，現在真的可以理解到對方為什麼這麼想，對！謝謝你當我一個很好的醒酒器！

H95：謝謝你，我很開心我是一個醒酒器。我們就談到這裡。

H86~H95：

這段對話呈現開幕與結尾前後呼應，從隱喻的童年傷心列車啟幕，到幸福列車裡裝載著「勇敢的、慷慨的、大方的……新奇、能量、熱情」作為謝幕。若妳是現場的觀眾，必然也會報以熱烈的掌聲，起身歡呼鼓掌。這一齣動人的劇情，將永留人們心中，作為生命低潮時砥礪自己的動力！

結束前段個人議題的演出後，團體成員進行第三階段的分享，以下摘錄一些成員的分享，依序逐一寫出分享的內容。（成員以M表示）

M1-1：我不太習慣在別人面前表達自己，我覺得會很焦慮，面對人多的時候不知道該怎麼表達。剛剛感性能量很強的時候，有一些話想說，現在有一點理性的能量，回到理性時不知該怎麼說。剛剛的過程，我好像看到我自己兩個部分：第一，強烈感受到靈魂裡面的渴求，很想要走出這一段經歷，所以主角很願意敞開自己，在整場過程變成是一個焦點，主角很想從中得到問題解決，幫助自己走出這一段歷程。第二，我也看到自己的勇敢，因為我也走過類似的過程，曾經去面對和打開自己的內在，在主角面對父親把心裡的話講出來的時候，我是很被觸動的，因為我也在面對這樣的議題，面對自我肯定和自我的價值。我覺得是上天的安排吧，今天有機會來參與。看著主角在演出時所講的那些話，好像也是替我自己的心裡說出那些話，聽到你父親在回應的時候，彷彿也聽到我的父親在回應我。這部分也讓我有療癒的感覺，釋放了我自己內在的東西。我看到你非常勇敢，很欣賞你那種渴求的眼光（……哽咽掉淚），在你身上看到我自己的影子，就是很渴求恢復和父親的關係（…哭泣）。

M2-1：（看著M1）我覺得你很棒，一開始就在準備你自己，我想對

你來說，要在大家面前分享是很不容易的，大家都看著你，但在不長的時間後，你張開了眼睛，主動的分享心裡的感動。

M1-2：因為我很緊張，沒辦法跟自己做連結，我也想要放掉心中的結，把心打開。

M2-2：（看著M1）你好棒喔！你很勇敢面對與感受自己。剛剛在演出過程，我很快的就掉眼淚，我的眼淚是頑固的，很少哭的。以前看過很多的演出，我都沒有哭，但是今天哭了！透過當事人的分享，幫助我們也帶領我們經歷曾經有過的傷，以及曾經努力的過程，很謝謝你（看著當事人）。早上的課程你談到接案面對家庭的議題，我從你的眼神，看到你準備好了要去照顧自己內在受傷的小孩。我很為你開心，下午你給自己一個難得的機會，讓雲霧散開，你會越來越輕盈，你的勇敢和熱情的能量會更純淨，祝福你未來不管是跟自己的關係，和家人的關係，或者和朋友的關係都能夠很順利。

M3：剛剛的那個過程，我覺得好特別，我自己發現原來助人的過程中，就算有情緒，助人者也能自在的表達，這也是很正常的。

H1：過程有觸動我自己的議題，我也做自我揭露，過程中掉淚，傷感中帶著欣慰。有些助人者在晤談中若有情緒出現，會擔心能不能表露出來，其實是可以的。當助人者敞開自己，也是給當事人的一種示範，可以安心地表達，不會受到質疑或取笑。只要助人者謹記，當事人是對方，不是自己，要能進入情緒，同

時也要有跳開情緒的能力。

C1：很特別的是，我看到的畫面（演出的場景），藏在我心裡很久、很深的東西，瞬間在場景中，情緒立馬就湧現出來了。它很像是一個資料庫，雖然藏得很深，如果那個場景和瞬間沒有處理好，其實藏有多深就有多痛。

H2：剛剛的過程走得很深，進入心理治療的層面。一般的助人者或教練不容易走這麼深。你們經歷這個過程，對未來的助人工作是很有幫助的。可以深入看見和體會整個過程，你們更能夠回到當事人的身上，去感同身受當事人的處境和情緒。這不僅是一個人的議題，也可能是每個人的議題，都會被觸動的。當我們能深層的觸及自己的內在，未來專業的成熟度會越來越好。

C2：我覺得不只是自己在當下，所有的人都同在當下。我以為演出的時間很長，沒想到是這麼的短，自己能夠經歷很深的內在自己，也要謝謝大家。我和父親的關係已經邁入了新的紀元，我不再是那個需要被肯定的孩子。我是一個能夠自我肯定的人，我自己可以肯定我自己。我希望我的人生在此刻，是自己可以完全掌握。

M4-1（HH-1）：感覺我比當事人還要當事人，尤其我是一個感性大於理性的人。在過程中回到我扮演小時候的當事人，在那個時間點是不自覺的，突然覺得有話好想講，但是心情是錯綜複雜，很特別情緒也是很大的，但是當下說不出話來，很想逃離

那個情境，後來聽到「親愛的小孩」那首歌很感動，老師也在旁邊給我支持，話才慢慢説出來，那個當下覺得是有力量的，當下是無法去控制的。

H3：剛剛的過程，我們都共同在經歷生命的時光隧道。

M5（KK-1）：剛剛感受到一種流動，很特別的是，好像所有的事情都是剛剛好的安排。一開始聽到老師説要演戲，我跟FF很自然就走出來想幫忙擺設，我們想説可以演父母親，沒想到老師説是要主角自己選誰當爸爸媽媽，結果就剛好選我們兩個。在演出的過程中我講的話，我的動作都是自然而然發自於當下的內在感動，整個過程都是很觸動的。去用一句話説，就是「萬事都互相效力，叫愛神的人得益處。」

H4：這是溫柔的愛的力量，在助人過程中是很大的力量。

M4-2（HH-2）：在我有情緒又説不出口的時候，老師把手放在我的背，當下覺得被扶持，是很強的支持，好像是説：「不用緊張，沒事的，我就在你旁邊」。在這個時空下是一種安頓的感覺，當我在扮演角色的時候，覺得是被安慰的。回到未來我做教練時，要學會站在當事人的立場和角度，助人者就是要扶持當事人，要成為當事人的陪伴，讓他感覺有同在的力量，這種力量是很強大的。平常老師不會去碰觸當事人（我補充：如果是異性，我會先徵求同意），但我感覺到老師的支持，超過以往有更強的力量，有更多的心理支持，讓我感覺有更深的溫度。

M6（FF-1）：演出一開始我很自然地走出去，想要扮演媽媽的角
色。當老師說要有人扮演爸爸和媽媽，我就自動站起來了。但
老師請當事人自己挑一個人扮演爸爸，一個人扮演媽媽。我愣
了一下，我想我都站起來了，總不好意思再走回去。後來主角
真的挑選我扮演媽媽，剛剛主角也回饋說她媽媽的名字跟我的
名字有一個字是一樣的，我也好驚訝！從一開始的對談，我感
覺老師一直對主角作很深的同理，另外，演出過程中當音樂響
起的時候（助理講師播放），我又覺得好驚訝！那個音樂的內
容，怎麼那麼巧，音樂的力道是剛剛好的，我覺得，哇！配合
得太棒了！不知不覺音樂就進來了，這是一個非常美的過程。

M7：我覺得人生不管是在什麼情境，在當下都是一種很大的祝福。
每個人的生命有不一樣的展現。我做心理劇已經有30年了，
碰過很多不同的當事人，每個人都從自己的角度去看自己。
今天的演出，對當事人而言，讓自己有機會去表達深層的內
在自己。每個人都有爸爸，所以在場的每個人或多或少都會
有一些觸動。我剛剛參與整個過程，讓我想起綜合心理學家
Assagioli，談到心理劇的四個歷程：認可、對話、接納、整
合。我看到的是一個完整的過程，相當不容易。

C3：坦白說我有一個習慣是害怕面對關係。在職場上害怕被別人看
到，任何要揭露自己的時候，會害怕地把自己藏得很深很深。
今天以後我會有一些改變，人要改變需要一點時間，我會開始
嘗試，知道自己不是那麼弱，我長大了！即便面對暴力，不代

表我沒有能力可以去對抗。之前我會躲、會害怕，在面對暴力
衝擊往往是沒辦法預料的，來的時候會很擔心現實的生活，有
沒有可能會自然地去防備，而且是隨時隨地的在防備。非常謝
謝老師和大家。

▌晤談歷程摘要

非營利組織澳大利亞心理劇（Psychodrama Austrlia）[10]，曾引述 伯尼‧內維爾博士（Bernie Neville，2014）《心靈教育》（Educating Psyche）[11]一書，討論了Moreno和Assagioli關於角色、心理、身份、自我等事物的觀點時，認為：「在治療性心理劇中，主角通常被洞察力所震驚，即在情況"X"中，他正在遵循他很久以前在情況"A"中學到的劇本。他可能會開始探索一種讓他感到焦慮或不舒服的現狀，並發現自己重演了一個被遺忘已久的情節。在心理劇的情節中，他做出了決定並重新建立一個伴隨他一生的行為模式。在技術嫻熟的導演的幫助下，他可能通過這種洞察力和隨之而來的情緒釋放，達到能夠在引起他焦慮的情況下自由、自發和適當地採取行動，而不被『心靈鍛造的鐐銬』（mind-forged manacles）所約束。」

而從霍蘭德（Hollander，1969）心理劇曲線[12]，可說明心理劇的歷程變化。從時間軸來看，經歷暖身、演出、及與觀眾融合（分享）三個階段。

第一階段，從情緒延續（Emotional Continuum）隨著時間延續（Temporal Continuum）軸線產生的變化來看，暖身階段已有情緒出現，隨著角色的演出進入第二階段（從第一場景到第二場景），從問題的探索與揭露中，基於現實的診斷（Reality Based Diagnosis），情緒逐步高漲，到達情緒宣洩的高點後（Climax of

Catharsis），情緒逐漸趨緩，解決問題後回到理性層面，準備結束演出，進入第三場景剩餘現實（Surplus Reality），回到個人的反思與覺察，進行正向的未來角色訓練（Positive Ending Role Training）。最後進入第三階段，與觀眾融合（Integration with Audience），藉由自我揭露（self-disclosure）、對話、摘要等方式共同分享。

在此藉由Hollander心理劇曲線，對照本案例演出過程，來一窺心理劇的歷程。H1~C35：當事人從一開始就帶著面對個人議題的準備而來，和助人者互動與對話（會心），在C2：「這是一個傷心的過程，傷心的車站。（帶著哀傷的語調）」，C3：「我的童

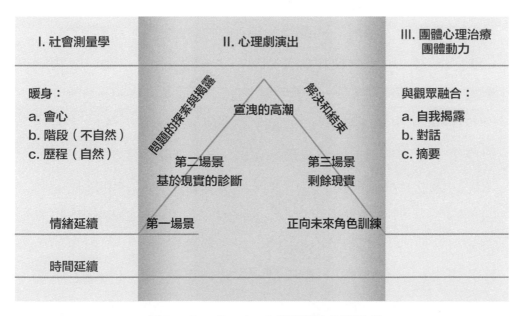

圖9-1　Hollander心理劇變化歷程曲線

年！（聲音哽咽沉重，語調顫抖）」，隨著敘述進行，當事人正在經歷的傷心、恐懼、憤怒、委屈和困惑的情緒已然出現（在第一場景中對未竟事務進行診斷）。就當事人而言，要面對過去的生命議題，又有觀眾在一旁，也許會顯得忐忑不安、遲疑猶豫、焦慮不安等不自然的表現。若就心理劇的整個歷程而言，此種表現卻是自然不過的現象。

H38~H45進入「暖身」階段，回憶過去的場景（逐漸進入問題探索與揭露）。H46~C50進行舞台的布置。H51~主角1：進行選角和「入角」，準備進行「演出」。H55~C70，進入「演出」階段（進入第二場景），演出過程中當事人一邊敘說，一邊微泣、掩面哭泣、掩面啜泣，擦拭眼淚，擤鼻涕、嚎啕大哭的說、啜泣著說等等，表達內心的感受，情緒的宣洩來到最高點（C60，C62）。之後C65語氣緩和下來，C67……相擁著哭泣說……語氣漸緩，鬆開擁抱的雙手，牽著手望著爸爸（逐漸進入第三場景）。

H74~輔角1-10引導演員進行「卸角」，脫離角色扮演，恢復原來學員的角色，準備結束心理劇。H76~H95回到當下進行沉澱與反思，分享感受與領悟，在反思中看見未來自己的角色，例如，C77：「嗯，我覺得可以完全釋放，或許父親當時有他的無奈，有其他的考量是我不知道的。對！我長大了，放下對我是最好的選擇！」C80：「我會把真誠留在我身體的每一個角落！不管生活再困難，我都可以勇敢的去面對（正向的未來角色）。」

結束演出後，團體成員進行第三階段（M1-1~C3與觀眾融

合：自我揭露、對話、摘要）。在團體中藉由團體動力，當事人、觀眾、及助人者一起反思、分享與回饋，分享重點在於心理劇演出過程中，觸及到個人內在的感受部分。回看逐字稿裡分享的內容，會看見聚焦在自己內在深層的感觸和領悟。分享的過程也是互相激勵和鼓舞，這是團體動力中自然地流露，是真、善、美的展現。

最後，當我在校對逐字稿時，赫然發現從輔角1-3~輔角5的演出對話中，說了9次「謝謝」、9次「我愛你」、4次「原諒」、2次「責任」、1次「對不起」、1次「放下」。腦中飛速連結到多年前看過的《零極限》[13]一書中提到「我愛你、對不起、請原諒我、謝謝你」。

「我愛你」讓愛超越因果，進入恩典與慈悲的世界。愛放下距離，進入同一體的境界。「對不起」其意之一是很遺憾、難過。明白自己在掙扎中的角色，自己必須負起責任。「請原諒我」能覺知潛意識中狹隘、負面、限制性的信念或思想、繼承而來的匱乏心態，是謙卑心的開始，也是放下我執。「謝謝你」是進入無盡感恩的心態，能看到有意義與價值的關係，是真實和需要學習的。

當初看到這四句話時，沒有什麼特別的體驗和感受，時至今日對照本案例當事人的演出對話和事後回饋，我稍能體會這四句話的基本原則：「對自己的人生負全責，讓自己再次感覺美好，因為所有人值得無條件的被愛。」

　　緊接著我又閱讀《零極限・第五真言》[14]，更清楚明白這四句話是清理自己感到憤怒、難過，讓個人失去平衡的事情。即擺脫內在的自我限制，療癒並釋放自己。如果努力尋求和解，就能回到寧靜的狀態。該書著者 Joe Vitale 加上了第五句真言：「我原諒自己」，意思是可以放下愧疚、悲傷、責怪、後悔等，以懲罰自己為目的的沉重情緒，像斬斷鎖鏈般得到自由，能跳脫被害者情節，進入賦能（empowerment）的階段，重新回復寬恕的心，回到充滿愛與感恩的地方，積極做更多事情。古老的夏威夷療法荷歐波諾波諾（Ho' oponopono）回歸自性法（SITH）的目的就是整合、完整、平靜。在當事人身上我真實感受到了。

▌晤談後當事人回饋

　　「在剛剛的過程中，對我而言是一種**包容的情境**，能讓我們一起去經歷這個過程，謝謝大家。當下我覺得彷彿我的父親就真的來到現場，**演出後我跟我父親的關係，已經邁入一個新的紀元。我不再是那一個需要被肯定的人，我自己能肯定我自己。我希望自己的人生，在此刻是完全可以掌握。**

　　我覺得這個場景太讓我震撼了，過程的美好會留在我心中很久很久。我可能忘記過去在車站的那一段回憶，尤其是我在挑選爸爸和媽媽的時候，我有見證到一種特殊的奇蹟，扮演我媽媽的 FF 和我媽媽的名字有一個字是一模一樣，我有一點嚇到。當 KK 扮演的爸爸（輔角 1-3）在對我說我是「掌上明珠」的時候，我整

個人的情緒真的激動到頂了，很驚訝和好奇「掌上明珠」這四個字，是怎麼從你嘴巴出來的！這四個字讓我感覺太震撼！而且後來聽到音樂裡也唱著《掌上明珠》，我……我……我說不出來，這是一種什麼樣的感覺。很謝謝老師給我機會，引導處理和經歷這段過程。」

▌ 當事人兩個月後再次回饋

「當天我是帶著就醫的準備上去的，或許逃避的時間過久，知道有受到未竟之事的影響，晤談當時回朔童年時期，我才知道記憶的痛苦和怨念是這麼的深。我非常專注在察覺自己的感受，老師請成員協助我和父親建構回到讓我感到傷心的關鍵時刻，那段過程很神奇，尤其扮演爸爸的KK言語，撫慰了我小小時候的幼小心靈，還有扮演我小時候的HH和我爸爸KK對話的那段，深深地的說出我的心念，也很震撼！

老師的話語和語調讓我覺得有被催眠效果，有些片段我幾乎忘了還有大家都在場，彷彿和父親真正的和解。整個過程即使看了數次錄影，仍然訝異我當時的表達，**我知道那是來自心靈深處真正的告解！**即使至今兩個月後，仍然有所觸動，十分感謝老師！

我覺得透過老師來督導我個人議題，**對我個人情緒有正向影響**。最近工作雖多，反而比較不易發怒，也較有耐心向人說明想法，晚上睡眠比較正常，不會半夜醒來2~3次。

　　說放下，是真的放下的平靜！首先，在我接案時，**同理的能力有倍增**，願意打開心門去接觸個案的心靈，無論是面對中年就業者，來證明是孩子的榜樣的同理，還有釐清個案情緒不佳的原因，都能比較精準的看到、感受到，並理解個案的想法！

　　其次，**我也察覺到最近對強權（權威角色）不再那麼畏懼和逃避！**之前我對主管的強勢和命令，幾乎言聽計從，甚至畏縮不敢反抗！我相信這應該和我的童年記憶有關係。**近來，我是很有勇氣地面對主管的質疑，並提出自己的看法！」**

▊ 結語

　　天韻詩歌《想》中的詞：「你我的心中都有一個空，沒有人能填滿，沒有人能去掉。」是的，人生旅途中有許多大大小小的空，裡面裝載著失落、創傷、或苦難的事件，在生命記憶中留下了遺憾。

　　遺憾有時在白天與我們同行，不知不覺中受到了干擾或影響；到了夜晚不時在夢中出現，半強迫式的把我們從現實抓回到過去的記憶，讓我們輾轉難眠。遺憾有時像絆腳石，不時絆倒我們再次碰觸了傷痛；有時讓我們沉浸在其中，無法自拔或回到現實；也許我們不想停留在記憶裡，觸發我們奮力跳出遺憾，頭也不回地繼續前行。然而，遺憾也可能是靈魂深處吶喊的聲音，催促我們回去填補生命中的空缺。

　　人生如戲，戲如人生。當事人填補過往生命中的空缺與遺

憾，重新詮釋關係的意義，改寫未來人生的劇本。此刻的她，正活出美麗和精彩。生命之美不在長短，而是活出精彩！有句話這麼說：「思念是一首詩，讓你在普通的日子裡讀出韻律來；思念是一陣雨，讓你在枯燥的日子裡濕潤起來；思念是一片陽光，讓你在陰鬱的日子裡明朗起來。」

當事人在第三段的分享 C2：「我和父親的關係已經邁入了新的紀元，……我是一個能夠自我肯定的人，我自己可以肯定我自己。」正呼應了依附理論（Attachment Theory）創始人約翰‧鮑比（John Bowlby，1907~1990）說[15]：「健康哀悼在某種程度上是收回對已逝者的情感投資，並準備好要與新的個體建立關係。」當事人走出了哀傷的陰霾，看見天空的太陽，迎向新的生命。

眼淚是上帝賜予人類的珍珠，撿拾珍珠彷彿收下所有宣洩的情感，收下珍珠如同帶著禮物往前走。當事人帶著真誠的勇氣，面對內在的傷痛和暗處，過去雖曾隱藏淚水，現在處理了未竟事務，修復與和解關係。過去的生命，彷彿是一塊畫布，勇氣彷彿是畫家的手，彩繪出未來精彩可期的人生。最佳的生命詮釋正如當事人所言：「我知道那是來自心靈深處真正的告解！」

在督導現場有好幾位成員在一旁觀摩，進行過程中大家都靜靜地與主角及劇情同在，並融入自己的生命過往，連結自己曾經有過的傷痛，整個過程非常令人動容，很多學員留下生命觸動的淚水，以及心靈洗滌後的清明，似乎也產生了團體療癒的效果。這種臨在與同在展現「與喜樂的人要同樂，與哀哭的人要同哭。」

（羅12：15）。此刻，或許生命正在兌現：「壓傷的蘆葦，他不折斷；將熄的燈火，他不吹滅。」（太12：20）的應許和承諾！

這是生命的學習，我們一起向生命致敬！我以《裂縫中的陽光》（吳青峰作詞，林俊傑作曲及演唱）裡的一段歌詞做為結尾：

心臟沒有那麼脆弱　總還會有執著
人生不會只有收穫　總難免有傷口
不要害怕生命中　不完美的角落
陽光在每個裂縫中散落
不如就勇敢打破　生命中的裂縫
陽光就逐漸灑滿了其中

▊ 附記

有成員問我，在這場晤談中說了兩段很長的自我揭露，對當事人有什麼幫助和影響？當事人回應：「我覺得老師剛剛在自我揭露的歷程，是一個很好的投射，有幫我拉回來一點點現實，我的感受就好像是每個人都會有的經驗，我不是唯一的一個。有一段時間我沉靜在場景中，老師的自我揭露，讓我覺得心理被撫慰，心可以平靜下來。不會覺得老師的自我揭露太長。」自我揭露的重點不在於助人者說了什麼，而是揭露的內容對當事人觸動了什麼，使他產生覺察與反思。

助人者對當事人的自我揭露有什麼效果呢？布萊恩‧索恩（Brian Thorne，2000）研究分析Rogers畢生的理論發展指出[16]：

「增加跟『對方公開表白』變成治療師與案主之間共同追求的目
標，它與案主能否達成自我接納、能否接受自己，可謂息息相
關。這種生命轉變的接納，也許只有那些勇於面對自己的現實狀
況和缺陷的人，才能有所體會。若是光憑接納、同理心⋯是絕對
不夠的。」當事人就是勇於面對生命缺憾，處理未竟事務議題對
接案的影響。在情緒同理的過程中，助人者在什麼適當的時間點
自我揭露，就得靠過往累積的經驗和臨場判斷而定。

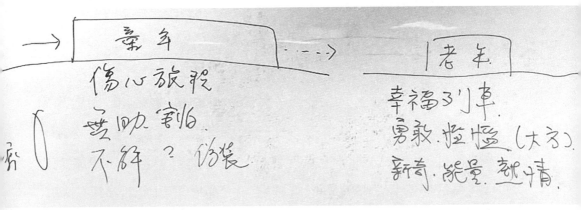

致謝

　　當你用心閱讀完本書中的九個案例，彷彿也攀登翻越了人生的九座山。人生的路程好比走在深山林內，在行走過程可能疲累不堪，可能害怕挫敗，過程不總是讓人順暢如意，看似山窮水盡疑無路，卻能柳暗花明又一村。當走過崎嶇又跨越高低起伏後登上高峰，會帶著興奮的笑容與飽滿的深呼吸讚嘆美景。讓登山者樂此不疲的，是登頂的挑戰，也是山路中專注在腳步的靜默，與當下的自己同在。

　　生命的疲累困頓，成為下次攀越生命高峰的柴火，登頂的喜悅，成為勇者形象在退縮時扶持自己。看著別人的生命故事，映照自己的內心世界，反思自己的人生旅程，只有親自走過，才會驚呼與讚歎生命的驚奇。如果你願意，也能走進自己內心的山林，在生命崎嶇處，勇敢地來回穿越，不只是用心過生活，也能活出個人獨特的生命。

　　從助人者角度而言，「助人者需要有仰望星空和俯瞰大地的能力。仰望星空，指的是不僅看到暗夜中的點點星星，還能將它們連接起來，當看出星座並給予命名，故事就有了意義。俯瞰大地，指的是能帶著當事人坐上直升機，從高處看到大地呈現的河

川、樹林與房屋，連成一個國界、看出一個城鎮。助人者不是跟當事人一起埋入黑暗中找不出連結，看不出意義，也非陷入森林中揮汗打野戰，找不出方向，看不到全景。先能遠觀與翱翔，再進入細微處引領與陪伴。也就是先看出骨幹，再進入肌理。」這是我們（培英國際教練領導力學院／Power-In International Coaching Leadership Institute，PICLI）的團隊老師之一，姚淑芳教練在助人經驗中的深刻體會。

在專業教練認證班協助批閱逐字稿的姚教練，擁有敏銳的觀察力、細膩的心思、溫暖有力的文字力量、靈性關懷的視野和觀點。她認為：「學習者如果透過逐字稿的謄寫和接受督導，那麼晤談結束，就不會像電影散場後，只記得重要對白或情節，而且記憶還會逐漸模糊失真。而是帶回一部完整的影片，裡頭有從開場到結束，所有清晰的特寫鏡頭，和每一句對話，沒有剪接，也沒有特效的如實呈現。實際留存下來的不只是回憶式的晤談筆記或摘錄，而是可以無數次重返現場的重要紀錄與更進深的學習。」本書中的六個案例，她也在現場協助課程的進行，同時在本書撰稿期間，提供許多寶貴意見，協助潤稿與校稿，特此致謝。

感謝所有為本書撰寫推薦序的專業資深前輩和跨領域的學者與好友們，他們在諮商學界、社工學界、醫學界、企業界、企業教練界、運動心理學界、宗教界、司法界等，都是學有專精和素養的人士，儘管專業領域不同，相同的都是面對「人」的工作。在此帶著感恩的心，獻上誠摯的謝意。

■ 向每位願意自我挑戰的仁者、智者、勇者們，獻上生命的禮讚！

生活中難免遇見困擾事件或大困境，乃至從生命的層次看人生的苦難議題。每個人一生都是走在困難和挑戰的路上，差別在於有人選擇逃避，有人選擇勇敢面對，當然也有人處在徬徨猶豫和兩難中進退不得。人性有趨樂避苦的傾向，終究都有選擇的權利和能力，宗教和哲學對此都有深入的思索與探討。

從東西方宗教觀點而言，佛教有「四聖諦」，苦、集、滅、道，當中以苦諦為首，即世間一切皆苦，人生的本質就是苦，此乃世間的果報，透過「自我解脫」，鼓勵「覺悟」的方式來脫離苦地。聖經：「你們所遇見的試探，無非是人所能受的。神是信實的，必不叫你們受試探過於所能受的；在受試探的時候，總要給你們開一條出路，叫你們能忍受得住。」（哥林多前書 10：13）人通過信心和勇氣，像耶穌基督面對苦難與死亡的信心和勇氣，便可在苦難裏寬容和勇敢的接受面對。

東西方哲學家們的論述如孟子說：「天將降大任於斯人也，必先苦其心志，勞其筋骨，餓其體膚，空乏其身，行拂亂其所為，所以動心忍性，增益其所不能。」德國悲觀主義哲學家阿圖爾‧叔本華（Arthur Schopenhauer，1788~1860）：「人生本是痛苦的。」法國文學家維克多‧雨果（Victor Hugo，1802~1885）：「困苦能孕育靈魂和精神的力量。上天給人一份困難時，同時也給人

一份智慧。」所以，能勇敢面對困難與挑戰的人，都是值得尊崇的。謹將本書獻給仁者、智者、勇者們。

當我邀約當事人說明撰寫本書的想法與用意時，他們都是毫不遲疑，二話不說地爽快答應，紛紛表示如果對於周遭人群有助益，是很有意義和價值的，他們樂意提供個人生命故事。由於當事人無私地提供他們個人的案例，本書得以付梓，謹向你們獻上我個人崇高的敬意，獻上對各位生命的喝采與禮讚！

生命的故事一個又一個，讓我了解迷霧終究會散去，
生命的內容一樁又一樁，讓我明白雨過終究會天晴，
生命的困難一波又一波，讓我體悟隱藏的化妝祝福，
生命的歷程起伏又起伏，讓我懂得山不轉終究路轉，
生命的價值提升又提升，讓我確知面對艱難有出路。

感謝當事人用自身勇氣，教導助人者學會尊重個體的生命。
感謝當事人用冒險態度，教導助人者懂得真誠的信任關係。
感謝當事人用故事情節，教導助人者淬鍊專業的知識能力。
感謝當事人用挫敗經驗，教導助人者增添生命的厚度視野。
感謝當事人用堅毅生命，教導助人者領悟智慧的意義價值。

後記

　　2012年本人論著《COACH領導學》出版後，成為華人的第一本教練專業著作，榮獲國家圖書館「臺灣出版TOP1-2012代表性圖書」。2013再度出版《Coach 父母學》，本書榮獲教育部104年甄選75本優良家庭教育叢書之一。

　　2014年這兩本書以《教練領導力》、《不當父母當教練》發行簡體中文版。回頭翻閱出書後收到的信息和郵件，意外地獲得美國、日本、韓國、馬來西亞、印尼、新加坡、大陸各地和港澳華人讀者的迴響與回饋，對我而言是莫大的鼓舞與激勵。我想透過專業書籍，幫助有志於從事助人工作者，發展其生涯的意念更加堅定。

　　2013年我成立培英國際教練領導力學院（PICLI），深耕全球華人專業教練認證培訓，建立國際教練認證平臺。培英的核心價值：1.生命影響生命，靈魂喚醒靈魂，2.以人為尊，信任、盼望、慈愛。培英的使命：1.培訓優質潛力專業教練，2.協助企業組織發展人才，3.致力提升教練專業水準。培英的願景：1.成為全球專業教練的培訓與認證機構，2.成為全球企業高潛力人才發展領航員。

　　培英設計三階段黃金階梯認證班系列課程，採浸潤式課程設計：第一階段是紮根力培訓的專業學習（熟），第二階段是應用力培訓的專業成熟（精），第三階段是高階教導力培訓的專業風格（通）。依序取得專業教練證書（Professional Coach, PC），組織教練證書（Organizational Coach, OC），及督導教練證書（Supervisor Coach, SC），讓有志於助人的工作者，在職涯發展上有更寬廣的路徑。

　　有機緣與本學院師資團隊的認證教練們，一起在兩岸三地進行推廣、培訓、演講、工作坊、認證班課程，看到參與者和學習者帶著愉快的笑容和滿滿的收穫，有著無與倫比的快樂價值。

　　助人之路是我個人的專長和志業，也是回應上帝的呼召！讀者想在助人專業上進一步的交流或學習，請與我聯絡：coachleader999@gmail.com

注釋：文獻彙整

作者序

1. Reviewed by Psychology Today Staff.（n.d.）. Coaching. *Psychology Today*. Retrieved from https://www.psychologytoday.com/intl/therapy-types/coaching
2. Denis Mourlane著，莊仲黎譯（2016）。*心理韌性訓練：德國心理教練帶你平靜面對每天的挑戰*。究竟出版社。（原著Denis Mourlane（2013）. *Resilienz: Die unentdeckte Fähigkeit der wirklich Erfolgreichen*. BusinessVillage GmbH; 4. Auflage.）

1.蹺蹺板的兩端

1. 陳恆霖（2012）。*COACH領導學*，252頁。大寫出版社。
2. 陳恆霖（2012）。*COACH領導學*，267~269頁，158頁。大寫出版社。

2.魚與熊掌如何兼得

1. Lewin, Kurt（1935）. *Dynamic Theory of Personality*. New York McGraw Hill Book Co.
2. Neil Mcnaughton（2010）. Fear, anxiety and their disorders：Past, present and future neural theories. *Psychology and Neuroscience*, 4（2）：pp. 173-181.
3. Miller, N. E.（1944）. *Experimental studies of conflict*. In J. M. Hunt（Ed.）, Personality and the behavior disorders. pp. 431-465. New York: The Ronald Press Company.
4. Hinde, R. A.（1966）. *Animal behaviour*. p. 247. New York: McGraw-Hill Book Company.

3.沿著老路走，還是另闢蹊徑

1. 杰拉德‧科里著，修慧蘭，鄭玄藏，余振民，王淳弘，楊旻鑫，彭瑞祥（2009）。*諮商與心理治療：理路與實務*，397~402頁。雙葉書廊。（原著Gerald Corey（2009）. *Theory & Practice of Counseling and Psychotherapy*（8th ed.）. Cengage Learning Asia Pte. Ltd.）
2. 陳恆霖（2012）。*COACH領導學*。180頁，193頁。大寫出版社。
3. 李盈穎、楊少強（2006）。掌握十守則，離夢想更近。*商業周刊，949期*。
4. 何權峰（2018）。*讓不願平凡的你，全力以赴到感動自己*。高寶出版社。

4.轉換人生跑道

1. 約翰‧惠特默爵士著，江麗美譯（2010）。*高績效教練：有效帶人、激發潛能的教練原理與實務*，10頁，50頁。經濟新潮社。（原著Sir John Whitmore（2009）. *Coaching for*

Performance: Growing Human Potential and Purpose the Principles and Practice of Coaching and Leadership. Nicholas Brealey Publishing. London Boston.）

2. 古倫神父著，鄭玉英譯（2012）。**價值領導‧勇敢決策**，42頁。南與北文化。（原著 Anselm Grün（2012）. *Werte fur Fuhrung, Mut zur Entscheidung.*）

5. 煮熟的鴨子飛了

1. James, R. K., & Gilliland, B. E.（2003）. *Theories and strategies in counseling and psychotherapy*（5th ed.）. Boston, MA：Allyn & Bacon.）引自布拉德利‧厄福德著，陳增穎譯（2017）。**40個諮商師必知的諮商技術**，281頁。心理出版社。（原著 Bradley T. Erford（2015）. *40 techniques every counselor should know*（2nd Ed.）. Person Education, Inc.）

2. Hackney & Cormier（2012）. *The professional counselor：A Process guide to helping*（7th ed.）. Upper Saddle River, NJ：Pearson Merrill. 同前註。

3. Harman, R. L.（1974）. *Techniques of Gestalt therapy. Professional Psychology*, 12, pp. 257-263. 同前註，104頁。

4. Doyle, R. E.（1998）. *Essential skills and strategies in the helping process*（2nd ed.）. Pacific Grove, CA：Brooks/Cole. 同前註。

5. Kellermann. P. F.（1994）. *Role reverse in psychodrama*. In Holmes. P. Krap. M & Watson. M.（Eds.）. *Psychodrama since Moreno*. New York：Routledge.

6. 洛伊‧馬提納著，姜靜繪譯（2002）。**學會情緒平衡的方法**，50頁。方智出版社。（原著 Roy Martina M.D.（2000）. *Achieving Emotional Balance：The Path to Inner Peace and Healing.* Hay House.）

7. 麥克‧薛塞斯基（K教練），唐納‧菲利普著，劉靄儀，朱彥碩譯（2018）。**領導，帶人更要帶心**，93頁。九石文化。（原著 Mike Krzyzewski, Donald T. Phillips（2001）. *Leading with the Heart: Coach K's Successful Strategies for Basketball, Business, and Life*. Grand Central Publishing.）

8. 古倫神父著，吳信如譯（2007）。**領導就是喚醒生命**，76~77頁。南與北文化。（原著 Anselm Grün（2006）. *Anregungen aus der Regel Benedikts von Nursia*. Menschen führen-Leben wecken.）

6. 青春不言悔

1. 陳恆霖（2012）。*COACH領導學*，154頁，196頁。大寫出版社。Insoo Kim Berg 稱 EARS 為「原則」，是以提問的方式來進行的。本書採行一致的寫法，統稱為「模式」。

2. 卡爾‧紐波特著，吳國卿譯（2017）。*Deep Work深度工作力：淺薄時代，個人成功的關鍵能力*。時報出版。（原著 Cal Newport（2016）. *Deep Work: Rules for Focused Success in a Distracted World*. Grand Central Publishing.）

7. 生命的挑戰與整合

1. Young, M. E.（2013）. *Learning the art of helping：Building blocks and techniques*（5th ed.）. Columbus, OH：Pearson Merrill.

2. 游淑瑜、蔡瑋芸（2019）。心理劇中「替身經驗」現象的探究。*中華輔導與諮商學報*，54期，159–190頁。

3. 佩特魯斯卡・克拉克森、珍妮佛・邁肯溫著，張嘉莉譯（2000）。*波爾斯──完形治療之父*，169頁。生命潛能。（原著Petruska Clarkson & Jennifer Mackewn（1993）. *Fritz Perls*. SAGE Publications Ltd, London.）

4. 辛蒂・戴爾著，沈維君譯（2018）。精微體療癒指南。心靈工坊。（原著Cyndi Dale（2013）. *The Subtle Body Practice Manual：A Comprehensive Guide to Energy Healing*. Sounds True.）

8. 自我形塑與蛻變

1. Ingham, H., & Luft, J.（1955）. *A Johari window graphic model of interpersonal awareness*. Western training laboratory in group development.

2. 克拉拉・希爾著，林美珠、田秀蘭合譯（2021）。*助人技巧：探索、洞察與行動的催化*（第五版），12章。學富文化。（原著 Clara E. Hill（2019）. *Helping Skills：Facilitating Exploration，Insight，and Action*（5th ed.）. American Psychological Association（APA））

3. 亨利・克勞德、約翰湯森著，蔡岱安譯（2004）。*界線對談：談判藝術的技巧*，24頁。道聲出版社。（原著Henry Cloud & John Townsend（2003）. *Boundaries face to face*. Zondervan; Abridged.）

4. 娥蘇拉・勒瑰恩著，蔡美玲譯（2017）。*地海巫師*，42頁。木馬文化出版。（原著Ursula K. Le Guin（2004）. *A Wizard of Earthsea*. Bantam Dell Pub Group.）

9. 穿越時光隧道

1. Van Hoose, W. H., & Kottler, J. A.（1977）. *Ethical and legal issues in counseling and psychotherapy*. San Francisco, CA: Jossey-Bass.

2. 佩特魯斯卡・克拉克森、珍妮佛・邁肯溫著，張嘉莉譯（2000）。*波爾斯──完形治療之父*。生命潛能。（原著Petruska Clarkson & Jennifer Mackewn（1993）. *Fritz Perls*. SAGE Publications Ltd, London.）

3. 游明麟（2006）。*心理劇對情緒失落成人轉化學習之研究*，38頁。國立臺灣師大博士論文，未出版，台北市。

4. 亨利・斯坦博士編著，吳書榆譯（2020）。*阿德勒演講集*，249頁。張老師文化。（原著Henry T. Stein PhD.（2006）. *The Collected Clinical Works of Alfred Adler, Volume 12 - The General System of Individual Psychology: Overview and Summary of Classical Adlerian Theory & Current Practice*. Alfred Adler Institute.）

5. 佩特魯斯卡‧克拉克森著，卓文君、徐西森、范幸玲、黃進南譯（2002）。*完形治療的實踐*，82頁。心理出版社。（原著Petruska Clarkson（1999）. *Gestalt counselling in action*（2nd ed.）. SAGE Publications Ltd, London.）

6. 布萊安‧索恩著，陳逸群譯（2000）。*羅傑斯—人本心理學派代言人*，59頁。生命潛能。（原著 Brian Thorne（1992）. *Carl Rogers*. SAGE Publications Ltd, London.）

7. Rogers, C.R.（1980）. *A Way of Being*. p.142. Boston：Houghton Mifflin.

8. 楊瑞永（1996）。清創（Debridement）。*白話醫學：長庚醫訊選輯III*。清創是將創傷傷口清除乾淨的基本醫療動作，目的在於將傷口壞死組織或膿瘍清除乾淨，避免傷口惡化蔓延，或造成全身性敗血症而危及生命，藉由清創可使傷口平整，利於縫合，使創面乾淨，利於植皮或皮瓣轉移，或使組織內死腔（dead space）開放，引流出壞死物或膿瘍，以利癒合。

9. 雷蒙德‧科西尼、丹尼‧韋汀編著，朱玲億、林美薰、李立維、趙家琛、李島鳳、游淑瑜、周士雍合譯（2000）。*當代心理治療的理論與實務*，632~635頁。心理出版社。（原著Raymond J. Corsini & Danny Wedding（1994）. *Current Psychotherapies*. Cengage Learning.）

10. Psychodrama Austrlia（n.d.）. *When is a self not a self - when it is a role*. Retrieved from https://psychodramaaustralia.edu.au/when-self-not-self-when-it-role

11. Bernie Neville（2014）. *Educating Psyche: Imagination, Emotion and the Unconscious in Learning Paperback*. David Lovell Publishing, Melbourne Australia.

12. Carl E. Hollander（1969）. *A Process for Psychodrama Training：The Hollander Psychodrama Curve*. p.19. Evergreen Institute Press.

13. 喬‧維泰利、伊賀列卡拉‧修‧藍博士著，宋馨蓉譯（2009）。*零極限：創造健康、平靜與財富的夏威夷療法*。方智出版社。（原著Joe Vitale、Ihaleakala Hew Len, PhD.（2008）. *Zero Limits: The Secret Hawaiian System for Wealth, Health, Peace, and More*. Wiley.）

14. 喬‧維泰利著，張國儀譯（2021）。*零極限‧第五真言：荷歐波諾波諾的進階清理與釋放*。方智出版社。（原著Joe Vitale（2021）. *The Fifth Phrase: The Next Ho'oponopono, Zero Limits Healing Stage*. G&D Media.）

15. 約翰‧鮑比著，白建磊、付琳、趙萌、梁愷欣、王益婷譯（2021）。*依戀理論三部曲3：失落*。小樹文化。（原著John Bowlby（1980）. *Attachment & Loss: Loss*（V.3）. Hogarth Press.）

16. 布萊安‧索恩著，陳逸群譯（2000）。*羅傑斯—人本心理學派代言人*，132頁。生命潛能。（原著Brian Thorne（1992）. *Carl Rogers*. SAGE Publications Ltd, London.）

晤談的力量
寫給助人者的經典個案逐字稿實作演示與解析

陳恆霖 ■ 著

繁體中文版© 大寫出版 Briefing Press, 2022

大寫出版

書　　系　〈Catch on! 知道的書〉HC0105
著　　者　陳恆霖
行銷企畫　王綏晨、邱紹溢、陳詩婷、曾曉玲、曾志傑
大寫出版　鄭俊平
發 行 人　蘇拾平

發　　行　大雁文化事業股份有限公司
　　　　　台北市復興北路333號11樓之4
　　　　　24小時傳真服務（02）27181258
　　　　　讀者服務信箱 E-mail: andbooks@andbooks.com.tw

初版一刷　2022年5月
定　　價　980元

國家圖書館出版品預行編目（CIP）資料

晤談的力量：寫給助人者的經典個案逐字稿實作演示與解析／陳恆霖著
初版｜臺北市：大寫出版：大雁文化事業股份有限公司發行，2022.05
512面；16*22公分（Catch on! 知道的書；HC0105）
ISBN 978-957-9689-77-9（平裝）
1.CST：心理諮商　2.CST：諮商技巧
178.4　　　　　　　　　　111005144